本专著受贵州财经大学科研项目配套及奖励基金资助；

本专著是 2014 年度国家社会科学基金项目——《民族村寨旅游扶贫的制度瓶颈与破解研究》（项目编号：14BMZ070）的最终研究成果。

民族村寨旅游扶贫的制度瓶颈与破解

曹务坤 著

中国社会科学出版社

图书在版编目（CIP）数据

民族村寨旅游扶贫的制度瓶颈与破解 / 曹务坤著 . —北京：中国社会
科学出版社，2020. 8

ISBN 978-7-5203-7038-7

Ⅰ.①民… Ⅱ.①曹… Ⅲ.①民族地区—乡村旅游—扶贫—法规—
研究—中国 Ⅳ.①D922. 296. 4

中国版本图书馆 CIP 数据核字（2020）第 158273 号

出 版 人	赵剑英
责任编辑	宫京蕾
责任校对	秦 婵
责任印制	郝美娜

出　　版	中国社会科学出版社
社　　址	北京鼓楼西大街甲 158 号
邮　　编	100720
网　　址	http：//www.csspw.cn
发 行 部	010-84083685
门 市 部	010-84029450
经　　销	新华书店及其他书店

印刷装订	北京君升印刷有限公司
版　　次	2020 年 8 月第 1 版
印　　次	2020 年 8 月第 1 次印刷

开　　本	710×1000　1/16
印　　张	15
插　　页	2
字　　数	260 千字
定　　价	88.00 元

序

吴大华

本书是曹务坤教授主持的 2014 年度国家社科基金项目——《民族村寨旅游扶贫的制度瓶颈与破解研究》（编号：14BMZ070）最终研究成果，从法学维度回应了民族村寨旅游扶贫的何去何从，着眼于民法的视野，反思和检讨了民族村寨旅游扶贫的制度瓶颈，指引了民族村寨旅游扶贫的制度瓶颈的破解之道，不凡有学术价值和应用价值。

民族村寨旅游扶贫是打赢扶贫攻坚战的重要战术，是产业精准扶贫的重要举措，是推行"乡村振兴战略"实现的重要策略。不管是从国家政策层面和社会经济实践角度说，还是从理论层面上说，民族村寨旅游扶贫是大势所趋，民族村寨旅游扶贫势在必行，特别是深度贫困民族村寨旅游扶贫显得更为必要和紧迫。从本体论维度看，民族村寨旅游扶贫的推行、实施及运行都理应遵循经济系统和社会系统之运转规律，经济系统和社会系统与法律系统存在动态互动关系，法律系统为经济系统和社会系统的运行保驾护航，起到支撑作用，经济系统和社会系统为法律系统的运行输入了新鲜血液，经济系统和社会系统给予法律系统运行的价值和意义。不管是对民族村寨旅游扶贫的认识不清，民族村寨旅游扶贫的资金投入不足，还是民族村寨旅游扶贫的资源整合不力，民族村寨旅游扶贫开发的动力不够，都可以从制度层面反思和检讨民族村寨旅游扶贫中的突出问题重要路径的动因，破解民族村寨旅游扶贫的制度瓶颈是解决民族村寨旅游扶贫中存在问题的重要路径。

本书以"民族村寨旅游扶贫运行和存在的突出问题"为切入点，沿着从"事实"到"规范"的进路，运用法社会学理论、法人类学理论、法经济学理论、民法理论等理论探讨了民族村寨旅游扶贫的民事主体制度、财产制度、金融制度及参与村民的权益保障制度等制度的瓶颈与破解，沿着从"世界观"到"认识论"的进路，运用民事主体理论和类推方法剖析和诠释了民族村寨和民族村寨旅游合作社的法律属性，运用社会结构和功能主义理论解构了民族村寨农民专业合作社治理理论。以"民法系统与经济系统间的结构耦合"为理论分析工具，诠释民族村寨旅游吸引物权的法律理论和民族村寨旅游扶贫用地法律理论，运用物权法理论反思和检讨了民族村寨旅游吸引物权制度瓶颈和民族村寨旅游扶贫用地制度瓶颈，从物权法理论层面和规范法学层面寻觅破解民族村寨旅游吸引物权制度瓶颈和民族村寨旅游扶贫用地制度瓶颈之道，从资本财产理论角度探讨了民族村寨旅游扶贫无形财产制度瓶颈与破解。以"民族村寨自然资源的评估和入股的法律理论"为切入点，探讨民族村寨自然资源货币化的路劲和方法。

本书既丰富和发展第三民事主体理论，诠释了民族村寨和民族村寨旅游合作社的民事法律地位，又为进一步研究民族村寨旅游吸引物和民族村寨旅游吸引物权的类型化和创设提供理论基础；既为完善民族村寨旅游扶贫政策提供一些富有针对性的建议，也为制定或完善民族村寨旅游扶贫法规提供依据。

固然，本书也存在一些不足：一是对民族村寨旅游扶贫法律理论研究不够深入和系统。例如，民族村寨旅游扶贫开发融资路径和方式之法律理论、民族村寨旅游扶贫利益联结法律理论。二是对民族村寨旅游扶贫制度系统与民族村寨旅游扶贫经济系统和民族村寨旅游扶贫社会系统的互动关系之研究不够。但是瑕不掩疵，本书既有学术价值和应用价值，又有可读性，故推荐给读者。

是为序。

（作者系贵州省社会科学院党委书记、二级研究员、国家"万人计划"哲学社会科学领军人才。）

目　录

绪　　论

从学科门类的维度看，民族村寨旅游扶贫制度的瓶颈与破解属于民族问题中的民族法制，作为民族法制的研究者，势必要回应一个基本问题：为什么要研究"民族村寨旅游扶贫制度的瓶颈与破解"，如何研究"民族村寨旅游扶贫制度的瓶颈与破解"。因此，本研究专设"绪论"部分，分别对研究背景、研究意义、国内外研究现状述评、研究思路和研究方法、研究的创新点及调研情况等进行了梳理和诠释。

一　研究背景

阐述研究背景的切入点诸多，本研究仅是从"事实"与"规范"的内在关联性维度阐述研究背景。民族村寨旅游扶贫属于"事实"范畴，民族村寨旅游扶贫的制度瓶颈与破解则属于"规范"范畴，"规范"的建构或重构的基础是"事实"，因此，阐述"民族村寨旅游扶贫的制度瓶颈与破解"的研究背景则需要对"民族村寨旅游扶贫"这一"事实"本身进行梳理和诠释，需要论述"民族村寨旅游扶贫制度"与"民族村寨旅游扶贫"的关联性。基于此认识，从以下三个方面阐述"民族村寨旅游扶贫瓶颈与破解"的研究背景。

（一）大力推行和实施民族村寨旅游扶贫势在必行

党的十九大报告指出，坚决打赢脱贫攻坚战。坚持精准扶贫、精准脱贫，重点攻克深度贫困地区脱贫任务，解决区域性整体贫困。2018 年"中央一号文件"——《中共中央国务院关于实施乡村振兴战略的意见》指出，乡村振兴，摆脱贫困是前提。2018 年 7 月，《乡村振兴战略规划（2018—2022 年）》由中共中央、国务院印发实施，国务院、国家发改委等单位指导各地编制实施好地方乡村振兴战略规划，为未来 3 年的精准脱贫工作做了规划，提供了指引。2019 年"中央一号文件"——《中共中央 国务院关于坚持农业农村优先发展做好"三农"工作的若干意见》指出，"聚力精准施政，决战决胜脱贫攻坚，主攻深度贫困地区，巩固和扩大脱贫攻坚成果"。精准扶贫既是打赢脱贫攻坚的一种战术，又是贫困乡村振兴的组合拳。为坚决打赢脱贫攻坚战，全国各地都因地制宜地制定了精准扶贫政策，推行的"六个到村到户"精准扶贫政策，更是大力推进产业精准扶贫工作。

如何推行精准扶贫呢？如何推进产业精准扶贫呢？如何攻坚深度贫困地区呢？如何巩固和扩大脱贫攻坚成果呢？对于贫困民族省份（自治区）而言，推行民族村寨旅游扶贫开发，尤其是大力加快深度贫困民族村寨旅游扶贫开发，不妨是解决以上问题的一种良策，其理由有三。一是农业和文化产业与旅游业深度融合是乡村产业扶贫的必然趋势。旅游业的发展依托于其他产业的生态业态，受到生产要素和生产环境等因素的影响，民族村寨适合发展小规模的生态农业和民族文化产业，同时，民族村寨的自然生态环境好，而民族村寨的生态农业、民族文化产业及美好的自然生态环境则是民族村寨开发生态文化旅游产品的生态业态，也是推动民族村寨旅游扶贫的经济动力。正因为农业和文化产业与旅游业深度融合是乡村产业扶贫的必然趋势，所以国家有关部门早已制定了《少数民族特色村寨保护与发展规划纲要（2011—2015 年）》，其纲要规定："充分发挥村寨自然风光优美、人文景观独特的优势，把经济发展与特色民居保护、民族文化传承、生态环境保护有机结合起来，培育壮大特色村寨乡村旅游。"二是民族村寨居民具有推进民族村寨旅游扶贫的内在动力。"穷则思变"是民族村寨居民具有推进民族村寨旅游扶贫的内在动力的真实写照。就整体而言，民族村寨是精准扶贫的对象，尤其是深度贫困民族村寨更是精准扶贫的重点对象，也是扶贫攻坚的"最后一公里"。民族村寨居民的财产和资源并未转化为经济资本则是穷的根源，而推行民族村寨旅游扶贫开发却是破解穷之根源的重要方法。贵州省的朗德苗寨、高荡村、石头寨等民族村寨自发开发旅游产业则是"穷则思变"的典型案例。三是云南省、贵州省、广西壮族自治区不但是贫困大省（区）和旅游大省（区），而且保留了大量的少数民族特色村寨，并根据国家和有关部委关于大力推进有关民族村寨旅游扶贫的政策，也因地制宜地有效贯彻和制定了有关民族村寨旅游扶贫方面的政策。

（二）民族村寨旅游扶贫中存在突出问题

无论是从理论层面说，还是从国家政策层面和社会经济实践角度说，民族村寨旅游扶贫是大势所趋，民族村寨旅游扶贫势在必行，并取得一些成功经验，取得较大成果，但是由于诸方面因素的制约，民族村寨旅游扶贫中存在突出问题。

1. 对民族村寨旅游扶贫的认识不清

像其他事物一样，民族村寨旅游扶贫有自身的运动轨迹，具有自身的结构和功能，具有自身的特征，在不同时空，其结构和功能有所变化，然而，实际上，对民族村寨旅游扶贫的理性认识不够。其一，并没有从历时维度认知到民族村寨旅游扶贫分为两个阶段，并没有认识到两个不同阶段的民族村寨旅游扶贫的特征。从历时维度看，民族村寨旅游扶贫分为"民族村寨大旅游扶贫阶段"和"民族村寨精准旅游扶贫阶段"[①] 两个阶段，这两个阶段的特征不同，政府理应对旅游扶贫投入和监管策略也不同，对"民族村寨大旅游扶贫阶段"和"民族村寨精准旅游扶贫阶段"两个不同阶段的民族村寨旅游扶贫相关制度构建和完善应该有所区别。其二，并没有从共时维度认知：民族村寨大旅游扶贫和民族村寨旅游精准扶贫在时空中共存，只是不同时空中的地位不同而已，只是不同时空中的功能和作用不同而已，只是对于一些旅游开发条件差的民族村寨而言，通过"民族村寨大旅游扶贫"的模式却无法达到旅游扶贫的目的。因此，为了解决此问题，国家提出并大力推行"民族村寨旅游精准扶贫"的旅游扶贫模式。从应然层面看，区别对待"民族村寨大旅游扶贫阶段"和"民族村寨精准旅游扶贫阶段"两个不同阶段的民族村寨旅游扶贫运行模式，两者的内部治理结构也有所差别。然而，实际上，并没有对两者区别对待，从而导致一些地方的"民族村寨精准旅游扶贫"的旅游扶贫模式并未达到预期目标。

---

① 所谓民族村寨大旅游扶贫是指通过对民族村寨或民族村寨附近的景点进行旅游开发，从而推进民族村寨居民脱贫致富。民族村寨大旅游扶贫阶段所指的民族村寨不是官方所确定的民族村寨，而是习惯上所指的民族村寨。所谓民族村寨精准旅游扶贫是指对精准识别的民族村寨进行旅游扶贫开发，从而促使民族村寨居民脱贫致富。民族村寨精准扶贫阶段所指的民族村寨是指被官方识别的民族村寨。

2. 民族村寨旅游扶贫的资金投入不足

民族村寨旅游扶贫资金是制约民族村寨旅游扶贫开发的重要因素，不管是哪一种民族村寨旅游扶贫开发类型，都存在资金投入不足的不利情况，其表现在以下几个方面。一是政府直接资助民族村寨旅游扶贫资金有限。政府拨款有几种不同形式，如给予奖金、项目制拨款和配套拨款等。国家财政拨款、省级财政拨款及州市、县（区）财政拨款。一方面，民族村寨旅游景点升级和深度贫困民族村寨旅游扶贫开发需要大量的资金；另一方面，民族村寨所属关系的基层政府财政困难，国家财政拨付给民族村寨旅游扶贫开发项目的资金有限。二是民族村寨自筹资金能力不足。由于现行财产制度的障碍，因此民族村寨的财产和资源难以转化为资本，或难以作为担保财产进行融资。三是旅游开发公司投入民族村寨旅游扶贫开发项目的资金不足。一方面，民族村寨旅游扶贫开发项目所需要的资金量大；另一方面，受制于现行财产制度的障碍，旅游开发公司以有关民族村寨旅游开发资源进行财产担保融资难度大；同时，因各种因素，旅游开发公司投资民族村寨旅游扶贫开发项目存在一些风险。因此，旅游开发公司对民族村寨旅游扶贫开发项目的投资不足。

3. 民族村寨旅游扶贫的资源整合不力

固然，为了大力推进民族村寨旅游扶贫开发，尤其是为了推动深度贫困民族村寨旅游扶贫开发，国家和各地有关部门制定了有关民族村寨旅游扶贫的资源整合制度，提高了民族村寨旅游扶贫的资源利用率。然而，在民族村寨旅游扶贫开发中，民族村寨旅游扶贫的资源整合不力。一方面，民族村寨旅游资源并未转化为民族村寨旅游品牌产品。民族村寨旅游品牌产品既需要不同区域的民族村寨旅游资源整合，也需要同一民族村寨的不同类型的旅游资源整合，需要民族村寨旅游资源与其周边的旅游资源整合。就整体而言，民族村寨旅游品牌产品不多，这从反面可以折射一个问题：民族村寨旅游资源整合不力。另一方面，推行民族村寨旅游扶贫的资产混合制①还存在一些制度、社会和文化等方面的制约因素。例如，民族村寨财产入股制度、民族村寨旅游扶贫的资产混合制企业治理制度、民族村寨居民、民族村寨旅游合作社、民族村寨农民专业合作社等主体对民族

---

① 民族村寨旅游扶贫的资产混合制是指民族村寨、国家、地方政府及旅游开发公司以资产入股成立旅游开发公司，共同开发民族村寨旅游景点，打造民族村寨旅游品牌。

村寨旅游扶贫的资产混合制的认知及其他相关主体对民族村寨旅游扶贫的资产混合制的认知和接受度等。

4. 民族村寨旅游扶贫开发的动力不足

参与民族村寨旅游扶贫开发的动力是民族村寨旅游扶贫开发主体潜能能否被激发的根本原因，而从调研的情况看，就整体而言，民族村寨旅游扶贫开发的动力不足。其一，旅游开发企业主动参与民族村寨旅游扶贫开发的热度不高。固然，一般的民族村寨旅游景点都有旅游开发企业以不同形式参与其开发，但是旅游开发企业主动参与民族村寨旅游扶贫开发的热度不高，甚至有些旅游开发企业退出了民族村寨旅游扶贫开发项目。其二，民族村寨社区参与民族村寨旅游扶贫开发的主动性不够。从民族村寨旅游扶贫的目标看，民族村寨社区是民族村寨旅游扶贫开发参与的极为重要的主体，参与民族村寨旅游扶贫开发的动力足，但是其实不然，有不少民族村寨社区参与民族村寨旅游扶贫开发的主动性并不高。其三，民族村寨青壮年参与民族村寨旅游扶贫活动热情不高。民族村寨的青壮年参与民族村寨旅游扶贫活动的热情都不高，反倒是民族村寨的留守老人和留守的未成年人成为参与民族村寨旅游扶贫活动的主力军。究其原因，民族村寨旅游扶贫开发动力不足的动因有三：一方面，民族村寨旅游业淡季旺季分明，从事民族村寨旅游扶贫活动所带来的收入来源不稳定；另一方面，与到外地打工或从商相比较而言，参与民族村寨旅游扶贫开发的收入不高；受制于现行财产制度和金融制度，民族村寨的居民财产难以转化为民族村寨旅游扶贫开发的资本，难以通过自己的技术、劳务、财产投资民族村寨旅游扶贫开发项目而获取经济收入。

（三）破解民族村寨旅游扶贫制度瓶颈是解决民族村寨旅游扶贫中的突出问题的重要路径

不管是对民族村寨旅游扶贫的认识不清，民族村寨旅游扶贫的资金投入不足，还是民族村寨旅游扶贫的资源整合不力，民族村寨旅游扶贫开发的动力不够，都可以从制度层面反思和检讨民族村寨旅游扶贫中的突出问题之重要路径的动因。首先，诠释对民族村寨旅游扶贫的认识不清与民族村寨旅游扶贫民事主体制度瓶颈的关联性。对民族村寨旅游扶贫的认识不清的表征是：对不同阶段民族村寨旅游扶贫的特征认识不够，实质上是对民族村寨、民族村寨旅游合作社等民事主体理论认知不深，现有法规并没有对其明确规定，是对民族村寨旅游扶贫民事主体参与民族村寨旅游扶贫的权利和义务存在边际问题，从而导致理论界和实务界缺乏对民族村寨旅游扶贫的理性认识的动力，这势必影响民族村寨旅游扶贫相关主体对民族村寨旅游扶贫的认知度。其次，阐述民族村寨旅游扶贫的资金投入不足与民族村寨旅游扶贫财产制度瓶颈的关系。一方面，民族村寨旅游扶贫的一些财产难以释放使用价值，难以得到市场主体的认可，在参与民族村寨旅游扶贫开发中难免存在法律风险；另一方面，民族村寨旅游扶贫的一些财产的价值难以发挥功效，从而制约民族村寨旅游扶贫的一些财产的变动，尤其制约民族村寨旅游扶贫的一些财产的原始取得，即制约民族村寨旅游扶贫的一些新的物权的创设。再次，由于民族村寨旅游扶贫金融制度瓶颈，导致民族村寨旅游扶贫的不同资源整合度不高。例如，因民族村寨知识产权的入股主体制度和评估制度等制度的缺位或不合理，故民族村寨知识产权资本化难以实现；因民族村寨旅游吸引物担保制度和评估制度的缺位或不合理，故不同的民族村寨旅游吸引物难以整合，难以货币化和资本化。最后，论述民族村寨旅游扶贫开发动力不足与民族村寨旅游扶贫权益保障的制度瓶颈的互动性。不管是民族村寨、民族村寨居民及民族村寨居民的家庭，还是民族村寨旅游扶贫开发企业，参与民族村寨旅游扶贫开发的动力都是获取可观的经济收入，然而，由于民族村寨旅游扶贫权益保障的制度瓶颈，参与民族村寨旅游扶贫开发的主体并不一定会获得可观的经济收入，这必然影响他们参与民族村寨旅游扶贫开发的积极性。既然民族村寨旅游扶贫的制度瓶颈是民族村寨旅游扶贫中的突出问题的动因，就应该破解民族村寨旅游扶贫的制度瓶颈。进而言之，破解民族村寨旅游扶贫的制度瓶颈则是解决民族村寨旅游扶贫中的突出问题的重要路径。

二 研究意义

（一）研究的应用价值和意义

一方面，党中央和国务院非常重视精准扶贫和精准脱贫。党的十九大报告指出，坚决打赢脱贫攻坚战，坚持精准扶贫、精准脱贫，重点攻克深度贫困地区脱贫任务，解决区域性整体贫困。《中共中央 国务院关于打赢脱贫攻坚战三年行动的指导意见》指出"坚持精准扶贫精准脱贫基本方略"。民族村寨是精准扶贫的主要战场，尤其是深度贫困民族村寨更是精准扶贫的重中之重。不管是从理论上说，还是从实践层面看，民族村寨旅游扶贫都是实现民族村寨脱困的一种方式。民族村寨旅游扶贫不仅是产业精准扶贫的一种方式，还是实施民族地区乡村振兴的一个重要举措。《中共中央　国务院关于实施乡村振兴战略的意见》指出，"乡村振兴，摆脱贫困是前提"。中共中央、国务院印发了《乡村振兴战略规划（2018—2022年）》，对有关精准扶贫精准脱贫的工作机制、路径和方法进行了规定。《中共中央　国务院关于坚持农业农村优先发展做好"三农"工作的若干意见》指出，"聚力精准施政，决战决胜脱贫攻坚，主攻深度贫困地区，巩固和扩大脱贫攻坚成果"。另外，依法治国的语境下，法治思维是解决民族村寨旅游扶贫中的突出问题的重要举措，反思和重构民族村寨旅游扶贫制度势在必行。基于此认识，本研究不仅对民族村寨旅游扶贫运行模式和存在的一些突出问题进行了田野调查，还检讨了民族村寨旅游扶贫的制度瓶颈，探讨了破解民族村寨旅游扶贫的制度瓶颈的方法和措施。这些方法和措施既为完善民族村寨旅游扶贫政策提供一些富有针对性的建议，也为制定或完善民族村寨旅游扶贫法规提供依据。

（二）研究的理论价值和意义

研究的理论价值和意义有三。一是对民族村寨、民族村寨旅游合作社及农民专业合作社等民事主体研究，这既可以认识到民族村寨和民族村寨旅游合作社的法律属性，也可以丰富和发展第三民事主体理论，更可以确定民族村寨和民族村寨旅游合作社的民事法律地位。二是民族村寨旅游吸引物和民族村寨旅游吸引物权的法律属性、类型化和创设等问题是物权法中的新问题，而民族村寨旅游吸引物和民族村寨旅游吸引物权的法律属性则是民族村寨旅游吸引物和民族村寨旅游吸引物的类型化和创设的理论基础。本研究从法社会学和物权法的双重视角对民族村寨旅游吸引物和民族村寨旅游吸引物权的法律属性进行深入的探讨，为进一步研究民族村寨旅游吸引物和民族村寨旅游吸引物权的类型化和创设提供理论基础。三是民族村寨旅游吸引物权和民族村寨无形财产的抵押、评估及入股等方面的制度与民族村寨旅游扶贫融资具有内在关联性，而民族村寨旅游吸引物权和民族村寨无形财产的抵押、评估及入股等方面的制度既涉及物权法理论，又涉及金融法理论，因此，从此意义上说，探讨民族村寨旅游吸引物权和民族村寨无形财产的抵押、评估及入股等方面的制度瓶颈及其破解具有很强的理论意义。

三　国内外研究现状述评

（一）国外研究现状述评

旅游扶贫是一种扶贫方式，如何推行和实施旅游扶贫，这既是一个社会问题和政治问题，也是一个经济问题和公共管理问题，国外学者从社会学、政治学、经济学和管理学等维度研究旅游扶贫的必然性、目标、利益联结机制、旅游扶贫主体、旅游扶贫路径、方法和措施等，尤其是对一些发展中国家乡村旅游扶贫作了深入而系统的研究，并形成了一些共识：旅游扶贫是一个复杂的系统工程，需要各有关利益主体有机参与，需要各利益主体协同合作。旅游扶贫的利益联合机制是确保旅游扶贫能否达到预期目标的关键点，因此，各国要因地制宜地构建切实有效的旅游扶贫的利益联合机制，从而推进旅游扶贫开发，真正实现"旅游真扶贫"。

旅游扶贫的利益联结机制是确保旅游扶贫效益发挥的重要保障，旅游扶贫的利益联结机制是一个系统工程，学者们从宏观和微观两个层面探讨了旅游扶贫的利益联结机制，进而言之，采用定性和定量的方法研究旅游扶贫的利益联合机制，对旅游扶贫利益联结机制的研究涉及宏观利益联结和微观利益联结，其中宏观利益联结主要强调旅游扶贫与相关部门的联系，包括农业、住宿业等；微观利益联结主要强调旅游扶贫利益相关者，包括政府、私营部门、社区和贫困人口、非政府组织（NGO）等。

Torres R.、Fortanier F.、Denis Tolkach 等学者从宏观维度研究了旅游扶贫的利益联结机制。Torres R. 探讨了农业与旅游链接发展问题。"学者们研究发现，农业通过向游客提供食物能够融入旅游发展中来。"[①] Torres R. 从游客消费的视角阐述进行民族文化特色旅游的必然性，"游客对具有地方特色和民族特色的食品越来越喜欢，对地方土特产和时令新鲜事物

---

① Torres R., "Linkages between Tourism and Agriculture in Mexico", *Annals of Tourism Research*, Vol. 30, No. 3, 2003, pp. 546-566.

需求量大增"。① Fortanier F. 等从金融学视角分析了旅游利益链接问题。"研究表明，外商投资酒店在当地雇用员工数量和所雇用员工素质提升方面均表现出正面影响。"② Denis Tolkach 等通过对 PPT 旅游开发的总体分析和 PPT 文献的分析，指出，"PPT 成功实施和发展的重要因素包括：利益相关者之间的交流、市场方法、财政支持、政治、社会经济和文化环境和组织结构"③。

Schilcher D.、Lew A. A.、Sofield T. 等学者研究了旅游扶贫的利益联结机制及其建构中的作用、地位和角色定位等问题。Schilcher D. 阐述了政府在旅游扶贫的利益联结机制建构中的作用，政府是旅游扶贫的利益联结规则的制定者。"政府通过制定规则，规范旅游扶贫各利益相关者的行为，确保贫困地区和贫困人口在社会、文化、经济等方面的合法利益。"④ Lew A. A. 等认为，政府应该鼓励和支持私人部门参与旅游扶贫开发，而不是干预私人部门参与旅游扶贫开发。"政府往往会过分干预私人部门在旅游扶贫中作用的发挥，导致其他利益主体，如当地社区、私营企业、贫困人口难以融入旅游发展中。"⑤ Sofield T. 等探讨了政府在旅游扶贫的利益联结机制中的角色定位。因此，政府把旅游运作交由企业、当地社区或者其他利益相关者。

Diego R. Medina-Muñoz、Jennifer Briedenhann、Jordi Gascón、Scott Hipshe、Stephen Espiner、Saithong Phommavong 等学者从微观层面探讨了旅游扶贫开发中的利益公平分配，实现"旅游真扶贫"之目标。Diego R. Medina-Muñoz 等分析了旅游企业对旅游扶贫的作用。"以往的研究能有

①　Torres R., "Toward a Better Understanding of Tourism and Agriculture Linkages in the Yucatan: Tourist Food Consumption and Preferences", *Tourism Geographies*, Vol. 4, No. 3, 2002, pp. 282-306.

②　Fortanier F. and Wijk J. V., "Sustainable Tourism Industry Development in Sub-Saharan Africa: Consequences of Foreign Hotels for Local Employment", *International Business Review*, Vol. 19, No. 2, 2010, pp. 191-205.

③　Denis Tolkach, Michael Pearlman and Brian King, "Key Implementation Factors in Pro-poor Tourism", *Tourism Recreation Research*, Vol. 37, No. 1, 2012, pp. 3-13.

④　Schilcher D., "Growth Versus Equity: The Continuum of Pro-poor Tourism and Neoliberal Governance", *Current Issues in Tourism*, Vol. 10, No. 2-3, 2007, pp. 66-193.

⑤　Lew A. A. and Yu L. eds., *Tourism in China: Geographic, Political and Economic Perspectives*, Boulder: Westview Press, 1995.

效说明旅游企业可以而且应该在减少贫困方面发挥积极作用。"① Jennifer Briedenhann 认为，旅游扶贫开发中应该充分发挥小型旅游经营者的作用。"同时，提出应重视发挥小型旅游经营者在旅游扶贫中重要作用，使旅游经营者和当地社区共同受益。"② Jordi Gascón 对目前为多边机构、官方发展机构和非政府组织广泛采用的 PPT 进行分析，并以 Amantani Island 为例对 PPT 是否能解决贫困问题进行探讨。"研究表明 PPT 对贫困的概念绕过了不平等的收入分配，这一事实意味着其会损失绝大多数农村人口的生活质量。"③ Scott Hipshe 论述了贫困人口融入旅游扶贫开发的原则和变通适用原则问题。"通过发展旅游业并使贫困人口融入价值链的原则已被证明能有效地改善他们的生活，但用于执行这些原则的做法将因当地政治、文化、历史和经济条件而有所不同。"④ Stephen Espiner 等反思了旅游扶贫中贫困人口脱贫问题。"由于缺乏技能和资金，社区中最贫穷的人最不可能受益于旅游业。"⑤ Saithong Phommavong 等分析旅游扶贫的利益分配不公平问题。"'穷人'构成一个同质群体的假设可能会掩盖当地社区旅游收益分配不均的情况。"⑥

Rebecca Maria Torres、Wang H.、José M.、Polladach Theerapappisi、Amy Reggers 等学者从社区参与旅游扶贫的视角研究旅游扶贫的利益联结机制建构。Rebecca Maria Torres 等探讨了社区对旅游扶贫开发的减贫的作用。"旅游者对'真实'性体验的强劲需求足以使传统文化社区能够通过

① Diego R. Medina‐Muñoz, Rita D. Medina‐Muñoz and Francisco J. Gutiérrez‐Pérez, "A Sustainable Development Approach to Assessing the Engagement of Tourism Enterprises in Poverty Allevia‐tion", *Sustainable Development*, Vol. 24, No. 4, 2016, pp. 220‐236.

② Jennifer Briedenhann, "The Potential of Small Tourism Operators in the Promotion of Pro‐Poor Tourism", *Journal of Hospitality Marketing & Management*, Vol. 20, No. 3‐4, 2011, pp. 484‐500.

③ Jordi Gascón, "Pro‐Poor Tourism as a Strategy to Fight Rural Poverty: A Critique", *Journal of Agrarian Change*, Vol. 15, No. 4, 2015, pp. 499‐518.

④ Scott Hipsher ed., *Poverty Reduction, the Private Sector and Tourism in Mainland Southeast A‐sia*, Singapore: Palgrave Macmillan, 2017.

⑤ Stephen Espiner, Emma J. Stewart and Lhakpa Tenji Lama, "Assessing the Effectiveness of 'Appreciative Inquiry' (AI) in Nepali Pro‐Poor Tourism (PPT) Development Processes", *Tourism Planning & Development*, Vol. 14, No. 3, 2017, pp. 369‐388.

⑥ Saithong Phommavong and Erika Sörensson, "Ethnic Tourism in Lao PDR: Gendered Divisions of Labour in Community‐based Tourism for Poverty Reduction", *Current Issues in Tourism*, Vol. 17, No. 4, 2014, pp. 350‐362.

发展乡村旅游实现扶贫的目标，并将旅游收入引导到低财富的村庄。"[①]
Wang H. 等阐述提高社区在旅游扶贫开发中作用的策略和措施。"通过发
展社区旅游能有效推动当地社区经济发展，更能推动社会文化的发展。社
区旅游发展应建立起一套有效的规划体系，同时建立起有效的利益分配机
制。"[②] José M. 等研究社群参与旅游扶贫开发模式与其对旅游扶贫作用的
互动关系。"因此，要运用自下而上的发展方式，提高社区自身的参与程
度，推动社区旅游更快更好发展和可持续发展。"[③] Polladach Theerapappisit
从 PPT 的伦理维度分析了社区参与旅游扶贫，并促进旅游扶贫目标之实现。
"为了取得成功，需要解决 PPT 的伦理问题，旅游企业与少数民族社区做生
意的方式需要重新评估和管制。"[④] Amy Reggers 等探讨了社区参与旅游扶
贫的利益联合机制建构。"一个有效的、知情的法律框架在推进参与式农
村评（Participatory Rural Appraisal，PRA）和社区旅游（CBT）利益相关
者之间建立一种完善的能力建设机制过程中具有重要价值。"[⑤]

国外学者对旅游扶贫研究的成果，尤其是国外学者对旅游扶贫的利益
联结机制研究，为我国学者研究旅游扶贫提供了研究方法或研究视角或理
论工具等学术营养。虽说在国外并未有"民族村寨旅游扶贫"之说，但
是实质上，国外的一些传统村落旅游扶贫就是我国"民族村寨旅游扶
贫"，因此，国外学者对旅游扶贫的研究成果对国内学者研究有关民族村
寨旅游扶贫理论问题具有学术上的意义，对我国学者民族村寨旅游扶贫实
证研究也具有借鉴意义。从 PPT 的伦理维度分析了社区参与旅游扶贫的

① Rebecca Maria Torres, Paul Skillicorn and Velvet Nelson, "Community Corporate Joint Ventures: An Alternative Model for Pro - Poor Tourism Development", *Tourism Planning & Development*, Vol. 8, No. 3, 2011, pp. 297-316.

② Wang H., Yang Z. and Chen L., et al., "Minority Community Participation in Tourism: A Case of Kanas Tuva Villages in Xinjiang, China", *Tourism Management*, Vol. 31, No. 6, 2010, pp. 759-764.

③ José M., Hall M. and Lindo P., et al., "Can Community-based Tourism Contribute to Development and Poverty Alleviation? Lessons from Nicaragua", *Current Issues in Tourism*, Vol. 14, No. 8, 2011, pp. 725-749.

④ Polladach Theerapappisit, "Pro - poor Ethnic Tourism in the Mekong: A Study of Three Approaches in Northern Thailand", *Asia Pacific Journal of Tourism Research*, Vol. 14, No. 2, 2009, pp. 201-221.

⑤ Amy Reggers, Simone Grabowski and Stephen L. Wearing, et al., "Exploring Outcomes of Community-based Tourism on the Kokoda Track, Papua New Guinea: A Longitudinal Study of Participatory Rural Appraisal Techniques", *Journal of Sustainable Tourism*, Vol. 24, No. 8-9, 2016, pp. 1139-1155.

研究视角就为国内学者研究民族村寨旅游扶贫开发模式所借鉴。政府、私人部门对旅游扶贫开发的功能和作用等方面的研究成果也为国内学者探讨民族村寨旅游扶贫开发机制的构建所吸收。旅游扶贫的利益联合分配学说对民族村寨居民的"增权理论"的提出和实践给予了启示。固然，就国际视域而言，旅游扶贫具有共性，但是旅游扶贫具有地方性的特质，在我国表现尤为突出，如民族村寨旅游扶贫问题，尤其是深度贫困民族村寨旅游扶贫问题。各地民族村寨的旅游资源、文化和社会场域等方面的情况不同，故国外学者研究我国旅游扶贫问题具有先天不足的自然缺陷，鲜有国外学者研究我国民族村寨旅游扶贫问题，这是国内学者研究民族村寨旅游扶贫的优势所在，各地民族村寨旅游扶贫开发的探索和实践，这也为国内学者研究民族村寨旅游扶贫提供了鲜活的材料。

（二）国内研究现状述评

从历时维度看，民族村寨旅游扶贫历经了两个阶段：民族村寨大旅游扶贫阶段和民族村寨精准旅游扶贫阶段。在民族村寨大旅游扶贫阶段，学者们对民族村寨旅游扶贫的研究成果主要是有关民族村寨旅游扶贫的运行状况和实践经验等实证研究成果。在民族村寨精准旅游扶贫阶段，学者们主要对民族村寨旅游扶贫的模式、理论和机制等方面进行了反思、检讨和重构设想。

自 20 世纪 90 年代以来，贵州旅游部门提出了"旅游扶贫"概念，旅游扶贫已开始在贵州、云南、四川及广西等民族省份（自治区）先行先试，尤其是因地制宜地对民族村寨旅游扶贫开发进行试点，并取得一些成效。为总结民族村寨旅游扶贫开发经验，解决民族村寨旅游扶贫中存在的问题进行了探索，也对民族村寨旅游扶贫的模式、理论和机制等问题进行了研究。归纳起来，不少学者从社会学、政治学、经济学及民族学等维度对民族村寨旅游扶贫情况、民族村寨旅游扶贫理论、民族村寨旅游扶贫模式及民族村寨旅游扶贫制度等问题进行了探讨。

1. 民族村寨旅游扶贫情况研究

一方面，"穷则思变"的思维和生存本能的反映，一些民族地区的民族村寨居民自发生产和推销旅游产品[①]；另一方面，为解决民族地区的贫

---

① "农家乐""休闲观光""民族文化表演活动"等旅游产品。

困问题，国家制定了有关民族村寨旅游扶贫方面的政策，并给予人力、物力和财力支持；另外，旅游开发企业也参与了民族村寨旅游扶贫开发。因此，近十年来，民族村寨旅游扶贫开发势头猛，各地都不断探索和实践民族村寨旅游扶贫开发。基于对民族村寨旅游扶贫开发实践的回应，不少学者对民族村寨旅游扶贫的运行状况和效应进行了实证研究。

陈志永、刘晓春、罗永常及郭舒等学者从比较法、社会学、管理学及经济学等维度探讨了民族村寨旅游扶贫运行情况，分析了民族村寨旅游扶贫中存在的问题。陈志永、梁玉华探讨了一些民族村寨在旅游扶贫开发中所衍生的危机。吴学成、周常春、沈涛等学者从系统论和包容性等角度研究了民族村寨旅游扶贫机制实施中存在的问题及其对策。沈涛、朱勇生、吴建国从包容性绿色发展视域研究了云南边疆民族地区旅游扶贫路径转向。

张遵东、林移刚、李然、谢会强、蒋焕洲、王丛丛、陈旖、卢冲、戴宏伟、何静、王凯及周兵等学者对贵州、四川、重庆、云南及广西等省份（自治区）的民族村寨社区参与民族村寨旅游扶贫开发的运行及其存在的问题进行了探讨。谢会强分析了贵州黔东南州的一些民族村寨社区参与旅游扶贫中存在的负面效应和正面效应，张遵东、章立峰从旅游参与人员技能和利益分配机制的双重维度探讨了如何提高民族村寨社区参与民族村寨旅游扶贫开发效能。卢冲、耿宝江、庄天慧、杨浩基于四川藏区23县（市）1320户的调查，研究了藏区贫困农牧民参与旅游扶贫的意愿及行为。戴宏伟从逆向思维的角度对贫困地区发展旅游休闲业的优势进行分析。何静、汪侠、刘丹丽、孙鑫、段志勇以西南地区为例，探讨了国家级贫困县旅游发展与多维贫困的脱钩关系。王凯、朱芳书、甘畅、王梦晗以武陵山湖南片区32个贫困县为例，剖析了旅游扶贫效率与资源优势度的空间耦合关系。周兵、黄显敏、任政亮以重庆市酉阳县为例，研究民族地区旅游产业精准扶贫。何星以阿坝州为例，研究了乡村振兴背景下民族地区旅游扶贫中的生态化建设。

2. 民族村寨旅游扶贫理论研究

理性认知事物是学者的天职所在，基于学术本体的动力，为更好地服务于民族村寨旅游扶贫实践，推动民族村寨旅游扶贫开发升级和增效，理应对民族村寨旅游扶贫开发实践进行理论反思和学术诠释，故有不少学者从不同维度对民族村寨旅游扶贫的资源整合、利益链接、路径、动力及其机制建构等方面进行了理论诠释和理论建构。

黄萍、李燕琴、董法尧、龙安娜、林移刚等学者对从管理学、比较法及系统论等维度论证民族村寨文化旅游扶贫的路径、动力及其机制建构等问题进行探讨。黄萍从管理学视角阐述民族村寨旅游与其文化产业融合发展的正当性。"管理机构从文化遗产价值发掘整理与表达、有效信息传播、开发、评估、利益合作机制建立、法律保障等方面适时'补位',才能助推文化旅游与文化遗产管理建立可持续协同关系。"① 李燕琴、刘莉萍以中俄边界室韦村为例,探讨了民族村寨旅游扶贫的冲突:演进与应对之策。陈红玲、李如跃、吴建国从利益分配政策的视角探讨了民族村寨旅游扶贫路径的转型之必然性。② 龙安娜、张英、游霞露探讨了精准帮扶与民族村寨旅游扶贫的互动关系。"发展旅游产业是民族地区扶贫工作的抓手,政府必须在制度和政策制定上瞄准贫困,精准帮扶。"③林移刚、杨文华从系统论角度探讨了民族村寨旅游发展动力机制系统的构建。"以系统的原理和方法,构建了民族村寨旅游发展的动力机制系统,对其发展的需求系统、供用的结果,并提出了民族村寨旅游发展的调控机理。"④

王汝辉、蒋萍、郭凌、周兵及王晓艳等学者从资源学、资本论、主体性等维度研究民族村寨旅游扶贫发展机制的建构或重构。王汝辉、刘旺认为,"民族村寨资源系统中非物质文化遗产带有明显的感知弱化特征,内在于居民'活态'载体上的文化资源成为社区居民的人力资本,民族村寨旅游资源系统属于典型的公共池塘资源。居民主体地位弱势化,严重影响到居民的'活态'载体资源、本体功能的发挥,增强文化自觉意识是促进民族村寨旅游资源系统合理开发和保护的根本前提"⑤。蒋萍认为,"乡村旅游是充分挖掘和利用当地资源进行旅游扶贫的重要途径。加强少

① 黄萍:《尴尬出路:旅游扶贫视角下西南民族村寨文化遗产管理研究》,《青海民族研究》2015 年第 1 期。

② 陈红玲、李如跃、吴建国:《西南民族地区民族村寨旅游扶贫路径转向研究——以贵州西江苗寨为例》,《生态经济》2016 年第 4 期。

③ 龙安娜、张英、游霞露:《民族地区旅游资源开发与精准扶贫研究——以湘西土家族苗族自治为例》,《民族论坛》2016 年第 11 期。

④ 林移刚、杨文华:《我国乡村旅游精准扶贫困境与破解研究——基于生产要素视角》,《生态经济》2014 年第 1 期。

⑤ 王汝辉、刘旺:《民族村寨旅游开发的内生困境及治理路径——基于资源系统特殊性的深层次考察》,《旅游科学》2009 年第 3 期。

数民族文化主体性保护，从本土文化出发保持民族文化的自觉，积极开展乡村旅游各类品牌的创建活动"。郭凌、王志章、朱天助等学者分析了社会资本与民族村寨社区参与民族村寨旅游扶贫。周兵、黄显敏、任政亮认为，"作为产业精准扶贫的旅游开发扶贫被赋予贫困户'造血'式扶贫，碍于贫困户生产力的限制，民族贫困地区凭借其特有的民族文化风情开展旅游开发扶贫将是明智之举"①。王晓艳、孙伟认为，"在国家对少数民族特色村寨保护与发展规划的实践中，寻找具有可持续的发展模式是重要的议题，而文化资本化是一条可以选择的途径"。

3. 民族村寨旅游扶贫模式

根据参与主体的作用和功能不同，民族村寨旅游扶贫模式有三种不同模式：民族村寨社区参与民族村寨旅游扶贫模式、企业参与民族村寨旅游扶贫模式和政府参与民族村寨旅游扶贫模式。有些地方的民族村寨旅游扶贫效果不佳，曹跃杰、李会琴、陈丽华、王丽、王永莉等学者从经济学和社会学等维度阐述了政府在民族村寨旅游扶贫开发中主导作用的必然性和方法。

由于有一些学者对 2016 年之前的民族村寨旅游扶贫模式的研究现状进行了梳理和述评，所以笔者仅对 2016 年至 2019 年之间的民族村寨旅游扶贫模式研究现状进行了回顾和评说。卡茜燕、郭舒、徐秀美、何莽、鄢慧丽等学者主要从社会学、经济学和管理学等维度探讨了民族村寨旅游扶贫的不同模式运行情况，也对民族村寨旅游扶贫不同模式的利益链接机制进行了反思和检讨。张德淼、辛纪元等学者对旅游吸引物进行法律透视。卡茜燕基于大理双廊村的调查，研究了精准扶贫视野下的社区参与旅游扶贫开发参与模式。郭舒基于产业链视角的旅游扶贫效应研究方法。徐秀美、胡淑卉、旦珍以巴松措景区为例，可持续性评价旅游扶贫背景下农牧民生计资本。何莽、陈惠怡、李靖雯基于四川兴文县苗族旅游扶贫案例的分析，探讨了民族旅游扶贫中的旅游吸引物建设。鄢慧丽、余军、熊浩、王强以海南省什寒村为例，对其旅游扶贫利益相关者进行界定，运用社会网络分析法分析网络组织关系。然而，鲜有学者从法学维度探讨民族村寨旅游扶贫模式的运行和治理问题，也没有研究农民专业合作社参与民族村

---

① 周兵、黄显敏、任政亮：《民族地区旅游产业精准扶贫研究——以重庆市酉阳县为例》，《中南民族大学学报》（人文社会科学版）2018 年第 1 期。

寨旅游扶贫的治理问题。

4. 民族村寨旅游扶贫制度研究

李湮、左冰、李治兵、向从武等学者以旅游产业精准扶贫目标为中心，运用"增权理论"和分配正义理论等检讨了民族村寨旅游扶贫现行制度的缺陷或缺位，并提出相应的制度完善之对策。建构民族村寨旅游扶贫制度是推动民族村寨旅游扶贫升级增效的动力源，是确保民族村寨可持续地实现旅游扶贫的基础性条件。现有学者所探讨的民族村寨旅游扶贫制度内涵丰富，既包含了民族村寨旅游扶贫正式制度，又包含了民族村寨旅游扶贫非正式制度。学者们主要运用"增权理论"反思、检讨民族村寨旅游扶贫制度，他们认为，为了促使民族村寨社区参与民族村寨旅游扶贫，从而实现"旅游精准扶贫"的目标，实现"扶真贫"和"真扶贫"的宗旨，应该增加民族村寨完善民族村寨产权制度，尤其是左冰和保继刚论证了增权理论与民族村寨旅游扶贫开发的权益分配之间的关联性，并提出一些富有见地的建议：通过土地产权以及物权的保障和增进以实现分配正义的制度途径。向从武、冯伟林在田野调查的基础上，探讨了西南民族地区旅游扶贫成效与益贫机制构建，并认为，"为充分发挥旅游扶贫的作用，需要在旅游扶贫开发中坚持地方政府的主导地位，设计有益于贫困人口受益的参与机制、利益分配机制和精准帮扶机制"[①]。李治兵、肖怡然、毕思能、吴建国以四川藏区为例，研究深度贫困地区旅游精准扶贫的多维约束与化解策略，向从武、冯伟林探讨了西南民族地区旅游扶贫成效与益贫机制的构建。李湮对云南民族村寨旅游扶贫利益分配机制进行了研究，"制度缺位则是民族村寨旅游扶贫内部利益冲突的根源。如民族文化旅游资源产权制度缺位却是村民与旅游开发商之间的利益冲突的动因"[②]。

国内学者对民族村寨旅游扶贫及其相关问题的研究成果具有以下几个方面的学术价值和实践意义。一是对民族村寨旅游扶贫进行了社会学和经济学的诠释、阐述。二是运用了"增权理论"反思和检讨了现行民族村

---

① 向从武、冯伟林：《西南民族地区旅游扶贫成效与益贫机制构建》，《贵州社会科学》2019 年第 3 期。

② 李湮：《少数民族村寨旅游社区内部和外部利益冲突类型及根源分析》，《江苏商坛》2011 年第 11 期。

寨旅游扶贫制度，并提出一些建设性的建议，如增加民族村寨居民的财产权等。三是学者们对民族村寨旅游扶贫情况和民族村寨旅游扶贫模式进行实证研究，在数理分析民族村寨旅游扶贫运行状况的基础上，分析了民族村寨旅游扶贫运行中存在的问题，并提出一些解决民族村寨旅游扶贫运行中存在问题的方法。四是学者们对推动民族村寨旅游扶贫开发的建议，既可以为有关民族村寨旅游扶贫开发政策的制定和完善提供依据，又可以为民族村寨旅游扶贫开发法规的修改提供依据。

国内外学者对民族村寨旅游扶贫及其相关问题研究既有学术贡献，丰富和发展了民族村寨旅游扶贫的模式、利益联合及旅游资本等方面的理论，也为民族村寨旅游扶贫政策的制定和民族村寨旅游扶贫开发实践贡献了智慧。然而，国内外学者对民族村寨旅游扶贫的研究成果也存在若干不足，其表现在以下几个方面。一是国内外学者对民族村寨旅游扶贫及其相关问题研究的视角存在局限性，如没有学者从民商法学和法社会学等视角深入而系统地研究民族村寨旅游扶贫制度理论和制度规范。二是以上学者更多地关注民族村寨旅游扶贫的非正式制度制定和运行，对民族村寨旅游扶贫的正式制度，尤其是对民族村寨旅游扶贫的法律制度的理论和规范关注、研究得不够，也没有对民族村寨旅游扶贫制度变通实施进行法人学诠释。三是没有探讨民族村寨旅游扶贫的一些重要民事主体、民族村寨旅游吸引物的类型化、法定化和货币化等理论问题，没有深入而系统地探讨民族村寨旅游扶贫的制度瓶颈及其破解，如民族村寨旅游扶贫有关的民商事制度瓶颈及破解、知识产权制度瓶颈及破解、民族村寨旅游扶贫的劳动制度瓶颈及其破解、社会保障制度瓶颈及破解、民族村寨旅游扶贫链接制度的瓶颈及破解等。

四　研究思路和研究方法

（一）研究思路

首先，深入民族村寨和民族村寨旅游扶贫主管部门了解民族村寨旅游扶贫的运行和民族村寨旅游扶贫制度变通实施状况；其次，反思和检讨现行民族村寨旅游扶贫制度的瓶颈；最后，重构民族村寨旅游扶贫制度理论和制度规范。

（二）研究方法

1. 田野调查法。对贵州、云南等省的民族村寨旅游扶贫主管部门，民族村寨所管辖的基层政府，民族村寨村干部、村民，参与民族村寨旅游扶贫开发的企业，民族村寨旅游合作社和农民专业合作社等参与民族村寨旅游扶贫的主体进行了访谈，也举行十多次座谈会。

2. 综合分析法。运用民商法学理论、法社会学理论、法人学理论及规范法学理论等理论综合分析了民族村寨旅游扶贫民事主体制度的瓶颈与破解、民族村寨旅游扶贫财产制度瓶颈与破解、民族村寨旅游扶贫金融制度瓶颈与破解及民族村寨旅游扶贫权益保障制度瓶颈与破解。

五　研究的创新点

本研究具有以下几个方面的创新点。一是研究内容具有新颖性。研究了民族村寨旅游合作社的法律属性、民族村寨农民专业合作社章程治理、民族村寨旅游吸引物权制度理论及其制度规则、民族村寨无形财产的入股制度、民族村寨留守老人和留守儿童参与民族村寨旅游扶贫的法律保护、民族村寨旅游与扶贫链接制度等制度理论和制度规范。二是研究视角具有新颖性。多视角的研究范式，即从法人学视角反思和重构民事主体理论，又从民事主体理论的视角检讨民族村寨和民族村寨的民族非物质文化传承人的民事主体地位，从法人类学和法社会学的视角诠释和重构财产理论，又从财产理论的视角分析民族村寨无形财产入股制度瓶颈与破解。三是提出一些新的观点。民族村寨社区参与民族村寨旅游扶贫的动力不足是制约民族村寨旅游扶贫开发升级和增效的根本原因，而在依法治国的语境下，民族村寨社区参与民族村寨旅游扶贫的动力不足的重要动因是民族村寨社区参与民族村寨旅游扶贫制度存在瓶颈，理应破解民族村寨社区参与民族村寨的扶贫制度瓶颈，从而推动民族村寨旅游开发升级和增效。

六　调研情况

（一）调研点的选择

本研究之所以选择以云南省和贵州省为调研点，是基于以下几个方面的缘由。一是云南省和贵州省既是少数民族省份，也是贫困大省，是精准扶贫攻坚的主战场，都有不少民族村寨，旅游资源非常丰富，旅游扶贫开发较早，有不少民族村寨旅游扶贫开发成功的典型案例。二是云南省和贵州省是精准旅游扶贫的试点省份，推行各种不同的精准旅游扶贫的模式，大力开发和推行民族村寨旅游扶贫。三是云南省和贵州省既是集体林权制度改革的试点省份，又是自然资源体制机制改革的试点省份。尤其是贵州既是文明生态建设的试点省份，又是"三权分置"试点的省份，而这些制度试点改革与民族村寨旅游扶贫极为相关。四是本研究团队成员是云南省和贵州省的旅游主管部门负责人，是云南省和贵州省的民族村寨旅游扶贫方面的科研成员和高校教师。

（二）调研对象

调研对象有三。一是云南省和贵州省旅游部门的主管领导和工作人员、扶贫部门的主管领导和工作人员、民宗部门主管领导和工作人员及移民部门主管领导和工作人员。二是旅游开发公司的旅游开发合作组织。三是民族村寨的村干部、村民。

（三）调研时间

调研有三个时间点。一是预调研时间为 2014 年 7 月至 2014 年 9 月。二是正式调研时间为 2014 年 10 月至 2017 年 10 月。三是补充调研时间为 2017 年 11 月至 2018 年 8 月。

第一章

民族村寨旅游扶贫民事主体
制度的瓶颈与破解

民族村寨旅游扶贫中的民事主体诸多，如旅游开发企业、民族村寨旅游扶贫帮扶单位、民族村寨、民族村寨旅游合作社、农民专业合作社、民族村寨居民等。从理论上说，民族村寨旅游扶贫的民事主体既是推动民族村寨旅游扶贫开发的主体性动力，又是通过民族村寨旅游开发实现"旅游真扶贫"和"旅游扶真贫"的旅游精准扶贫目标的关键点，更是整合民族村寨旅游扶贫开发社会资本的"驱动器"。应该突出民族村寨旅游扶贫主体，尤其是民族村寨社区在民族村寨旅游扶贫开发内在动力机制构建中的地位。民族村寨社区在民族村寨旅游扶贫开发的地位与其参与民族村寨旅游扶贫的内在动力具有内在关联性。从法治维度看，民族村寨旅游扶贫开发中所存在的问题是民族村寨旅游扶贫开发制度的价值目标缺位，即不是定位为"公平为主，兼顾效率"，而是定位为"效率为主，兼顾公平"。

在民族村寨旅游扶贫开发实践中，由于民族村寨、民族旅游合作社、农民专业合作社等民事主体制度存在一些瓶颈，所以制约了他们参与民族村寨旅游扶贫的动力，或不利于他们参与民族村寨旅游扶贫活动，或他们参与民族村寨旅游扶贫中的权益难以得到保障。焦世泰对西江苗寨旅游开发运行情况进行了实证研究，并得出一个结论："西江苗寨村民很愿意参与旅游开发，但是地方政府在西江苗寨旅游开发中起到主导作用。"① 因此，很有必要想方设法破解民族村寨旅游扶贫的民事主体制度瓶颈。由于

① 焦世泰：《边远少数民族贫困地区民族村寨旅游开发研究——以贵州黔东南西江苗寨为例》，《资源开发与市场》2012年第10期。

民族村寨、民族村寨旅游合作社和民族村寨农民专业合作社既是民族村寨旅游扶贫中的重要民事主体，又需现行民事法规界定或进一步合理界定，所以下文重点探讨民族村寨制度的瓶颈与破解、民族村寨旅游合作社制度瓶颈与破解及民族村寨农民专业合作社治理制度的瓶颈与破解。

第一节　民族村寨的制度瓶颈与破解

一　民族村寨的法律属性

民族村寨既是精准扶贫的对象，又是参与民族村寨旅游扶贫的重要民事主体，它具有特定的法律属性，而民族村寨的法律属性既是对民族村寨参与民族村寨旅游扶贫权利和义务确定的理论基础，又是民族村寨的法律特征的折射。进而言之，民族村寨法律属性探讨的缘由有二。其一，民族村寨的法律属性是确定民族村寨与参与民族村寨旅游扶贫相关主体之间的权利和义务的理论依据，是认知民族村寨参与民族村寨旅游扶贫的动力的重要维度。对民族村寨的法律属性研究既有理论意义和价值，又有应用意义和价值。其二，鲜有学者关注和研究民族村寨的法律属性，民族村寨的法律属性仍是悬而未决的问题①。民族村寨旅游扶贫具有哪些法律属性呢？应该从什么维度入手对其进行诠释和归纳呢？对其诠释和归纳的依据是什么呢？从概念的内涵和结构与功能主义双重维度看，民族村寨具有以下一些法律属性：民族村寨是自然村，民族村寨具有民族文化主体性，民族村寨是自然合伙组织，民族村寨是民族文化旅游吸引物。

（一）民族村寨是自然村或行政村

民族村寨是民族地区经济社会发展中衍生的一个新概念②，它是参与旅游扶贫开发的民事主体，是少数民族地区乡村旅游合作社、农民专业合作社及民族村寨旅游合作社的重要组成部分，是旅游扶贫开发的对象，也

---

① 固然，有些学者也对民族村寨的概念进行诠释，但并没有对民族村寨的法律属性进行讨论。

② 《少数民族特色村寨保护与发展规划纲要（2011—2015年）》中提出了"少数民族特色村寨"的概念，在理论界和实践生活中将其简称为"民族村寨"。

是少数民族文化旅游吸引物，其在民族地区旅游扶贫开发中扮演了不可缺少的角色，是民族法学界、民族经济社会立法及司法界绕不开的问题。民族村寨是何种类型的民事主体？民族村寨应该享有哪些民事权利，应该承担哪些义务？是否享有诉讼权？这些问题的解开，都与民族村寨的法律属性密不可分。

民族村寨是自然村，还是行政村呢？其依据是什么呢？综观学术界，鲜有学者界定民族村寨的概念，并没有从概念的内涵和结构与功能主义两个维度阐述民族村寨是自然村或行政村。倒是《少数民族特色村寨保护与发展规划纲要（2011—2015 年）》对民族村寨的概念进行了界定。"少数民族特色村寨是指少数民族人口相对聚居，且比例较高，生产生活功能较为完备，少数民族文化特征及其聚落特征明显的自然村或行政村。"《少数民族特色村寨保护与发展规划纲要（2011—2015年）》把民族村寨定性为自然村或行政村，对其作如此定性的目的是什么呢？对其作如此定性的目的乃是保护和发展传统民族村落。对其作如此定性的依据是什么呢？《少数民族特色村寨保护与发展规划纲要（2011—2015 年）》主要是从文化符号学和行政管理学双重视角对民族村寨的概念进行界定。进而言之，界定民族村寨的概念标准有二。一是是否具有少数民族特色。只有少数民族村寨占到一定比例的村寨才有可能成为民族村寨。二是便于监管。从法律意义上说，行政村是基层自治组织，而实际上，行政村也扮演了一些基层行政功能，《少数民族特色村寨保护与发展规划纲要（2011—2015 年）》把民族村寨界定为行政村也是情理之中。一方面，绝大部分民族村寨是旅游精准扶贫对象；另一方面，民族村寨保护和发展需要财政资金支持，需要融资社会资金，需要有关主管部门的监管。另外，从民族村寨界定的实际层面看，有一些民族村寨属于自然村，有一些民族村寨属于行政村；从民族村寨旅游扶贫运行实践层面看，民族村寨是以合伙组织的身份参与民族村寨旅游扶贫开发，如与民族村寨居民或民族村寨旅游合作社或民族村寨农民专业合作社或民族村寨旅游开发企业合伙共同开发民族村寨旅游扶贫开发。综上所述，民族村寨是自然村或行政村。

（二）民族文化主体性

民族村寨具有民族文化主体性。没有比较就没有鉴别，比较法是认识事物属性的重要方法。与民族村寨旅游扶贫主管部门、行政村等法律主体相比较，民族文化主体性是民族村寨的法律属性。不管是民族村寨旅游扶贫主管部门，还是行政村，都不是民族文化旅游产品的生产者和传播者，都不是民族知识产品的载体，都不是民族文化旅游产品和民族知识产品的权利主体，而是民族文化旅游产品生产和传播的监管者，是民族文化旅游产品和民族知识产品权利和义务之第三人。当然，有人会追问：民族村寨是行政村的观点是否与民族村寨具有民族文化主体性的观点相矛盾呢？笔者认为，这两者并不矛盾，其理由有二。一是民族村寨是行政村的观点之根据乃是《少数民族特色村寨保护与发展规划纲要（2011—2015 年）》。此纲要对民族村寨的概念进行界定的缘由上文已阐述，在此不再重述。二是民族村寨是行政村的观点与民族村寨具有民族文化主体性的观点之判断和分析的维度不同。民族村寨是行政村的观点的维度是管理学和行政法学，而民族村寨具有民族文化主体性的维度则是文化符号学和民法学。

　　从法律文化的视角看，民族村寨的法律属性实质上就是文化与法律的关系，民族村寨的民族文化主体性实质上就体现了民族村寨的文化性和法律性的两面性。赵旭东教授对文化与法律的关系作了一些论述，"论及文化与法律的关系，必会涉及习俗与制度化的规范之间的关系"①。从赵旭东教授的观点看，习俗和制度化的规范之间的关系则是文化与法律之间的关系的折射。从文化符号学的维度看，民族村寨是文化符号，是习惯成自然的文化主体，是形成文化旅游产品的主体。进而言之，民族村寨文化旅游产品的内涵则是民族村寨的"民族文化主体性"，游客分享和体验民族村寨文化旅游产品，实质上就是分享和体验民族村寨的文艺活动、民族体育活动、民族传统民宿及民族生活习俗等，而民族村寨则是民族文艺活动、民族体育活动、民族传统民宿及民族生活习俗的主体，因此，从此意义上说，民族村寨具有民族文化主体性的属性。从法律维度看，民族村寨是法律主体，是民事主体，是参与民族村寨旅游扶贫开发的重要民事主体，是民族村寨旅游扶贫开发的法律责任主体，是民族文化的传承者和保护者，也是民族知识产权和民族

---

① 赵旭东：《法律与文化：法律人类学研究与中国经验》，北京大学出版社 2011 年版，第 27 页。

传统知识的权利主体和义务主体。换言之，"民族文化主体性"之所以是民族村寨的法律属性，是因为"民族文化主体性"被视为特殊民事主体的内在标签，是民族村寨文化旅游资源转化民族村寨文化产品的经济主体性要素，是民族村寨成为民族村寨文化旅游产品的民事主体的理论基础，也是民族村寨非物质文化遗产、民族村寨商品、民族村寨传统知识及民族村寨知识产权等民族村寨无形财产权主体的理论基础，更是民族村寨作为特殊民事主体的正当性所在。

（三）自然合伙组织

民族村寨是自然合伙组织①，其表征在以下几个方面。其一，与一般合伙组织不同，民族村寨是自然而然形成的合伙组织，民族村寨所享有的权利和承担的义务来自民族村寨居民的协商和约定。从民族村寨保护的相关政策看，民族村寨属于自然村或行政村，但是从习惯法或自然法的维度看，民族村寨属于自然村，属于自然合伙组织，只是民族村寨可能是一个自然村，也可能是几个自然村，而民族地区的一个自然村就是一个行政村，民族地区的绝大多数的行政村是由几个自然村构成的。由于国家法并没有规定民族村寨的法律地位，所以，民族村寨的法律地位是源于习惯，而习惯也是《民法总则》所认可的民事规范效力渊源。《民法总则》第10条规定，"处理民事纠纷，应当依照法律；法律没有规定的，可以适用习惯"。其二，民族村寨以民族村寨全体居民的名义从事民事活动。一方面，有些民族村寨修建公共民宿及基础设施，或举办民族文化活动，或参与民族村寨旅游扶贫开发项目，都是以户为单位，按照每户人口多少进行摊派。对每一户人口计算的依据并不一定是以户口簿为依据，而是以是否于本村出生的男生为依据，换言之，即使是户口已是城镇户口，只要是出生于本村的男生，也需要摊派费用。另一方面，民族村寨与其他民事主体发生民事法律关系时，是民族村寨的村干部以民族村寨全体村民的名义签订有关民事合同，其民事义务不是由民族村寨的村干部承担，而是由民族村寨全体村民共同承担。其三，自然村寨（自然村）是自然合伙组织，不具有法人资格，因为自然村寨是民族村寨的上位概念，所以民族村寨是自然合伙组织，不具有法人

---

① 民族村寨是自然合伙组织是指民族村寨并不是法律所规定的合伙组织类型，而是约定俗成的合伙组织。

资格。其四，根据《民法总则》的规定，民族村寨属于其他组织。从《民法总则》的规定看，民族村寨既不是自然人，也不是法人和特别法人，而是为回应社会系统和经济系统，作为法律系统的子系统，《民法总则》对其他组织的规定并不是采用列举法，而是采用开放式的态度。自然村属于《民法总则》中的其他组织，民族村寨属于自然村。

（四）民族文化旅游吸引物

从结构与功能主义的维度看，民族村寨具备民族文化旅游吸引物的结构，也具有民族文化旅游吸引物的功能。作为旅游景点，如黔东南苗族侗族自治州的西江苗寨和德朗苗寨、贵阳市花溪区的青岩古镇、丽江市白沙镇玉湖村、楚雄彝族自治州紫溪镇紫溪彝族村、大理市下关乡红山村等民族村寨就是著名的旅游景点。民族村寨是吸引游客的物，进而言之，民族村寨为游客提供了民族文化旅游产品，如民族村寨的民宿、民俗、民族文艺活动、民族传统体育活动及非物质文化遗产等，这都属于民族文化旅游吸引物。[①] 之所以国家大力支持和鼓励民族村寨旅游开发，促使民族村寨脱贫致富，是因为民族村寨具有丰富的旅游资源，尤其是民族村寨具有丰富的民族文化旅游资源，是因为民族村寨是民族文化旅游吸引物，是因为民族村寨可以开发为民族村寨文化旅游产品，从而满足游客的消费需求，促使民族村寨居民脱贫致富。综上所述，民族村寨是民族文化旅游吸引物。

从理论上说，作为民族文化旅游吸引物，民族村寨应该具有担保功能和融资功能，然而，实际上，一方面，由于受制于"物权法定"原则的制约，而"物权法定"的基本原则"与其他法律领域一样，物权法中也存在一些基本原则。物权法定原则体现在物权种类强制和物权种类规定"[②]。法律没有对"民族村寨"这一民族文化旅游吸引物的类型和内容作出明确的规定。另一方面，由于现行文化旅游吸引物的评估制度滞后，所以民族村寨的担保功能和融资功能并未得以应有的发挥，这也是民族文化旅游吸引物权制度的重要缺陷。另外，作为民族村寨文化旅游吸引物的特殊类型，民族村寨转化资本和货币存在一些制度理论和制度规范的障碍，这需要不断丰富和发展民族文化旅游吸引物权制度理论，需要不断完

---

① 本文中，所谓民族文化旅游吸引物是指民族村寨为游客所提供的文化需求。

② ［德］曼弗雷德·沃尔夫：《物权法》，吴越等译，法律出版社 2002 年版，第 13—15 页。

善民族文化旅游吸引物权制度规范。

二　民族村寨制度缺位

民族村寨的法律地位、权利和义务影响民族村寨参与民族村寨权益的分配和保障。然而，现行法规并没有确定民族村寨的法律地位、权利和义务、社会网络、信任、文化资本、经济资本、象征资本等问题，进而言之，民族村寨制度缺位，其表现在以下几个方面。一是民族村寨法律地位缺位。二是民族村寨参与民族村寨旅游扶贫开发的权利和义务未确定。三是民族村寨参与民族村寨旅游扶贫开发的权益难以得到保障。

（一）民族村寨法律人格缺位

与工业用地和建设用地相比较而言，民族村寨旅游扶贫用地具有主体法律人格缺失的法律特征。民族村寨旅游扶贫用地的所有权的主体为民族村寨，而有些民族村寨是自然村寨，有些民族村寨是行政组织，也有些民族村寨是经济组织，不管是属于自然村寨的民族村寨，还是属于行政组织的民族村寨和属于经济组织的民族村寨都没有独立的法律人格，即法律上没有给予名分，不能对外独立承担义务和单独享有权利。著名法哲学家黑格尔有句经典的名言"无财产无人格"。仅从字眼看，他的经典名言只是财产对人格的决定性影响，实质上，从黑格尔的辩证思想的高度看，他的经典名言道出了财产与人格的关联性和互动性，人格对财产具有决定性影响，即无人格无财产。如果理解了黑格尔的经典名言"无财产无人格"，那么完全能理解民族村寨旅游扶贫用地主体法律人格缺失对民族村寨旅游扶贫用地增值的负面影响。从此意义上说，民族村寨旅游扶贫主体法律人格缺失既是民族村寨旅游扶贫内在动力不足的重要诱因，又使民族村寨旅游扶贫主体在市场交易中处于不利地位。如民族村寨融资能力不强，民族村寨处分财产的权利受到限制，民族村寨在民族村寨旅游扶贫开发中法律地位不高等。

民族村寨法律人格缺位表现在以下几个方面。一是民事实体法并未认可民族村寨的独立的民事主体地位。即民族村寨不能独立从事民事活动，而是只有全体民族村寨居民授权，才能从事民事活动。二是民事诉讼法并未认可民族村寨具有诉权的民事诉讼主体。即民族村寨并不能以自己的名义主张自己的诉权，从而影响了其权益救济。三是民族村寨并没有民事主体法律制度的明确规定。法律人格是民事主体从事民事活动的资格，是从事民事活动的前提条件，法定是民事主体具有法律人格的根据，而现行法规并没有赋予民族村寨明确的法律地位，并没有给予民族村寨法律人格。[①] 民族村寨法律人格缺位的根本原因是权利能力的缺失，进而言之，权利能力与法律人格存在内在关联性。"权利能力是最为基础的法学概念，因为它就是关于'人'的概念，是人格。"[②] 仅从民族村寨的法律属性看，民族村寨具有民族文化主体性，民族村寨是自然合伙组织。如何激发民族村寨参与旅游扶贫开发的动力，充分发挥民族文化主体性的作用和功能，这是民族村寨旅游扶贫民事主体制度建构所需要考虑的重要因素。作为特殊的自然村，民族村寨是自然合伙组织，而自然合伙组织的权利能力不健全，权利能力是否健全势必影响其法律人格。民族村寨的权利能力不健全必然导致民族村寨法律人格缺位。

民族村寨是由民族村寨每一个居民构成，还是由民族村寨的每一个居民的家庭构成，这是不确定的。民族村寨组成主体的不确定性有几个方面的负面作用。第一，民族村寨参与民族村寨旅游扶贫开发的内部治理不确定。例如，在表决民族村寨参与民族村寨旅游扶贫开发重大事项时，是每一个居民都有表决权，还是仅限于居民的家庭的户主有表决权呢？第二，民族村寨参与民族村寨旅游扶贫开发中的权益分配不确定。第三，民族村寨参与民族村寨旅游扶贫开发的义务或责任承担不确定。在民族村寨旅游扶贫实践活动中，由于民族村寨法律人格缺失，所以民族村寨的主体功能并未充分发挥，民族村寨的作用被边缘化，尤其是行政村替代了民族村寨一些功能，这不利于调动民族村寨参与其旅游扶贫活动的积极性，不利于推动民族村寨旅游扶贫开发，不利于民族村寨旅游扶贫开发的预期目标的实现。

（二）民族村寨参与民族村寨旅游扶贫开发中的权利和义务未确定

从民族村寨的法律属性层面看，民族村寨既具有民族文化主体性，又是旅游吸引物。民族村寨的这些法律属性决定了民族村寨参与民族村寨旅游扶贫应该有其相应的权利和义务。法定和约定是民族村寨参与民族村寨旅游扶贫的权利和义务的重要根据，而由于民族村寨

---

① 从《民法总则》的有关规定看，民族村寨并不属于法人和特别民事主体。
② 漠耘：《主体哲学的私法展开：权利能力研究》，法律出版社 2012 年版，第 4 页。

法律人格的缺失，从而导致民族村寨是参与民族村寨旅游扶贫开发中处于弱势的一方，所以通过约定方式确定民族村寨参与民族村寨旅游扶贫开发的权利和义务，这对民族村寨可能不利。因此法定不愧为一种良法——确定民族村寨参与民族村寨旅游扶贫开发的权利和义务的好方法。然而，现行法规并没有确定民族村寨参与民族村寨旅游扶贫开发中的权利和义务，这势必造成民族村寨在参与民族村寨旅游扶贫开发中缺少动力，其表现在以下几个方面。其一，作为旅游吸引物，民族村寨的财产功能难以充分发挥。① 财产是从事经济活动的物质基础，也是分配经济利润的重要依据，民族村寨的财产功能难以得以充分发挥，这必然导致一个不利后果：民族村寨在民族村寨旅游扶贫开发中经济利润分配处于不利地位。其二，在民族村寨旅游扶贫开发中，民族村寨与其相关利害人之间产生纠纷，甚至有不少纠纷悬而未决。② 纠纷解决既需要机会成本，又会影响民族村寨旅游扶贫的利益链接主体的合作，而他们之间的协同合作则是影响民族村寨旅游扶贫开发能否顺利推行的动因。其三，影响民族村寨居民参与民族村寨旅游扶贫开发的积极性。从民族村寨的法律属性看，民族村寨是自然合伙经济组织。民族村寨居民是民族村寨这一自然合伙经济组织的成员，民族村寨参与民族村寨旅游扶贫开发中的权利和义务未确定，这必然影响民族村寨居民参与民族村寨旅游扶贫开发中的权利和义务的确定性，结果是影响民族村寨居民参与民族村寨旅游扶贫开发的积极性。

（三）民族村寨参与民族村寨旅游扶贫开发中的权益难以得到保障

虽说国家和民族贫困省份（自治区）都制定了有关民族村寨参与民

---

① 从应然层面看，作为重要的旅游吸引物，民族村寨的财产功能较大，如民族村寨的民俗和民宿、自然景观和人文景观等都是吸引游客的卖点，而这些卖点就是现实可能性的财产。作为民族文化主体性，民族村寨是实现其财产功能的主体，他们既有义务让游客享受民族村寨的民俗和民宿、自然景观和人文景观等旅游吸引物，同时，也有权利获取经济利益。从实然层面看，由于民族村寨参与民族村寨旅游扶贫开发中的权利和义务并未通过法定方式加以确定，所以"民族村寨"这一旅游吸引物并未尽其用。

② 例如，在民族村寨旅游扶贫开发中，民族村寨与民族村寨所在地的行政村、旅游开发企业之间的一些纠纷的动因乃是民族村寨与民族村寨所在地的行政村、旅游开发企业之间的权利和义务的不对等性或不确定性所引发。

族村寨旅游扶贫开发中的权益保障方面的政策①，但是由于现行法规对民族村寨的法律人格、权利和义务等诸方面都未加以规定，所以在民族村寨旅游扶贫开发中，民族村寨参与民族村寨旅游扶贫开发中的权益难以得到保障，其表现在以下几个方面。其一，民族村寨的表决权弱化。民族村寨的表决权弱化之现象主要存在于政府主导型的民族村寨旅游扶贫开发模式和旅游开发企业主导型的民族村寨旅游扶贫开发模式之中。其二，民族村寨参与民族村寨旅游扶贫开发中应得的经济利益并未得到保障。作为文化旅游吸引物，民族村寨是其旅游扶贫开发的物质基础，理应获取相应的经济利益。其三，民族村寨居民的财产权并未得到应有的保护。不管是哪一种类型的民族村寨旅游吸引物，民族村寨居民对其享有一部分所有权或用益物权或担保物权或无形财产权或数据权等，但是由于诸方面的因素，这些财产权并未得到应有的保护。在民族村寨旅游扶贫实践中，为了保障民族村寨参与民族村寨旅游扶贫开发中的权益，各地推出了"旅游开发公司+民族村寨""农民专业合作社+民族村寨""旅游开发公司+民族村寨"等民族村寨旅游开发模式。从经济学维度看，作为市场主体，民族村寨和民族村寨居民是理性的，会按照自身利益决定参与民族村寨旅游扶贫开发，可以自由选择以何种方式参与民族村寨旅游扶贫开发，但是在实践中，由于民族村寨法律人格缺位，所以民族村寨是处于"信息弱"的一方，而旅游开发公司或农民专业合作社则是处于"信息强"的一方，所以对民族村寨而言，在参与民族村寨旅游扶贫开发中就存在信息不对称的可能性，民族村寨参与民族村寨旅游扶贫开发的有限理性更为突出，因此，民族村寨参与民族村寨旅游扶贫开发中应有的权益难以得到保障。

---

①　滇黔等民族地区省份制定了"民族村寨旅游扶贫项目"的专项基金政策，但是财政拨款给民族村寨旅游扶贫开发的形式多样，如民族村寨保护与建设项目经费、美丽乡村旅游项目经费、旅游产业扶贫项目经费、新农村建设项目经费、移民搬迁项目经费等。《贵州省人民政府办公厅关于印发贵州省发展旅游助推脱贫攻坚三年行动方案（2017—2019 年）的通知》黔府办发〔2017〕44 号规定：发挥自然生态和民族文化优势，以新发现未开发的 5.2 万处旅游资源和普查登记的 77 处优良温泉和旅游资源为基础，结合新的交通格局以及 14 个深度贫困县、20 个极度贫困乡（镇）和 2760 个深度贫困村的旅游资源分布。鼓励成立旅游专业合作社，支持村级集体经济组织兴办旅游公司、旅游农场，采取"公司+农户""专业合作社+农户"综合开发，整村推进等多种方式，为参与旅游业的建档立卡贫困户提供 5 万元以下免担保抵押贷款、3 年以内扶贫小额贷款、"特惠贷"支持。

三　民族村寨制度瓶颈的破解

(一) 健全民族村寨的法律人格

健全民族村寨的法律人格既有现实的需要，又有理论基础。民事主体法律人格健全是其民事权利和民事义务分配的重要依据，是民事主体独立从事民事活动的必要条件，是民事主体实现其民事法律行为的基础性条件。民族村寨是民族村寨旅游扶贫开发中的重要民事主体，它的法律人格健全与否，直接关系到民族村寨在参与民族村寨旅游扶贫开发中的市场地位，直接关系到民族村寨参与民族村寨旅游扶贫开发中的权利和义务的分配，直接关系到民族村寨的民事权利自助的法律效果，也直接关系到民族村寨旅游扶贫开发能否达到"真扶贫""旅游精准扶贫"的目标。凸显民族村寨和民族村寨居民在民族村寨旅游扶贫的主体性地位是实现民族村寨旅游扶贫目标的重要方法，是民族村寨社区参与式旅游扶贫的体现。

民族文化主体性是民族村寨的法律属性之一，健全民族村寨的法律人格是民族文化主体性的必然要求。王建民的观点也支撑了"健全民族村寨法律人格"的方法论。"笔者认为，导致贫困的更为重要的原因在于，行为主体丧失了处置自身发展的主体权力。参与式行动不仅是一个基于文化自觉的文化实践过程，也是一个文化自我理解和阐释的过程，有助于各民族群众进一步认识自身文化的价值。"[1]按照罗伯特·罗兰的观点[2]，民族村寨是一个半自治社会，是承载把民族文化旅游资源、民族村寨社区社会资本、民族村寨社区象征资本转化经济资本的主体，从此意义上说，健全民族村寨法律人格具有内在要求。

如何健全民族村寨的法律人格呢？由于健全民族村寨的法律人格既是一个民事主体人格理论问题，又是民事主体人格效力渊源问题，所以从民

---

[1]　王建民：《扶贫开发与少数民族文化——以少数民族主体性讨论为核心》，《民族研究》2012 年第 3 期。

[2]　半自治领域产生规范并通过约束和激励确保规范的运行。在构成半自治领域的空间内，一定数量的社团群体相互发生关系。"半自治"概念可以阐明社会领域之间的互动，能够被用于解读法律与风俗之间的典型差别。国家——或者它的法律管辖权可以把一个特定社会领域的规则转化为国家法，反之亦然，一个社会领域可以将国家法转化为风俗，此时该社会领域接受了而非抵制国家法。参见 [法] 罗伯特·罗兰《法律人类学》，刘云飞译，教育部后期资助项目研究成果。

事主体人格效力渊源维度探讨民族村寨法律人格健全问题。从理论层面上说，由于成文法、习惯、法理是民事主体人格效力三种渊源，所以民族村寨法律人格健全的路径有成文法、习惯和法理。首先，从法理的路径谈谈民族村寨法律人格健全问题。民族村寨的法律属性就是民族村寨法律人格健全法理问题，民族村寨是具有民族文化主体性的自然村、自然合伙经济组织，而民族村寨法律属性是民族村寨法律人格健全的理论依据。从民族文化传承和发展的维度看，应该把民族村寨法律人格确定为具有民族文化主体性的自然村；从经济发展的维度看，应该把民族村寨法律人格确定为自然合伙经济组织。其次，从习惯的路径分析民族村寨法律人格健全问题。民族村寨居民已习惯称"民族村寨"为旅游开发的自然合伙经济组织，旅游扶贫开发相关主体视"民族村寨"为具有民族文化主体性的自然村，或自然合伙经济组织①。最后，从成文法的路径探讨民族村寨法律人格健全问题。由于现行法规都没有对有关民族村寨法律人格进行规定，所以现行法规应该确定民族村寨法律地位，赋予民族村寨法律人格。若现行法规确定民族村寨法律地位，赋予民族村寨法律人格，则要对现行有关法规进行修改，对现行有关法规进行修改就需要花费立法资源，修改法律效力越高的法规，其所花费的立法资源则越多，其障碍也越多，而立法资源具有稀缺性，因此，可以采取"循序渐进"的原则，首先，制定民族地区差别化区域政策②的方式确定民族村寨法律地位，赋予民族村寨法律人格。其次，通过地方有关法规确定民族村寨法律地位，赋予民族村寨法律人格。最后，再通过《民法总则》确定民族村寨法律地位，赋予民族村寨法律人格。

（二）明确民族村寨的法定权利和义务

民族村寨应该具有哪些法定权利和义务呢？民族地区差别化区域政策

---

①　课题组成员深入旅游扶贫待开发的民族村寨问卷调查时，一般的民族村寨居民认为他们的寨子就是自然村寨；深入旅游扶贫开发的民族村寨问卷调查时，一般的民族村寨居民则认为他们的寨子就是合伙发展旅游业的组织，合伙成员不限于本寨子的人，还包括旅游开发企业或其他老板等。

②　民族地区差别化区域政策是推动民族地区经济发展、社会和谐和文化繁荣的重要举措和方法，是助推不同地区的经济、社会和文化等诸方面平衡发展的驱动器，是破解"贫穷与发展"这一难题的方程。

对民族村寨应该享有的一些权利相应的规定①，对民族村寨应该承担哪些义务没有相应规定，而现行民事活动方面的法规并没有对其作出规定。根据美国法哲学家德沃金的观点，民族地区差别化区域政策也属于法律制度系统的子系统，属性法律制度系统的要素，因此民族地区差别化区域政策对民族村寨所赋予的权利应该是属性法定权利。然而，我国法律制度系统理论并没有吸收和移植美国法哲学德沃金的观点，而是在吸收和移植大陆法系法律制度系统理论的基础上，结合中国的实际情况，构建了中国特色社会主义的法治体系②。根据我国司法理论，政策并不是判决渊源，在司法实践中，法官也没有把政策作为判决的依据，这导致因民族地区差别化区域政策实施而引起的纠纷悬而未决，导致民族地区差别化区域政策实施中民族村寨的权利并不能得到司法的认可，从此意义上说，就民族村寨旅游扶贫开发而言，民族村寨并没有法定权利，这制约了民族村寨参与旅游扶贫开发的内在动力，增加他们参与民族村寨旅游扶贫的法律风险，也削弱了他们参与民族村寨旅游扶贫的利益联结中的利益分配的话语权。

　　民族村寨法定的权利和义务涉及核心问题是民族村寨法定的权利和义务边界确定。民族村寨的法定权利和义务边界确定包含了三层含义。第一层含义是民族村寨法定权利和义务的范围。从民事权利理论层面看，民族村寨的法定权利范围主要包括财产权、人身权和知识产权。那么从实践层面来说，民族村寨的法定权利应该包含哪些呢？第二层含义是民族村寨的法定义务的范围。根据权利与义务对等原则，享有什么样的权利，就应该承担与其相应的义务。第三层含义是民族村寨法定的权利和义务赋予的路径问题。本研究只是对后者进行探讨，并不对前两者加以讨论③。民族村寨法定的权利和义务赋予的路径有三。第一条路径是立法赋予民族村寨法定权利和义务。按照《中华人民共和国立法法》和《中华人民共和国民

---

　　① 有关民族村寨旅游扶贫政策和民族村寨保护政策等民族地区差别化区域政策规定了相关部门的职责，规定了民族村寨应该享有的权利。2016年以来，中央及相关部委发布了《"十三五"脱贫攻坚规划》《全国"十三五"易地扶贫搬迁规划》等文件，着力推动易地扶贫搬迁工作。贵州省也制定了《贵州省深度贫困地区脱贫攻坚行动方案》等规范性文件对其作了相应规定。

　　② 司法机关发布的法律政策属于法律制度体系的范畴，党政部门发布的政策则不属于法律制度体系的范畴，法官在审判案件时，党政部门发布的政策不能作为判案依据。

　　③ 并不对前两者加以讨论主要缘由有二：一是前两者所涉及的内容繁多，关系也复杂，难以在此诠释清楚；二是前两者所涉及的有些内容分别在后面章节中进行讨论，为避免重复。

族区域自治法》的有关规定①，设区的市人民代表大会及其常务委员会可以对环境保护、历史文化保护等方面的事项制定地方性法规，少数民族自治州、少数民族自治县可以制定经济社会发展等方面的法规，民族村寨法定权利和义务则属于经济社会发展、环境保护及历史文化保护等范畴，民族村寨法定权利和义务具有民族性、文化性和地域性等特质，因此可以把有关民族地区差别化区域民族村寨政策的一些有关民族村寨的权利和义务吸收到地方性法规或少数民族自治州、少数民族自治县等自治机关制定的有关民族村寨经济社会发展、环境治理、历史民族文化等方面的规制。第二条路径是以司法方式确认民族村寨的权利和义务②。以司法方式确认民族村寨的权利和义务的重要问题乃是：民族地区差别化区域政策所规定的有关民族村寨的权利和义务的确认。以司法调解、商事仲裁和劳动仲裁等司法方式确认民族地区差别化区域政策所规定的有关民族村寨的权利和义务没有障碍，但是以法院裁判确认民族地区差别化区域政策所规定的有关民族村寨的权利和义务则存在司法实践上的障碍，不过，可以运用法律解释方法解决其司法实践上的障碍。例如，运用权利和义务规定的相关法律原则诠释民族地区差别化区域政策所规定的有关民族村寨的权利和义务，把民族村寨权利和义务的有关政策转化为民族村寨权利和义务相关的法律原则，从而使有关民族村寨的权利和义务的政策转化到法院裁判之中。第三条路径是民族村寨习惯法规定的权利和义务。此条路径的障碍是如何让

---

① 《中华人民共和国立法法》第 72 条规定："设区的市的人民代表大会及其常务委员会根据本市的具体情况和实际需要，在不同宪法、法律、行政法规和本省、自治区的地方性法规相抵触的前提下，可以对城乡建设与管理、环境保护、历史文化保护等方面的事项制定地方性法规，法律对设区的市制定地方性法规的事项另有规定的，从其规定。"《中华人民共和国立法法》第 73 条规定："省、自治区、直辖市和较大的市的人民政府，可以根据法律、行政法规和本省、自治区、直辖市的地方性法规，制定规章。"《中华人民共和国立法法》第 75 条规定："自治条例和单行条例可以依照当地民族的特点，对法律和行政法规的规定作出变通规定，但不得违背法律或者行政法规的基本原则，不得对宪法和民族区域自治法的规定以及其他有关法律、行政法规专门就民族自治地方所作的规定作出变通规定。"《中华人民共和国民族区域自治法》第 25 条规定："民族自治地方的自治机关在国家计划的指导下，根据本地方的特点和需要，制定经济建设的方针、政策和计划，自主地安排和管理地方性的经济建设事业。"《中华人民共和国民族区域自治法》第 28 条规定："民族自治地方的自治机关依照法律规定，管理和保护本地方的自然资源。民族自治地方的自治机关根据法律规定和国家的统一规划，对可以由本地方开发的自然资源，优先合理开发利用。"

② 司法方式确认民族村寨的权利和义务有三种不同方式：法院裁判、商事仲裁和劳动仲裁、司法调解。

司法界认可民族村寨习惯法规定的权利和义务。破解此条路径障碍的方法有三。其一，有关民族法学专家、民族经济学专家及民族社会学专家的共同收集和整理的有关民族村寨习惯法规定的权利和义务。其二，民族村寨有关主管部门或所在地的基层政府或民族村寨"新绅士"收集和整理的有关民族村寨习惯法规定的权利和义务。其三，司法界委托第三方收集和整理的有关民族村寨习惯法规定的权利和义务。杜赞奇关于文化、权力与国家的互动关系的研究成果为破解以上路径障碍提供理论依据。"马林诺夫斯基的理论——民法则是把个人结合在一起互惠义务的表达，并总是得到遵从。契约在个人与群体之间创设合约关系，一方当事人的债权利和另外一方当事人的债务相对应。身份是由个人的处境塑造的，他所属的那个群体将一整套的互惠性职责和义务授予单独的个人。"①

（三）采取"大调解"方式救济民族村寨的权益

由于民族村寨权益受到损害的动因是多方面的，既有内因，又有外因，所以对民族村寨权益保障方式也应该是多元的，应该充分利用立法资源、司法资源、行政资源及社会资源等多种资源保证民族村寨的权益。健全民族村寨的法律人格，明确民族村寨的法定权利和义务，这都是着手于民族村寨权益保障的内因层面。但是仅从内因着手保障民族村寨的权益不够，还应该从外因寻找保障民族村寨权益的方法，如集"司法资源、行政资源和社会资源"为一体的方式救济民族村寨权益，而大调解则是救济民族村寨旅游扶贫参与主体权益的一种较合理的方式。其理由有三。一是大调解适合民族村寨权益保障内在要求。民族村寨权益界定存在不确定等特质②，这是司法方式保障的障碍，也是行政方式保障的难点之一，而社会力量控制和治理民族村寨的能力弱，因此，民族村寨权益需要集"司法资源、行政资源和社会资源"为一体的方式加以救济。二是就救济民族村寨权益而言，大调解具有比较优势。三是大调解救济民族村寨权益具有现实基础，其根据有四。其一，大调解是我国司法改革的重要内容，

---

① ［美］杜赞奇：《文化、权力与国家——1900—1942 年的华北农村》，王福明译，江苏人民出版社 1996 年版，第 3 页。

② 民族村寨权益界定存在不确定等特质是指现行法规并没有对民族村寨应有的权利作出规定，民族村寨应有的利益并没有公认的行业习惯或商事习惯或其他习惯。

各地法院正在进行一站式大调解试点改革，并已取得一些成功的经验和模式①。其二，有些民族省份在民族地区设立了旅游法庭②，这些旅游法庭充分利用大调解方式解决旅游纠纷。其三，民族村寨既有扶贫干部，也有扶贫专家。有些扶贫干部和扶贫专家既有丰富的社会经验，也有扎实的法学理论知识和解决纠纷的实践经验，这为"大调解"救济民族村寨的权益提供宝贵的人力资源。同时，也减少了民族村寨权益保障的社会成本和经济成本。其四，不少民族村寨都有村规民约。例如，玉湖村、郎德村及高荡村等民族村寨都有村规民约，这些村规民约就是保护民族村寨权益的根据。这些村规民约就是习惯法，而习惯法对民事活动具有约束力。

第二节　民族村寨旅游合作社制度瓶颈与破解

民族村寨旅游合作社是近年来衍生的一种新型合作社，它不仅有独特的内涵，还有独特的法律属性。实践中，民族村寨旅游合作社的运行涉及的诸多法律问题，如民族村寨旅游合作社的治理结构、章程及法律属性、民族村寨旅游合作社成员的权利与义务等。在依法治国的语境下，民族村寨旅游合作社法律理论构建是建构合理的民族旅游合作社制度的前提条件，民族村寨旅游合作社的法律属性则是民族村寨旅游合作社的重要法律理论基础。从功能主义的视角看，民族村寨旅游合作社具有互助性经济组织、非营利性法人、人合法人等法律属性，并与民族村寨的法律属性密切相关。而随着民族村寨旅游扶贫开发进一步升级，乡村旅游产业振兴战略的实施，民族村寨旅游合作社的法律属性等问题的研究具有重要的理论意义和现实意义。

一　民族村寨旅游合作社的法律属性

（一）问题之提出

近年来，农民专业合作社突飞猛进，尤其是乡村旅游合作社的数量每年增加不少。乡村旅游合作社对乡村旅游发展极为重要，对乡村旅游精准

---

① 例如，贵州省织金法院、镇宁法院、平坝法院等基层法院都是大调解司法改革的典范，贵州在推广这些大调解司法改革经验。

② 贵州省、海南省、云南省等民族省份都在民族文化旅游景区设立了旅游法庭。

扶贫具有一定推动作用，对"三农问题"解决提供了新的路径，乡村旅游合作社已成为农村集体经济组织中不可忽视的生力军。为了更好发挥乡村旅游合作社在乡村旅游、乡村旅游精准扶贫及"三农问题"解决中的作用和功能，一些学者从经济学、管理学及社会学等视角探讨了乡村旅游合作社的建设、发展、运行机制、治理结构等问题。①

而就法学界而言，鲜有学者关注和研究乡村旅游合作社的运行机制和治理结构，仅有一些学者以《中华人民共和国农民专业合作社法》为中心，反思和检讨了合作社的内涵、法律性质、法律属性等理论问题，探讨了合作社的信用合作和监管等问题。②

民族村寨旅游合作社是近年来衍生的一种新型合作社③，是实现民族村寨旅游精准扶贫的驱动器，是实现民族村寨产业振兴的有机平台。民族村寨旅游合作社运行和发展是一个动态的系统工程，所涉及的研究内容甚多，本文仅对民族村寨旅游合作社的法律属性展开讨论，其缘由有三。一是虽说民族村寨旅游合作社具有自身的功能④，但在实践中，民族村寨旅游合作社并未充分发挥其功能，民族村寨旅游合作社运行存在不少问题。从表象上看，民族村寨旅游合作社政策缺位是民族村寨旅游合作社并未充分发挥其功能的动因，是民族村寨旅游合作社运行存在问题的瓶颈，实质

---

① 参见孟铁鑫《我国乡村旅游合作社建设存在的问题及其发展对策》，《江苏农业科学》2014 年第 3 期；银元《四川省乡村旅游合作社发展现状及对策研究》，《四川行政学院学报》2017 年第 4 期；马翀炜、张爱谷《乡村旅游制度建构——以玉龙县关泉村旅游合作社为例》，《广西民族大学学报》（哲学社会科学版）2009 年第 7 期；阳宁东、邓文《农民专业合作社在乡村社区旅游中的作用》，《农业经济》2012 年第 3 期；屈小爽《旅游合作社对乡村旅游的影响研究——基于社区自组织能力建设的视角》，《世界农业》2017 年第 4 期；单福彬、祁向文等《基于合作需求的乡村合作社利益分配机制设计》，《热带农业科学》2015 年第 10 期；王昌海《效率、公平、信任与满意度：乡村旅游合作社发展的路径选择》，《中国农村经济》2015 年第 4 期。

② 参见黄祖辉、邵科《合作社的本质规定性及其漂移》，《浙江大学学报》（人文社会科学版）2011 年第 7 期；崔宝玉、程春燕等《农民专业合作社的"三重边界"》，《财政科学》2016 年第 4 期；马惊鸿《农民专业合作社组织属性反思及法律制度创新》，《政法论丛》2016 年第 2 期；薛桂霞、孙炜琳《对农民专业合作社开展信用合作的思考》，《农业经济问题》2013 年第 4 期；张德峰《论农村资金互助社的政府有限监管》，《现代法学》2012 年第 6 期。

③ 学术界和实务界并没有对"民族村寨旅游合作社"这一概念进行界定，笔者从概念的外延的视角对其归纳，笔者认为，民族村寨旅游合作社是乡村旅游合作社和农民专业合作社的下位概念，是以民族村寨旅游为经营范围的专业合作社。

④ 民族村寨旅游合作社微观层面的四个基本功能是：提供旅游吸引物，提供社会资本，提供文化资本，承载旅游扶贫的功能。宏观层面的四个功能是：一是经济功能；二是合作功能；三是文化传承功能；四是社会控制功能。

上，是对民族村寨旅游合作社的法律属性认知不够，对民族村寨旅游合作社的定位不准。二是民族村寨旅游合作社在参与民族村寨旅游开发中所引发的纠纷较多，并极为复杂。民族村寨旅游合作社成员在参与民族旅游开发中发生的纠纷较多，云南和贵州的调研数据都说明了这一点。① 由于现行法律并没有对民族村寨旅游合作社的运行、治理及会员的权利和义务作出特别规定，也没有此方面的司法解释和司法指导意见，因此，在司法实践中，民族村寨旅游合作社的法律地位是一个棘手的问题，这亟须从法学理论层面探讨民族村寨旅游合作社法律属性。三是如何提高旅游资源转化经济资本的效率值？如何发挥民族村寨旅游合作社在民族村寨旅游扶贫中的作用？民族村寨旅游合作社是民族村寨旅游资源转化经济资本的重要载体，是提高民族村寨旅游资源转化为经济资本的效率值的驱动器。民族村寨旅游合作社良性运行是影响提高民族村寨旅游资源转化为经济资本的效率值的极为重要的动因，而民族村寨旅游合作社法律地位则是民族村寨旅游合作社良性运行的前提条件。从国家政治层面看，建设和发展民族村寨旅游合作社的重要作用乃是推进和落实产业精准扶贫的有力举措，而民族村寨旅游合作社独立法律人格则是发挥民族村寨旅游合作社能否在民族村寨旅游扶贫中的作用的关键点。

本文沿着从"事实"到"理论"的研究进路，即先探讨民族村寨旅游合作社运行中存在的问题，分析民族村寨旅游合作社运行中存在问题的原因。然后从功能主义的视角诠释民族村寨旅游合作社的法律属性。功能主义是法社会学的一种重要理论分析工具，其有不同的理论内涵，本文所采用的是法律概念定义和形成的目的理论，"在法律概念的构成上'必须'考虑到拟借助该法律概念来达到的目的，或实现的价值。亦即必须考虑所构成之法律概念是否具备实现所期待之目的或价值的'功能'"。②

---

① 在民族村寨旅游开发中，民族村寨居民以不同形式加入民族村寨旅游合作社，以旅游企业开发为主导的民族村寨旅游合作社收取民族村寨旅游景点门票影响民族村寨旅游合作社个人会员——民族村寨居民的传统旅游商业活动，从而导致民族村寨旅游景点门票纠纷，甚至引发群体事件；以民族村寨社区为主导的民族村寨旅游合作社在民族村寨旅游开发中产权不清，从而引发民族村寨旅游产权纠纷；基层政府主导的民族村寨旅游合作社在民族村寨旅游开发中权益分配不均，从而引发民族村寨旅游权益纠纷。在云南和贵州的村寨旅游开发中，纠纷发生率都达到了10%。

② 黄茂荣：《法学方法与现代民法》，中国政法大学出版社2001年版，第46页。

进而言之，对民族村寨旅游合作社法律属性研究时，主要考量充分实现民族村寨旅游合作社的功能，把民族村寨旅游合作社的功能特质融合到民族村寨和民族村寨旅游合作社的法律属性中来加以分析。

（二）民族村寨旅游合作社的运行

1. 民族村寨旅游合作社的运行模式

民族村寨旅游合作社的运行极其复杂，不同地方的民族村寨旅游合作社运行模式不同。从民族村寨旅游合作社运行的动力和地位层面看，民族村寨旅游合作社有三种不同运行模式：民族村寨社区主导的民族村寨旅游合作社运行模式、基层政府主导的民族村寨旅游合作社运行模式，以及旅游开发企业主导的民族村寨旅游合作社运行模式。从民族村寨旅游合作社运行趋势看，旅游开发企业主导的民族村寨旅游合作社运行模式已成为主流。① 下面，将分别对这三种运行模式进行阐述。

（1）民族村寨社区主导的民族村寨旅游合作社运行模式

民族村寨社区主导的民族村寨旅游合作社运行模式是指民族村寨社区是民族村寨旅游合作社治理的核心主体，是推动民族村寨旅游合作社运行的动力。如雷山县朗德苗寨村和丽江市白沙镇玉湖村是典型的民族村寨社区主导的民族村寨旅游合作社运行模式。民族村寨社区主导的民族村寨旅游合作社运行模式具有以下两个方面的特征。一是以"人的信用为本"。从民族村寨旅游合作社的成立到运行，民族村寨社区的村干部和党员起到了中流砥柱的作用。雷山县的朗德苗寨旅游合作社采用民族村寨资源共享，共同为游客提供服务，按照"工分制"分配民族村寨旅游开发收入。丽江市白沙镇玉湖村则是创造性地结合党建工作，推动民族村寨旅游合作社运行。玉湖村旅游合作社管理层的成员为党员，旅游合作社法人代表是村支书，旅游合作社整合全村资源，遵循"物尽其用""人尽其才""按劳分配"的原则推进民族村寨旅游开发。二是民族村寨居民自发开发民族村寨旅游。民族村寨居民自发开发民族村寨旅游的主要形式多种多样，下面列举三种主要的形式。其一，通过开设

① 例如，镇宁布依族苗族自治县的高荡村的旅游合作社已由高荡村社区主导的旅游合作社运行模式转化为旅游开发企业主导的民族村寨旅游合作社运行模式，楚雄彝族自治州的紫溪镇紫溪彝村也由紫溪彝村社区主导的旅游合作社运行模式转化为旅游开发企业主导的民族村寨旅游合作社运行模式。

农家乐的方式吸引游客。如普洱市的宁洱乡园照寺村。其二，民族村寨居民为旅游提供休闲住宿，组织一些民族文化活动，如大理市的下关乡红山村。其三，民族村寨居民自发组织打造民族村寨旅游景点，开展民族文化活动，如雷山县的朗德苗寨。

（2）基层政府主导的民族村寨旅游合作社运行模式

基层政府主导的民族村寨旅游合作社运行模式是指政府民族村寨社区是民族村寨旅游合作社治理的核心主体，是推动民族村寨旅游合作社运行的动力。如镇宁布依族苗族自治县扁担山镇革老坟村、紫云苗族布依族自治县格凸河镇坝寨村等极度贫困的民族村寨旅游合作社。基层政府主导的民族村寨旅游合作社运行模式是一种过渡的民族村寨旅游合作社运行模式，是发展深度贫困民族村寨旅游开发的特有运行模式。此言何处？一方面，深度贫困民族村寨是扶贫攻坚的"最后一公里"，国家和各地政府非常重视深度贫困民族村寨旅游扶贫，对其制定了相关优惠政策，也给予了财力、物力和人力的大力支持；另一方面，在深度贫困民族村寨旅游扶贫初级阶段，深度贫困民族村寨主导其旅游扶贫开发还存在诸多不利因素，这势必影响深度贫困民族村寨旅游扶贫开发的效果。另外，随着旅游产业深度发展，游客对民族文化旅游产品质量要求也提高了，若在深度贫困民族村寨旅游开发初级阶段就由深度贫困民族村寨主导，深度贫困民族村寨旅游扶贫开发则有可能难有喜色。因此，到一定规模时，基层政府主导的民族村寨旅游合作社运行模式应转化为民族村寨社区主导的民族村寨旅游合作社运行模式或旅游开发企业主导的民族村寨旅游合作社运行模式。

（3）旅游开发企业主导的民族村寨旅游合作社运行模式

旅游开发企业主导的民族村寨旅游合作社运行模式是指旅游开发企业民族村寨社区是民族村寨旅游合作社治理的核心主体，是推动民族村寨旅游合作社运行的动力。如西江苗寨、镇宁布依族苗族自治县石头寨、花溪区青岩古镇等民族村寨旅游合作社。旅游开发企业主导的民族村寨旅游扶贫模式具有以下三个特征。一是采用公司制治理。作为民族村寨旅游合作社的股东（成员），旅游开发企业直接参与民族村寨旅游开发的管理，参与民族村寨旅游合作社的管理的旅游开发企业主要是政府控股的国有旅游开发企业。民族村寨居民主要是以劳动者的身份直接参与民族村寨旅游扶贫活动，或以小商人的身份参与民族村寨旅游扶贫活动。二是旅游开发企业与民族村寨的关系为内部关系，而非外部关系，双方之间的权利义务是由民族村寨旅游合作社章程和相关契约进行约定，而非由有关法规对其规定。三是信用基础则是财产信用，而不是人的信用。民族村寨社区主导的民族村寨旅游合作社运行模式和基层政府主导的民族村寨旅游合作社运行模式的信用基础一样，他们都是人的信用，而旅游开发企业主导的民族村寨旅游合作社运行模式的信用基础不是人的信用，而是财产信用。一方面，旅游开发企业主导的民族村寨旅游合作社运行模式中之所以旅游开发企业起到主导作用，是因为他们所投入的资金或资产或资源多，是因为他们在民族村寨旅游合作社中所拥有的财产多；另一方面，民族村寨旅游合作社各会员表决权并不是完全按照"一人一票"制，而是按照"财产份额与表决权挂钩"制。

2. 民族村寨旅游合作社运行中存在的问题

总体来说，民族村寨旅游合作社发展趋势强，但是民族村寨旅游合作社在运行中仍存在不少问题，从调查的情况来看，表现在以下几个方面。①

（1）有些地方的民族村寨旅游合作社名存实亡

有些地方的民族村寨是典型的"空壳村"，村里的主要人口是留守老人、留守妇女和留守儿童。为了应付上层政府的考核，为了争取上面政府下拨民族村寨旅游扶贫的专项资金，村干部牵头成立民族村寨旅游合作社，或成立各种不同形式的农民专业合作社，这些合作社的章程上倒是确定了一个经营范围乃是民族村寨文化旅游或民族村寨休闲旅游，但实际上，仅仅是零散的几家农家乐而已，合作社没有办公场所，更不用说开展经营活动。在桐梓县调研时发现，一些农民专业合作社成立不到半年，因会员变更、经营理念不合、部分会员经营资金没到位等诸方面的原因，从而引起纠纷，甚至导致合作社停摆；许多农民专业合作社的章程大同小

---

① 从 2014 年 8 月至 2018 年 4 月，笔者先后深入丽江市白沙镇玉湖村、楚雄彝族自治州紫溪镇紫溪彝村、大理市下关乡红山村、普洱市宁洱乡园照寺村、香格里拉县无境乡霞珠村、德宏傣族景颇族自治州龙保乡安乐村、昆明市红土镇花沟村、六盘水市珠仑彝族乡珠市彝村、黔东南苗族侗族州西江苗寨和朗德苗寨、安顺市高荡村、贵阳市青岩古镇等民族村寨进行田野调查，并到贵州省扶贫办、贵州省旅游局、贵州省民委、遵义市绥阳县、六盘水市钟山区、毕节市金沙县和赫章县、安顺市平坝县和镇宁县、黔东南苗族侗族自治州凯里市，以及贵阳市白云区等县（区）扶贫部门、旅游部门和民宗局进行了调研。

异，合作社的章程存在法律风险等问题，从而严重影响了合作社的正常经营活动。

（2）民族村寨旅游合作社的旅游资源难以转化为经济资本，从而导致民族村寨旅游合作社财产信任度不高

在民族村寨旅游开发调研中发现，所有民族村寨旅游合作社在运行中都存在此问题。虽说一方面，民族村寨旅游合作社的旅游资源丰富，尤其民族传统工艺和民族非物质文化遗产多。同时，有些民族村寨旅游合作社不断生产和推销民族传统工艺、民族特色旅游纪念品等民族文化旅游产品。另一方面，国家和地方政府都制定有关民族村寨旅游资源开发方面的优惠政策，尤其对民族村寨非物质文化遗产保护和传承给予政策支持，对民族村寨传统工艺品开发也给予优惠政策，对民族村寨文艺体育项目保护和传承给予支持。然而，很多民族村寨的非物质文化遗产并不能转化为经济资本。究其原因有三。一是民族村寨的非物质文化遗产的财产属性极为复杂，对民族村寨的非物质文化遗产的财产难以归类，尤其是民族村寨的有些非物质文化遗产是属于传统知识，还是属于知识产权，难以确定。二是民族村寨的非物质文化遗产评估存在一些制度障碍，特别是民族村寨的非物质文化遗产委托评估的主体和评估方法难以确定。三是民族村寨的非物质文化遗产入股存在一些制度障碍，如民族村寨的非物质文化遗产可以入股民族村寨旅游扶贫开发公司吗？如果民族村寨的一些非物质文化遗产定性为知识产权，那么民族村寨的这些非物质文化遗产可以入股民族村寨旅游扶贫开发公司；如果民族村寨的非物质文化遗产被定性为传统知识，那么民族村寨的这些非物质文化遗产则不能入股民族村寨旅游扶贫开发公司。

（3）民族村寨旅游合作社运行中的纠纷较多

不管是民族村寨社区主导的民族村寨旅游合作社运行模式，还是政府主导的民族村寨旅游合作社运行模式和旅游开发企业主导的民族村寨旅游合作社运行模式，都存在各种不同类型的纠纷。主要有以下几种纠纷类型。其一，民族村寨旅游开发中由权益分配而引发的纠纷。凤凰古镇门票纠纷、镇宁布依族苗族自治县石头寨门票纠纷乃是典型的案例，其实此案例较多，只是当地政府通过行政方式暂时加以解决而已。其二，破坏了一

些民族村寨自然环境或人文环境而引发的纠纷①。其三，民族村寨居民的传统生活受到了一定的影响②。

总之，造成民族村寨旅游合作社运行问题的原因是多方面的，也是极为复杂的，视角不同，其原因的类型也有所不同。民族村寨旅游合作社的旅游资源难以转化为经济资本，因各种因素而引起的纠纷较多，这些都与民族村寨旅游合作社的法律地位有相关性。进而言之，不管是从财产法理论视角看，还是从人格理论的维度看，民族村寨旅游合作社运行中存在的问题无不与民族村寨旅游合作社的法律属性相关。民族村寨旅游合作社会员所拥有的财产贫困、民族村寨旅游合作社的法律地位缺位、民族村寨旅游合作社把其旅游资源转化经济资本的能力弱等因素都是引发民族村寨旅游合作社良性运行的动因，而对民族村寨旅游合作社的法律属性定性对民族村寨旅游合作社良性运行的影响有两方面：一方面，直接影响民族村寨旅游合作社会员的法律地位和把旅游资源转化为经济资本的能力；另一方面，决定财产贫困的民族村寨旅游合作社会员在民族村寨旅游合作社运行中权益分配和话语权的权值。若对民族村寨旅游合作社的法律属性定性准确，则民族村寨旅游合作社良性运行；反之，则民族村寨旅游合作社运行中会出现以上那些主要问题。

（三）民族村寨旅游合作社的法律属性

民族村寨是民族村寨旅游合作社成立的物质性基础，其表现为二。一是民族村寨是民族村寨旅游合作社经营开发的对象。如民族村寨本身就是旅游景点，是民族文化旅游吸引物。二是民族村寨是民族村寨旅游合作社招商引资的外部条件。民族村寨是民族村寨旅游合作社的会员，或是民族村寨旅游合作社监管主体，在特定情况下，民族村寨与民族村寨旅游合作社的身份和法律地位具有重合性。例如，民族村寨的全体户主都是民族村寨旅游合作社的会员，民族村寨寨主是民族村寨旅游合作社的社长，民族村寨村干部是民族村寨旅游合作社董事会理事或监事会监事。另外，民族村寨与民族旅游合作社在旅游扶贫开发中所涉及的法律风险不一样，两者

---

① 我们在大理下关乡红山村、普洱市宁洱乡园照寺村等民族村寨调研时，据村民反映，一些旅游开发企业为了大力发展民族村寨旅游业，而不惜破坏民族村寨自然环境或人文环境。

② 把民族村寨围起来而收取门票，这实质上影响了旅游开发的民族村寨与其他民族村寨的人文交流和情感交流，影响他们的传统生活，这也是旅游开发的民族村寨居民及与其相邻民族村寨居民极为反对收取门票的重要动因。

应然层面的属性有所不同①。

与旅游开发企业相比较，民族村寨旅游合作社具有以下一些法律属性：一是民族村寨旅游合作社是特殊企业法人，二是民族村寨旅游合作社是互助性经济组织，三是民族村寨旅游合作社是非营利性法人，四是民族村寨旅游合作社是"人合"经济组织。②

1. 民族村寨旅游合作社是特别的企业法人

宋刚、马俊驹（2007）、马跃进（2007）、秦愚（2015）等学者对农民专业合作社是什么类型的法人进行了探讨，形成两种不同的观点：宋刚、马俊驹认为农民专业合作社不是法人企业③，而马跃进、秦愚、辛纪元④等认为，农民专业合作社是特定的企业法人。笔者赞同后一种观点，即民族村寨旅游合作社是特别的企业法人，其依据为以下几点。一是根据《农民专业合作社法》和《民法总则》的有关规定。按照《农民专业合作社法》的有关规定，农民专业合作社是从事农业生产和农业服务的法人，依据《民法总则》的有关规定，农民专业合作社是特别法人。综合以上法律的规定，可以判断农民专业合作社是特别的企业法人。二是从法律允许设立农民专业合作社的宗旨看，农民专业合作社应该是特别企业法人。农民专业合作社设立的宗旨则是鼓励和支持农民协同合作，提高农业生产效率和农业服务质量，提高他们的市场竞争力，从根本解决"三农问题"，让农民发家致富，奔小康。换言之，增加农民的农业收入，推进农业升级和增效，推动乡村振兴。把农民专业合作社界定为特别企业法人，这有利于农民专业合作社设立宗旨的实现。法律人格健全有利于农民专业合作社从事民事活动，有利于农民专业合作社参与农业市场竞争，法人地位是法律人格健全的折射。特别企业法人比一般企业法人具有某些方面优势。其一，特别企业法人不以营利为目的，不需要承担一般企业法人的增

---

① 民族村寨具有以下一些法律属性：民族文化主体性、自然合伙组织、民族文化旅游吸引物。

② "人合"经济组织是指人的信用为基础而合作的经济组织。

③ 参见宋刚、马俊驹《农业专业合作社若干问题研究——兼评我国〈农民专业合作社法〉》，《浙江社会科学》2007年第5期。

④ 参见秦愚《农业合作社的资本问题——基于相关理论与实践的思考》，《农业经济问题》2015年第7期；马跃进《合作社的法律属性法学研究》，《法学研究》2007年第6期；辛纪元《滇黔民族村寨旅游扶贫机制研究》，博士学位论文，云南大学民族法学，2019年。

值税。其二，按照现有有关破产法规和政策的规定，特别企业法人不存在破产的风险。其三，国家和各地政府还给予特别企业法人财力和物力支持。三是从民族村寨旅游合作社与农民专业合作社的关系看，民族村寨旅游合作社是特别企业法人。民族村寨旅游合作社是一种特殊的农民专业合作社，其特殊性表现在以下几个方面。其一，民族村寨旅游合作社经营范围特殊。民族村寨旅游合作社经营的范围为民族村寨旅游开发和旅游服务，由于旅游开发和旅游服务既广泛，又与其他产业交叉，所以民族村寨旅游合作社经营范围既广泛，又与其他产业交叉。其二，民族村寨旅游合作社会员组成特殊。民族村寨旅游合作社中的会员可能是旅游开发企业、民族村寨旅游扶贫开发帮扶单位和个人、国有旅游开发企业等。其三，民族村寨旅游合作社运行模式特别。

2. 互助性经济组织

与农民专业合作社一样，民族村寨旅游合作社是互助性经济组织。虽说现有法律并没有对民族村寨旅游合作进行规定，但是民族村寨旅游合作社属于特殊的农民专业合作社，而现有法律对农民专业合作社作出了明确规定。不管是从法律层面看，还是从农民专业合作社运行上看，农民专业合作社都是互助性经济组织。从民族村寨旅游合作社的运行模式和治理结构看，民族村寨旅游合作社实质上是互助性经济组织。从理论维度看，民族村寨旅游合作社的互助性和合作性具有伦理和道德的正当性。根据克鲁泡特金的观点，互助是道德观念的真正基础，互助的实践是伦理观念的起源，也对人类进步起到重要作用。"但是互助这一原则的最大重要性，还是在道德方面表现得最充分。互助是我们的道德观念的真正基础，这一点似乎是很清楚的。"①"因此，我们追溯出我们的伦理观念确实起源于互助的实践（我们在进化的最初阶段就可找到这种实践的痕迹）；并且，我们可以断言，在人类道德的进步中，起主导作用的是互助而不是互争。甚至在现在，我们仍可以说，扩展互助的范围，就是我们人类更高尚的进化的最好保证。"②民族村寨旅游合作社的自发设立就认证了克鲁泡特金的观点，民族村寨旅游合作社的互助性经济组织之特质具有正当性。张治从法律维度诠释了互助性经济组织的本质，互助性经济组织的本质就是合作，

---

① ［俄］克鲁泡特金：《互助论》，李平沤译，商务印书馆 2010 年版，第 272—273 页。

② 同上。

民族村寨旅游合作社的权利和义务是来源于合作，民族村寨旅游合作社的本质也是合作。"合作法哲学认为，一切权利和义务皆源自合作，所有的权利和义务只有在合作的语境下才能被正确地理解、把握和建构。"①

3. 非营利性法人

作为特殊的农民专业合作社，民族村寨旅游合作社是非营利性法人，其根据则是非营利法人的本质属性和现行有关法律对农民非营利性法人的法律界定。对于非营利法人的定义，虽说在学术界存在不同范式，不过，从现行有关法律的规定和主流观点看，是采用功能主义的进路诠释非营利法人的定义。《中华人民共和国民法总则》第76条规定：以取得利润并分配给股东等出资人为目的成立的法人，为营利法人。营利法人包括有限责任公司、股份有限公司和其他企业法人等。《中华人民共和国民法总则》第87条规定，为公益目的或者其他非营利目的的成立，不向出资人、设立人或者会员分配所取得利润的法人，为非营利法人。非营利法人包括事业单位、社会团体、基金会、社会服务机构等。"'结构—运作'定义范式、'收入—成本'定义范式、'功能—利益'定义范式、'目的—利润'定义范式。"②"非营利法人的概念应该采用'目的—利润'定义范式，即以'不分配利润限制'规则为基础，将非营利法人定义为：不以营利为目的，任何人都不享有利润分配请求权的私法团体。非营利法人包含两层法律含义：首先，非营利法人是以不营利为目的的法人；其次，不以营利为目的体现为利润禁止在法人成员中的分配。"③综上所述，民族村寨旅游合作社是非营利性法人。

从法经济学和法社会学的视角看，民族村寨旅游合作社应该是非营利性法人。使民族村寨脱贫和奔小康是民族村寨旅游合作社设立宗旨之一，将民族村寨旅游合作社界定为非营利性法人，有利于降低民族村寨旅游合作社的经济成本。按照美国著名法社会学家庞德的观点，法律是维护和促进社会文明的工具，是社会调控的工具，是一个社会工程。民族村寨脱贫攻坚和奔小康，尤其是深度贫困民族村寨脱贫攻坚和奔小康，这是重要的

---

① 张治：《合作论——从政治哲学、法哲学到行政法哲学》，法律出版社2017年版，第81页。

② 税兵：《非营利法人解释——民事主体理论的视角》，法律出版社2010年版，第22—24页。

③ 同上书，第236页。

社会问题，这些社会问题也是社会物质文明问题。把民族村寨旅游合作社界定为非营利性法人有助于以上社会问题的解决，有利于以上社会物质文明的缔造。

4. 人合法人

民族村寨旅游合作社是人合法人。人身、财产、人格与信用四者存在内在关联性。作为同一民事主体，信用是其人身和人格的构成要素，人身和人格又是影响其信用的动因。对于法人而言，是否是人合法人的关键判断的一个依据则是信用基础。而就民族村寨旅游合作社而言，对其信用基础判断的主要指标却是入社的资格条件和治理结构。民族村寨旅游合作社入社的资格条件乃是民族村寨、民族村寨村民、法人、社会组织及个人，对其入社的财产多寡并没有严格的要求。会员的表决权是民族村寨旅游合作社治理结构的重要内容，不管是哪一种类型的民族村寨旅游合作社运行模式，"一人一票"的会员表决权占主导地位。"就历时层面而言，人身与财产一致性不容否认。"[1] "抽象人格作为一种法律技术合成之产物，是现实人身关系、财产关系于民法中之必然映射或反照。抽象人格塑造之本旨即在于为人类寻求或论证一种平等之社会秩序，同时为该一秩序所需之价值内蕴提供制度性论证，易言之，人格抽象是近代民法进行法律权利营构之理论前提与基本手段。"[2] 从《中华人民共和国民法总则》的规定看，民族村寨旅游合作社是人合法人。《中华人民共和国民法总则》第 90 条规定，具备法人条件，基于会员共同意愿，为公益目的或者会员共同利益等非营利目的设立的社会团体，经依法登记成立，取得社会团体法人资格，依法不需要办理法人登记的，从成立之日起，具有社会团体法人资格。《中华人民共和国民法总则》第 96 条规定，本节规定的机关法人、农村集体经济组织法人、城镇农村的合作经济组织法人、基层群众性自治组织法人，为特别法人。

民族村寨旅游合作社是近年来衍生的一种新型合作社，虽说有些民族村寨成立旅游合作社或农民专业合作社，并没有"民族村寨旅游合作社"这种说法，但是实际上，民族村寨成立旅游合作社或农民专业合作社就是民族村寨旅游合作社。一方面，为了实现脱贫攻坚战略和乡村振

---

① 刘云生：《民法与人性》，中国检察出版社 2005 年版，第 212 页。
② 同上书，第 236 页。

兴战略，各地政府大力鼓励和支持民族村寨成立旅游合作社。由于诸方面的原因，民族村寨旅游合作社运行中存在不少问题，特别是民族村寨旅游合作社的旅游资源难以转化为经济资本。另一方面，对民族村寨旅游合作社运行与其治理结构的关系未展开理论研究，尤其是未从法学等视角深入而系统地探讨民族村寨旅游合作社的属性、运行及结构治理等问题。因此，从法学维度研究民族村寨旅游合作社具有理论意义和实际意义。

而在实践中，民族村寨旅游合作社的运行涉及的诸多法律问题，如民族村寨旅游合作社的治理结构、章程及法律属性、民族村寨旅游合作社成员的权利与义务等。要全面认识民族村寨旅游合作社的法律属性，需要从不同视角探讨民族村寨旅游合作社的法律属性。本文仅是从功能主义的视角诠释了民族村寨旅游合作社法律属性。客观而言，仅从功能主义的视角诠释民族村寨旅游合作社的法律属性是不够的，为更全面而深刻地认识民族村寨旅游合作社的法律属性，法学界尤其是民族法学界应该从规范法学、价值法学等视角探讨民族村寨旅游合作社的法律属性，从而为民族村寨旅游合作社的政策和法规的制定提供理论依据。而随着民族村寨旅游扶贫开发进一步升级，乡村旅游产业振兴战略的实施，有关民族村寨旅游合作社建设和发展方面的制度供给需求量势必增加，这势必促使越来越多的学者从不同层面研究民族村寨旅游合作社的法律属性、运行、结构治理、纠纷等问题，尤其是从规范法学、价值法学等视角研究民族村寨和民族村寨旅游合作社的法律属性、法律地位等重要理论问题，从而丰富和发展民事主体理论。

二　民族村寨旅游合作社的民事主体法律地位缺位

从功能主义和法社会学维度看，民族村寨旅游合作社在民事主体法律领域应该占有一席之地，其根据有二。一是民族村寨旅游合作社的法律属性决定了民族村寨旅游合作社的民事主体法律地位。民族村寨旅游合作社具有以下一些法律属性：民族村寨旅游合作社是特殊企业法人，民族村寨旅游合作社是互助性经济组织，民族村寨旅游合作社是非营利性法人，民族村寨旅游合作社是"人合"经济组织。二是民族村寨旅游合作社是农民专业合作社的下位概念①，而农民专业合作社在民事主体法律领域中具有特定的民事主体法律地位②。作为农民专业合作社的下位民事主体，虽说民族村寨旅游合作社的法律属性与农民专业合作社的法律属性具有一些共性，以农民专业合作社为参照系，可以采用类推的法律方法确立民族村寨旅游合作社的民事法律地位③。但是从民事主体法律地位的法定原则、公信力、司法实践等视角看，民族村寨旅游合作社的民事主体法律地位缺位。

（一）民族村寨旅游合作社的民事主体法律地位缺位的法定原则分析

按照法律多元理论观点④，民族村寨旅游合作社的民事主体法律地位确立来源于官方法、非官方法和法律原理。从非官方法和法律原理维度来说，民族村寨旅游扶贫合作社的民事主体法律地位已确立，它被确定为特别法人。我国民事主体法律是在移植大陆法系的民事主体法律的基础上本土化，法定原则是民事主体法律地位的一个原则⑤。法定原则是现代民事主体法律的重要原则，确立法定原则的目的是更有效地监管法人的运行，为了维护和确保正常的社会秩序和经济秩序，为了交易安全。按照法定原则，民族村寨旅游合作社的民事主体法律地位是由相应的国家成文法进行规定。而《中华人民共和国民法总则》《中华人民共和国农民专业合作社法》《中华人民共和国旅游法》等法律都没有明确规定民族村寨旅游合作社的民事主体法律地位。因此，从法定原则的维度看，民族村寨旅游合作社的民事主体法律地位并未给予确立，换言之，民族村寨旅游合作社的民事主体法律地位缺位。民族村寨旅游合作社的民事主体法律地位缺位对民

①　《中华人民共和国农民专业合作社法》第3条第3款也规定乡村旅游是农民专业合作社的经营范围之一。

②　《中华人民共和国农民专业合作社法》第2条规定："本法所称农民专业合作社，是指在农村家庭承包经营基础上，农产品的生产经营者或者农业生产经营服务的提供者、利用者，自愿联合、民主管理的互助性经济组织。"第5条规定："农民专业合作社依照本法登记，取得法人资格。"《中华人民共和国民法总则》第96条规定了城镇农村合作经济组织法人属于特别法人。

③　民族村寨旅游合作社为特别法人。

④　"我的概念框架，'法律的三层结构'，最初是假设来分析一个国家运作中的整个法律结构的，它可以阐明作为法律文化的人们的法律态度——这三个层次是官方法、非官方法和法律原理。"参见千叶正士《法律多元——从日本法律文化迈向一般理论》，中国政法大学出版社1997年版，第97页。

⑤　所谓民事主体法律地位的法定原则是指民事主体法律地位是由官方法规定而加以确立的。

族村寨旅游合作社从事经济活动和社会活动不利，其表现在以下几个方面。其一，民族村寨旅游合作社的权利能力受到限制，不利于它独立从事经济活动和社会活动。根据漠耕的研究，民事主体的法律人格与其权利能力存在必然关系，若民事主体的法律人格缺位，则势必影响它的权利能力的完整性，即若法律人格缺位，则权利能力受到限制，权利能力不完整。其二，民族村寨旅游合作社法律人格制度缺位不利于民族村寨旅游合作社的发展。资源转化资本、财产增值、融资能力等因素都是影响民族村寨旅游合作社发展的动因，而民族村寨旅游合作社法律人格制度缺位又会影响资源转化资本、财产增值、融资能力。其三，民族村寨旅游合作社人格制度缺位势必增加民族村寨旅游合作社从事经济活动和社会活动中的法律风险。权利和义务的不确定性、自然债务的衍生等都是民事主体从事经济活动和社会活动中的法律风险，民族村寨旅游合作社的权利和义务不确定性、自然债务衍生的重要动因则是民族村寨旅游合作社人格制度缺位，即没有对民族村寨旅游合作社的法律地位特定化，也没有对民族村寨旅游合作社章程、治理结构、法定权利和义务进行明确规定，在实践中，只能参照农民专业合作社的制度变通实施，只能通过相关当事人约定权利和义务，只能按当地的习惯从事民事活动，虽说习惯是从事民事活动的效力渊源，但是由于司法部门对习惯的认定存在一些技术和成本的痛点，也没有让司法部门认可的第三方认定的习惯，这就导致这些习惯可能在司法领域仅是空中楼阁而已。

（二）民族村寨旅游合作社的民事主体法律地位缺位的公信力剖析

公信力既是物权变动理论创设的重要动因，又是民事主体法律地位法定的法律价值目标。诚信原则是民法的基本原则，民事主体从事民事活动必须遵循诚信原则[①]，而民事主体的公信力与其诚信具有内在关联性。若民事主体的公信力强，则民事主体的诚信度高；反之，则民事主体的诚信度低。民事主体的诚信度高低直接影响民事主体的公信力，直接影响民事主体在从事民事经济活动中的地位。随着市场经济体制改革的深化，越来越多的民事主体参与到经济活动中，民事主体之间关系已由计划经济模式下的熟人关系转化市场经济模式下陌生人关系。陌生人之间就存在信息不

[①]　其根据有二：一是根据《中华人民共和国民法总则》的有关规定；二是徐国栋等民法学者所提出的理论依据。

对称的可能，如果仅由民事主体私下了解其他民事主体的信息，就增加了交易机会成本。作为市场主体，经济效率是民事主体从事民事经济活动追寻的目标之一，交易机会成本增加势必降低民事主体从事经济活动的效率。如何提高民事主体从事经济活动的效率呢？如何提高民事主体从事民事经济活动的公信力呢？对民事主体法定则是一个良法，从此意义上说，公信力是民事主体法律地位法定的法律价值目标。由于现行法律并没有对民族村寨旅游合作社给予民事主体法律地位明确规定，所以与民族村寨旅游开发企业、民族村寨农民专业合作社相比，民族村寨旅游合作社的公信力弱。民族村寨旅游合作社具有很强的地域性和封闭性，其他地区的民事主体跟其关系更为陌生，相互之间的信息更为不对称，相互私下了解信息的交易机会成本更高。因此，从公信力视角看，民族村寨旅游合作社的民事主体法律地位缺位。

（三）民族村寨旅游合作社的民事主体法律地位缺位的司法实践反思

在从事民族村寨旅游扶贫活动中，民族村寨旅游合作社内部会员之间、民族村寨旅游合作社与其内部会员之间、民族村寨旅游合作社与其他民事主体之间势必会发生纠纷。固然，多元调解机制是解决有关民族村寨旅游合作社方面纠纷的有效途径，但是有些民族村寨旅游合作社纠纷无法通过多元调解机制加以解决，只能通过诉讼或仲裁对其加以解决。然而在司法实践中，国家法律认可的民事主体法律地位是民族村寨旅游合作社通过诉讼或仲裁保障权益的前提条件，由于现行实体法没有明文确定民族村寨旅游合作社的民事主体法律地位，只是参照农民专业合作社的有关法律规定，而民族村寨旅游合作社具有自身的特殊性，尤其是民族村寨旅游合作社运行模式复杂而特殊，所以民族村寨旅游合作社到法院、仲裁机构主张权益时，其诉权资格存在缺位，因此有些民族村寨旅游合作社纠纷难以通过诉讼或仲裁加以解决，民族村寨旅游合作社或其会员的权益司法保障遇到瓶颈。对于民族村寨旅游合作社或其会员的权益司法保障所遇到的瓶颈，不管是司法界和立法界，还是法学理论界，都应该对其关注、研究和探索。

三　健全民族村寨旅游合作社的民事主体法律地位

民族村寨旅游合作社的民事主体法律地位缺位不利于民族村寨旅游合

作社参与民族村寨旅游扶贫开发，不利于民族村寨旅游扶贫目标的实现，其主要表现在以下几个方面。一是民族村寨居民参与民族村寨旅游扶贫开发的动力受到抑制，从而导致民族村寨居民参与民族村寨旅游扶贫开发内在动力不足。二是制约了民族村寨旅游扶贫产业升级和增效。民族村寨旅游合作社是推动民族村寨旅游扶贫产业升级和增效的重要主体，是影响民族村寨旅游扶贫产业升级和增效的极为关键的动因，而民族村寨旅游合作社的民事主体法律地位缺位则势必制约民族村寨旅游扶贫产业升级和增效。三是民族村寨旅游合作社和民族村寨居民参与民族村寨旅游扶贫的权益难以得到保障。成熟的市场主体是参与市场竞争的前提条件，是民事主体自助保护其民事权益的基础性条件，而健全的民事主体法律人格则是民族村寨旅游合作社成为成熟市场主体的必要条件，因此，从此意义上说，民族村寨旅游合作社的民事主体法律地位缺位必然导致民族村寨旅游合作社和民族村寨居民参与民族村寨旅游扶贫的权益难以得到保障。四是影响旅游开发企业、民间组织、个人等民事主体参与民族村寨旅游扶贫开发的积极性。旅游开发企业、民间组织、个人等民事主体参与民族村寨旅游扶贫开发的动力来自经济利益或社会价值认同，民族村寨旅游合作社的民事主体法律人格缺位使旅游开发企业、民间组织、个人等民事主体参与民族村寨旅游扶贫开发中的经济利益或社会价值有可能难以达到预期。既然民族村寨旅游合作社的民事主体法律人格缺位。作为民事主体，民族村寨旅游合作社属性的法定化是健全民族村寨旅游合作社的民事主体法律人格的关键，具言之，民族村寨旅游合作社的民事主体法律人格健全就是在不同法规中明确民族村寨，在《中华人民共和国农民专业合作社法》中明确民族村寨旅游合作社的法律地位，在有关法律政策中确定民族村寨旅游合作社诉讼主体资格，在《民法总则》中规定民族村寨旅游合作社为特别法人。

（一）在《中华人民共和国农民专业合作社法》明确民族村寨旅游合作社的法律地位

是在《中华人民共和国农民专业合作社法》中明确赋予民族村寨旅游合作社的法律地位，还是在《中华人民共和国旅游法》中明确赋予民族村寨旅游合作社的法律地位呢？笔者认为，应该在《中华人民共和国农民专业合作社法》中明确赋予民族村寨旅游合作社的法律地位，其理由有三。一是《中华人民共和国农民专业合作社法》既规定了农民开发经营乡村旅游，又规定了农民专业合作社的法律地位，而《中华人民共和国旅游法》并没有对农民开发经营乡村旅游和农民专业合作社的法律地位作出规定。正因为如此，从立法成本看，在《中华人民共和国农民专业合作社法》中明确赋予民族村寨旅游合作社的法律地位的立法成本比在《中华人民共和国旅游法》中明确赋予民族村寨旅游合作社的法律地位立法成本低。二是《中华人民共和国农民专业合作社法》是民族村寨旅游合作社的特别法。从理论上说，《中华人民共和国旅游法》和《中华人民共和国农民专业合作社法》应该都是民族村寨旅游合作社的特别法，但是实际上《中华人民共和国旅游法》并不是民族村寨旅游合作社的特别法。三是农民专业合作社是乡村经济合作组织，他们的主要会员都是农户。另外，民族村寨旅游合作社和农民专业合作社运行的宗旨都是农户脱贫致富，乡村农业和旅游业升级和增效，推动乡村产业振兴。最后，民族村寨旅游合作社和农民专业合作社都承载乡村治理的功能。

在《中华人民共和国农民专业合作社法》中规定民族村寨旅游合作社为特别企业法人，其根据有三。一是从应然层面上看，民族村寨旅游合作社是特别的企业法人。民族村寨旅游合作社是农民专业合作社的下属概念，农民专业合作社是特别的企业法人，所以民族村寨旅游合作社是特别的企业法人，这是民族村寨旅游合作社的法律属性。二是民族村寨旅游合作社与一般意义上的旅游开发企业不同，它具有自身的特质。民族村寨旅游合作社既是一种特殊的旅游合作社，也是一种特别的农民专业合作社。三是在《中华人民共和国农民专业合作社法》中规定民族村寨旅游合作社为特别企业法人具有现实可操作性。在民族村寨旅游扶贫实践中，民族村寨旅游合作社会员和其他民族村寨旅游扶贫相关主体都把民族村寨旅游合作社视为特别企业。由于民族村寨旅游合作社相关法规明确规定民族村寨旅游合作社为特别企业法人，所以在与民族村寨旅游合作社合作开发民族村寨旅游业时，有些民族村寨旅游扶贫开发主体担心存在法律风险，从而不愿意与民族村寨旅游扶贫合作开发。

（二）在民事诉讼法律政策中确定民族村寨旅游合作社诉讼主体资格

从理论上说，很有必要在《民事诉讼法》中规定民族村寨旅游合作社为特别企业法人，对《民事诉讼法》进行修订，但是《民事诉讼法》

是基本法律，它的法律效力层次高，对其《民事诉讼法》修改成本高。在有关民事诉讼法律政策中确定民族村寨旅游合作社诉讼主体资格的成本较低，也能达到同样的效果。例如，最高人民法院的司法解释就是民事诉讼法律政策的一种典型代表。通过司法解释的方式确定民族村寨旅游合作社诉讼主体资格，这既可以节约机会成本，又可以达到司法实践效果。

（三）对《民法总则》中第三章第四节第 96 条作法理解释

《民法总则》第三章第四节第 96 条规定："本节规定的机关法人、农村集体经济组织法人、城镇农村的合作经济组织法人、基层群众性自治组织法人，为特别法人。"依照此规定，城镇农村的合作经济组织法人属于特别企业法人。不管是从法理层面上看，还是《农民专业合作社法》的规定①，农民专业合作社属于特别企业法人，属于城镇农村的合作经济组织法人。从法理维度看，作为民事法律主体，民族村寨旅游合作社与农民专业合作社不仅具有同质性，还是下位观念与上位概念的关系，而民族村寨旅游合作社属于城镇农村的合作经济组织法人，所以民族村寨旅游合作社也应该属于城镇或农村的合作经济组织法人。

第三节　民族村寨农民专业合作社
治理制度的瓶颈与破解

民族村寨农民专业合作社是民族村寨居民或民族村寨农户参与民族村寨旅游扶贫开发的重要方式②，民族村寨农民专业合作社应该在民族村寨旅游扶贫开发中发挥应有的功能和作用，然而，由于对民族村寨农民专业合作社治理理论认识的局限性，民族村寨农民专业合作社治理制度存在一些瓶颈，所以民族村寨农民专业合作社开放经营民族村寨旅游的实践效果

---

① 《农民专业合作社法》第 2 条规定："本法所称农民专业合作社，是指在农村家庭承包经营基础上，农产品的生产经营者或者农业生产经营服务的提供者、利用者，自愿联合、民主管理的互助性经济组织。"第 5 条规定："农民专业合作社依照本法登记，取得法人资格。农民专业合作社对由成员出资、公积金、国家财政直接补助、他人捐赠以及合法取得的其他资产所形成的财产，享有占有、使用和处分的权利，并以上述财产对债务承担责任。"

② 本课题组到贵州、云南等民族省份的民族村寨调研民族村寨旅游扶贫开发模式时发现，在政府和有关旅游扶贫主管部门的引导下，越来越多的民族村寨居民或民族村寨农户入会民族村寨。

与其预期有一定的差距。为提高民族村寨农民专业合作社开发经营民族村寨旅游的实践效果，亟须理性认识民族村寨农民专业合作社治理理论，反思和检讨民族村寨农民专业合作社治理制度的瓶颈，寻觅民族村寨农民专业合作社治理制度破解之路。

一　民族村寨农民专业合作社的治理理论

从实践层面看，不同民族区域的民族村寨农民专业合作社的治理效果不同，对其治理的功能、结构、章程及法治风险等诸方面的理性认识度有差异；从理论层面看，不同民族区域的民族村寨农民专业合作社治理的功能、结构、章程及其法治风险具有共性，民族村寨农民专业合作社的治理理论应该折射在有关民族村寨农民专业合作社治理制度之中，因为民族村寨农民专业合作社的治理理论与其制度的关系是血与肉的关系。从系统论维度说，民族村寨农民合作社的治理理论和民族村寨农民合作社治理制度分属于不同系统，分属于不同的话语系统，这就在客观上要求用不同话语诠释它们，应该逐一对其阐述。

民族村寨农民专业合作社治理理论包括了民族村寨农民专业合作社治理的功能、结构、章程及其法治风险等问题，虽说有些学者对农民专业合作社治理理论的某些问题做了一些研究①，但是民族村寨农民专业合作社与一般意义上农民专业合作社不同，它具有自身的特质。如民族村寨农民专业合作社治理的功能、结构、章程及法治风险等方面都具有独特性。

（一）民族村寨农民专业合作社的功能

民族村寨农民专业合作社的功能有四。一是成员之间互助。虽说从人性论维度看，互助是经济发展的动因，是道德进化的驱动器。"互助比互争更有利于工业发展，在人类道德进步中，起主导作用的是互助而不是互争。"② 互助也是民族村寨农民专业合作社创建的理论基础和生活基础，但是民族村寨农民专业合作社成员互助活动不完全是自发的，而是借助支点才能使民族村寨农民专业合作社成员之间的互助意识成为互助行为，民族村寨农民专业合作社治理则是其支点。反过来看，成员之间互助则是民

---

① 王兆峰（2011）、孙九霞（2009）、谢会强（2013）及左冰（2012）等学者从经济学、管理学、法学等维度探讨了农民专业合作社运行模式。

② ［俄］克鲁泡特金：《互助论》，李平沤译，商务印书馆 2010 年版，第 272—273 页。

族村寨农民专业合作社治理的功能。二是资源整合，融合发展。民族村寨农民专业合作社成员的社会资源、经济资源具有零碎性，民族村寨农民专业合作社成员的理性具有有限性，民族村寨农民专业合作社成员对市场信息掌控不对称，这不利于市场资源趋向于民族村寨农民专业合作社，从而导致民族村寨农民专业合作社成员在市场经济中处于劣势地位。为解决此问题，就客观上要求民族村寨农民专业合作社整合其成员的资源，推动民族村寨农民专业合作社成员融合发展。三是民族村寨旅游规模经营。"农家乐""休闲旅游""农业观光""民族村寨文化活动"等旅游产品是民族村寨提供的主要旅游产品，尤其是深度贫困民族村寨提供的旅游产品更为单一。然而，一方面，民族村寨居民开发的各种旅游产品所产生的经济效益不高；另一方面，乡村旅游面临升级和增效的机遇和挑战。因此，规模化经营是民族村寨旅游升级和增效的前提条件，而民族村寨农民专业合作社治理则是推进民族村寨旅游规模化经营的方法和路径。四是承载民族村寨文化传承和保护。民族村寨文化的多元性和参与性决定了民族村寨文化传承和保护模式的多元性，民族村寨和民族村寨的非物质文化遗产传承人是民族村寨文化传承和保护的法定主体①。虽说民族村寨农民专业合作社不是民族村寨文化传承和保护的法定主体，但是实际上，民族村寨农民专业合作社也是民族村寨文化传承和保护的重要主体。民族村寨农民专业合作社传承和保护民族村寨文化的主要动因不是外力，而是内在动力。一方面，民族村寨文化传承和保护是民族村寨农民专业合作社开展民族村寨旅游活动的职责所在。民族文化节目表演是民族村寨旅游活动中的旅游产品，也是民族村寨旅游的卖点，而民族村寨农民专业合作社则是民族村寨旅游开发的重要主体。另一方面，民族村寨农民专业合作社的一些会员是民族村寨非物质文化遗产传承人，有些会员是民族文化节目表演者。

（二）民族村寨农民专业合作社治理结构

民族村寨农民专业合作社治理涉及两个方面的问题。一是民族村寨农民专业合作社治理结构。二是民族村寨农民专业合作社章程。民族村寨农民专业合作社治理结构是民族村寨农民专业合作社治理的形式，民族村寨

---

① 非物质文化保护法规和民族村寨文化保护规章都相应地规定了民族村寨和民族村寨的非物质文化传承人是民族村寨文化传承和保护主体。

农民专业合作社章程是民族村寨农民专业合作社治理结构的内在根据，也是民族村寨农民专业合作社治理结构的重要组成部分。

从法人治理理论层面看，法人的法律属性决定了法人的治理结构，民族村寨农民专业合作社属于法人，所以民族村寨农民专业合作社的法律属性决定治理结构。对于民族村寨农民专业合作社法律属性并没有定论，不过主流观点认为，农民专业合作社属于特殊企业法人，而民族村寨农民专业合作社属于农民专业合作社的一种类型，因此，从此意义上说，民族村寨农民专业合作社也应该属于特殊企业法人，民族村寨农民专业合作社治理结构应该与农民专业合作社治理结构一样。根据《中华人民共和国农民专业合作社法》的规定，民族村寨农民专业合作社治理结构是社长负责制①，是会员表决制②。《中华人民共和国农民专业合作社法》对其规定的理论基础是农民专业合作社不是财团法人，而是社团法人。财团法人的信任基础是财产信用，而社团法人的信任是人的信用。一方面，民族村寨农民专业合作社会员之间的关系是熟人，有些会员之间是亲戚关系，进而言之，民族村寨农民合作社会员之间的关系较特殊；另一方面，会员入股民族村寨农民专业合作社财产和资本不同，政府各种支助资金和民族村寨的旅游资源等都是民族村寨农民专业合作社的财产和资金。另外，农产品、旅游产品等产品的生产、经营及销售，农产品、旅游产品、游客等信息共享，都是民族村寨旅游合作社的无形财产。因此，这就决定了民族村寨农民专业合作社会员之间的信任基础是人的信用，而不是财产信用。

（三）民族村寨农民专业合作社章程治理功能

民族村寨农民专业合作社章程既涉及其内部法律关系，又牵涉其他法律主体的法律关系，故对于民族村寨农民专业合作社章程治理功能，可以从内部治理和外部监管两个层面加以分析。第一个层面是内部治理。从理论层面看，民族村寨农民专业合作社章程即是内部治理的根本依据。民族村寨农民专业合作社章程是由其会员协商所约定的各个会员入会资格、会

---

① 社长为农民专业合作社的法人代表，社长代表农民专业合作社对外从事民事活动。

② 社长由农民专业合作社会员选举产生，农民专业合作社重要事项由其会员表决，每一个会员仅有一票表决权，每一个会员代表一户，会员的入股资产和资本多少并不影响会员表决权。

员的权利和义务、治理模式、利润分配等诸方面文本，是民族村寨农民专业合作社社长、理事及各个会员必须严格遵守的规范，是民族村寨农民专业合作社社长、理事和会员代表民族村寨农民专业合作社从事民事活动和商事活动的根据，是民族村寨农民专业合作社的"宪法"，是民族村寨农民专业合作社制定内部制度的根本准则。不管是民族村寨农民专业合作社治理模式，还是民族村寨农民专业合作社治理结构和民族村寨农民专业合作社运行，都是以民族村寨农民专业合作社章程为依据。第二层面是外部监管层面。民族村寨农民专业合作社社长、理事和会员代表民族村寨农民专业合作社从事民事活动和商事活动时，势必会与其他民事主体产生法律关系，势必会与其他当事人产生债权和债务关系。民族村寨农民专业合作社章程需要到市场管理部门进行备案和登记，一方面，与民族村寨农民专业合作社有可能发生债权债务关系的当事人可以查询民族村寨农民专业合作社章程，了解民族村寨农民专业合作社的内部治理，社长和理事情况、会员情况及权益分配等信息，以便决定是否与民族村寨农民专业合作社进行经济业务往来；另一方面，以便有关主管部门监管民族村寨农民专业合作社运行。为了推动民族村寨农民专业合作社发展，国家和各地政府都以不同款项项目拨款或提供生产资源给民族村寨农民专业合作社，因此有关主管部门需要监管民族村寨农民专业合作社运行。另外，以便为行政部门和司法部门解决民族村寨农民专业合作社会员之间的纠纷提供依据。民族村寨农民专业合作社会员之间发生纠纷的重要动因则是权益分配和权责承担，而民族村寨农民专业合作社会员之间权益分配和权责承担的根据却是民族村寨农民专业合作社章程。

二　民族村寨农民专业合作社治理制度瓶颈

民族村寨农民专业合作社治理制度瓶颈制约了民族村寨农民专业合作社发展，尤其是严重制约民族村寨农民专业合作社会员参与民族村寨旅游开发的积极性。民族村寨农民专业合作社治理制度瓶颈有三。一是对民族村寨农民专业合作社治理理性认识不够。对于此问题，上文已探讨，在此不再重述。二是民族村寨农民专业合作社治理相关制度的缺位。三是民族村寨农民专业合作社相关治理制度不合理。

（一）民族村寨农民专业合作社治理相关制度缺位

不管是《中华人民共和国农民专业合作社法》，还是相关法规，都没有对民族村寨农民专业合作社的治理作出特别规定，这是民族村寨农民专业合作社治理制度缺位的具体表现。固然，作为农民专业合作社的特殊类型，《中华人民共和国农民专业合作社法》对农民专业合作社治理方面的规定，实际上也是对民族村寨农民专业合作社的治理方面的规定，由于民族村寨农民专业合作社治理具有内在规律性，因此有关法规应该对民族村寨农民专业合作社治理进行特别规定。进而言之，《中华人民共和国农民专业合作社法》和相关法规很有必要对民族村寨农民专业合作社治理作出特别规定。在依法治国的语境下，法治保障是民族村寨农民专业合作社治理的根本性前提，而良法是法治能否实现的基础性条件，没有良法，法治只能是空中楼阁。伦理性和技术性是良法的构成要素，就民族村寨农民专业合作社治理而言，《中华人民共和国农民专业合作社法》和相关法规是否有必要对民族村寨农民专业合作社治理作出特别规定的关键点有二：一是民族村寨农民专业合作社治理是否有其伦理性；二是民族村寨农民专业合作社治理是否有其技术性。

与其他农民专业合作社治理相比较而言，民族村寨农民专业合作社治理有其自身的伦理性和技术性，体现在以下四个方面。其一，民族村寨农民专业合作社的民族文化主体性凸显。民族村寨农民专业合作社既是特殊的企业法人，又是民族村寨文化传承和保护承载的主体。随着民族文化旅游新产品增多，民族村寨农民专业合作社的民族文化主体性更为突出。其二，民族村寨农民专业合作社会员具有几重身份。民族村寨农民专业合作社会员是农民或单位或企业，加入民族村寨农民专业合作社的农民是精准扶贫的对象，有些民族村寨农民专业合作社会员是民族地区区别化政策中的权益者，是民族村寨旅游吸引物的载体或主体，有些民族村寨农民专业合作社会员则是帮扶民族村寨旅游扶贫开发的单位、企业或个人。其三，作为民族村寨农民专业合作社的主体，民族村寨和民族村寨居民提供旅游吸引物、社会资本和文化资本。其四，民族村寨农民专业合作社运行的特殊性。一方面，从理论上说，基层政府和民族村寨旅游开发企业并不是民族村寨农民专业合作社的会员，但是在民族村寨旅游扶贫开发中，基层政府和民族村寨旅游开发企业扮演了民族村寨农民合作社会员的角色，甚至在有些民族村寨农民专业合作社运行中，基层政府和民族村寨旅游开发企业起到了主导地位。

（二）民族村寨农民专业合作社治理的相关制度不合理

1. 《中华人民共和国农民专业合作社法》第 6 条规定不合理

《中华人民共和国农民专业合作社法》第 6 条规定："农民专业合作社成员以其账户内记载的出资额和公积金份额为限对农民专业合作社承担责任。"此规定不合理，其理由有二。其一，由于民族村寨村民是精准扶贫帮扶的对象，是民族村寨旅游产业升级和增效的主体，是民族传统文化传承和保护的主力军，也是民族村寨产业革命的先锋者，所以国家有关主管部门以不同方式拨付专项资金，项目制是这些主管部门拨付专项资金的依据和主要方式。基于此，国家有关主管部门则把相关项目款项直接转付给民族村寨农民专业合作社，很显然，而这些款项不一定属于农民专业合作社成员的出资额和公积金份额。而这些资金实际上或是民族村寨农民专业成员共有，或属于民族村寨农民专业成员专有，只是为了帮扶项目款项方便，才直接拨付给民族村寨农民专业合作社。按照此规定，并不属于民族村寨农民专业合作社成员的财产，就不能对农民专业合作社承担责任，这明显不合理。其二，由于现行资产评估和审计制度的缺位，民族村寨农民专业合作社成员共有或专有的民族村寨旅游吸引物并不能转化为货币量，而按照此规定，民族村寨农民专业合作社成员共有或专有的民族村寨旅游吸引物则不能对农民专业合作社承担责任，这对民族村寨农民专业合作社成员不公平，也不利于民族村寨旅游吸引物的开发和利用。

2. 《中华人民共和国农民专业合作社法》第 20 条规定不合理

《中华人民共和国农民专业合作社法》第 20 条规定："成员总数二十人以下的，可以有一个企业、事业单位或者社会组织成员；成员总数超过二十人的，企业、事业单位和社会组织成员不得超过成员总数的百分之五。"此规定不合理。一方面，固然，此规定的目的是保障农民专业合作社成员的表决权益和管理权益，保障农民专业合作社成员的财产权益，但是民族村寨农民专业合作社存在天然的劣势，如市场信息不灵、资金严重不足、技术人才缺乏、现代经营管理理念薄弱等，而民族村寨旅游扶贫开发是一个产业链，需要不同企业或事业单位参与；另一方面，按照此规定，不同企业或事业单位很难成为民族村寨农民专业合作社会员，其弊端有二。其一，若企业和事业单位不能成为农民专业合作社的会员，则势必制约了他们参与民族村寨旅游扶贫开发的内在动力，因为不在其位不谋其政。作为理性人，企业和事业单位也是利益追求者，期望能够在参与民族村寨旅游扶贫中获取经济利益，从而与民族村寨农民专业合作社实现双赢。其二，不利于民族村寨农民专业合作社可持续性发展。资金、人才、信息封闭及财产信用度不高等因素制约民族村寨农民专业合作社可持续性发展，而与会员全是农民的民族村寨农民专业合作社比较而言，企业和事业单位则可以弥补民族村寨农民专业合作社可持续性发展的短板。

3. 《中华人民共和国农民专业合作社法》第 22 条规定不合理

《中华人民共和国农民专业合作社法》第 22 条规定："农民专业合作社成员大会选举和表决，实行一人一票制，成员各享有一票的基本表决权。出资额或者与本社交易量（额）较大的成员按照章程规定，可以享有附加表决权。本社的附加表决权总票数，不得超过本社成员基本表决权总票数的百分之二十。享有附加表决权的成员及其享有的附加表决权数，应当在每次成员大会召开时告知出席会议的全体成员。"此规定不合理。此规定的目的是确保农民专业合作社会员表决权和参与管理权，确保农民专业合作社会员绝对主导权，这具有合理性，但是也存在不合理性的一面，其理由有三。其一，不利于民主集中制原则贯彻和实施。民主集中制既是公司治理的一个重要原则，又是其他经济组织和社会组织治理的根本原则。作为特殊企业法人，民族村寨农民专业合作社也应该遵循民主集中制原则，但是按照《中华人民共和国农民专业合作社法》第 22 条的规定，民主集中制原则难以贯彻和实施到民族村寨农民专业合作社治理之中。其二，不利于民族村寨农民专业合作社吸收有资本优势和技术优势的会员。表决权是民族村寨农民专业合作社会员极为重要的权利，此权利就是身份地位的象征，又是获取预期经济利益的坚实保障。根据王伦刚教授的研究，农民专业合作社存在威权式治理结构，会员的权利和义务实施中呈现"差序化权力结构"。"中国合作社普遍存在一种威权式治理结构。合作社两类成员在权利和义务履行中存在以这个'差序化权力结构'。"[1] 按照第 22 条规定，基于经济利益的

---

① 王伦刚：《中国农民专业合作社运行的民间规则研究——基于四川省的法律社会学调查》，法律出版社 2015 年版，第 3 页。

考虑，有资本优势和技术优势的会员失去加入民族村寨农民专业合作社的动力。其三，不利于民族村寨农民专业合作社混合制改革的推进。民族村寨农民专业合作社混合制是民族村寨农民专业合作社改革的必然趋势。民族村寨农民专业合作社混合制实质上就是整合和吸收具有不同优势的会员，就是人力资源、生产资源优势和资本优势有机融合，推进民族村寨农民专业合作社升级和增效。

4. 民族村寨农民专业合作社章程制定不规范

2015 年 8 月至 2017 年 7 月，走访了镇宁县高档村、黄果树景区石头寨、花溪区青岩古镇、金沙县尖坡村、桐梓县娄山村、平坝区塘约村等民族村寨的村干部、村民及农民专业合作社成员，了解民族村寨旅游扶贫方面的问题，尤其是对民族村寨农民专业合作社章程的制定和运行状况作了纵切面调研，并收集和实证分析了 50 多份农民专业合作社章程。通过调研得知以下一些重要信息。其一，农民专业合作社是民族村寨旅游扶贫开发的重要组织，农民专业合作社参与民族村寨旅游扶贫开发的趋势强，即越来越多的农民专业合作社参与民族村寨旅游扶贫开发。其二，民族村寨农民专业合作社章程制定不规范，其表现在两个方面。一方面，绝大部分民族村寨农民专业合作社章程的内容大同小异，并没有对其合作社会员特有的权责进行约定；另一方面，并没有对会员的入会条件和退会条件、社长和理事的权责及会员的一些重要权利和义务进行明确规定。民族村寨农民专业合作社章程制定不规范导致民族村寨农民专业合作社运行中存在一些问题。第一，有一些民族村寨农民专业合作社名存实亡，有一些民族村寨农民专业合作社会员退社现象严重，参与民族村寨旅游扶贫开发的效果并不佳。第二，民族村寨农民专业合作社参与民族村寨旅游扶贫开发存在一些法律风险。民族村寨农民专业合作社章程制定不规范是引发农民专业合作社参与民族村寨旅游扶贫开发法律风险的动因。

三　民族村寨农民专业合作社治理制度瓶颈的破解

（一）制定民族村寨农民专业合作社治理相关制度的几点建议

民族村寨农民专业合作社治理相关制度制定包括了两层含义。一是民族村寨农民合作社治理相关制度制定的必然性。对于"民族村寨农民专业合作社治理相关制度制定的必然性"这个问题，上文已论述，在此不再重述。二是《中华人民共和国农民专业合作社法》和相关法规应该对民族村寨农民专业合作社治理作出特别规定，下文重点阐述制定民族村寨农民专业合作社治理相关制度的几点建议。

1. 在《中华人民共和国农民专业合作社法》中增加有关民族村寨农民专业合作社治理的条款

在《中华人民共和国农民专业合作社法》中增加有关民族村寨农民专业合作社治理的条款，其理由有三。一是按照《中华人民共和国农民专业合作社法》的规定，民族村寨农民专业合作社属其调整范围。这为在《中华人民共和国农民专业合作社法》中增加有关民族村寨农民专业合作社治理的条款提供可能性。二是民族村寨农民专业合作社具有特定的功能、治理模式，作为民族村寨农民专业合作社的一般法律，《中华人民共和国农民专业合作社法》应该把民族村寨农民专业合作社特有功能和治理模式纳入调整范畴，应该在相应条款中加以规定。三是虽说《中华人民共和国农民专业合作社法》于2017年才修订，对其修订势必会增加立法成本，但是民族村寨农民专业合作社建设和发展是打赢扶贫攻坚战的重要武器，是助推乡村振兴战略的驱动器，而扶贫攻坚战略和乡村振兴战略是亟须实现的国家战略，这客观上要求在民族村寨农民专业合作社的特别法中补充规定，而《中华人民共和国农民专业合作社法》属于民族村寨农民专业合作社的特别法。

2. 在《中华人民共和国农民专业合作社法》中补充有关民族村寨农民专业合作社章程治理条款

民族村寨农民专业合作社章程是民族村寨农民专业合作社治理基本规范，是规制民族村寨农民专业合作社会员行为的基本文本，是民族村寨农民专业合作社会员权益和义务的重要依据，也是民族村寨农民专业合作社招商引资企业或事业单位成为新会员的前提性条件。然而，虽说《中华人民共和国农民专业合作社法》对农民专业合作社章程的条款作了规定，但是一方面，由于民族村寨农民专业合作社治理与一般意义的农民专业合作社治理不同，所以民族村寨农民专业合作社章程应该与一般意义的农民专业合作社章程有所区别；另一方面，在实践中，民族村寨农民专业合作社章程制定和变更不合理，或存在各种法律风险①。因此，从此意义上说，很有必要在《中华人民共和国农民专业合作社法》中补充有关民族村寨农民专业合作社章程治理条款，很有必要在《中华人民共和国农民专业合作社法》中对民族村寨农民专业合作社章程治理条款进行特别规定。

3. 在《中华人民共和国农民专业合作社法》附则中对民族村寨农民专业合作社加以补充规定

在《中华人民共和国农民专业合作社法》附则中作出以下补充规定："本法规定也适用于民族村寨农民专业合作社，除了法律和行政法规规定之外。"其理由有三。一是如此规定可以突出民族村寨农民专业合作社在《中华人民共和国农民专业合作社法》中的重要地位，可以彰显民族村寨农民专业合作社治理的法定地位，更可以为民族村寨农民专业合作社治理提供法律依据。二是此规定符合"特别法效力优先一般法效力"的法律效力原则。相对于《中华人民共和国民法总则》而言，《中华人民共和国农民专业合作社法》则是民族村寨农民专业合作社的特别法，而《中华人民共和国民法总则》却是一般法。三是《中华人民共和国农民专业合作社法》作出此规定，则为民族村寨农民专业合作社治理相关法规之制定提供了特别法依据，从而为民族村寨农民专业合作社治理的区别化政策落实给予了法治保障。

（二）修改《中华人民共和国农民专业合作社法》不合理条款

1. 修改《中华人民共和国农民专业合作社法》第6条的规定

建议把《中华人民共和国农民专业合作社法》第6条规定"农民专业合作社成员以其账户内记载的出资额和公积金份额为限对农民专业合作社承担责任"修改为"农民专业合作社成员以其账户记载的出资额、公积金额及其他财产为限对农民专业合作社承担责任"。其理由有三。一是与《中华人民共和国农民专业合作社法》的宗旨相符合。释放农民财产权的动能，促进农民专业合作社建设和发展，实现农民脱贫致富的目标，这是《中华人民共和国农民专业合作社法》的宗旨。二是尊重农民专业合作社成员入社自愿原则。入社自愿原则包含两层含义。其一，农民可以

---

① 如会员权益分配不均所引发的纠纷，农民专业合作社对外债务承担的风险，农民专业合作社违约风险，农民专业合作社会员不认可其章程而要求退社的风险等。

加入农民专业合作社，也可以不加入农民专业合作社；既可以加入某甲农民专业合作社，又可以加入某乙农民专业合作社。其二，农民可以以不同的财产入股农民专业合作社，只要其他会员认可即可。财产是农民专业合作社自愿入社的物质基础，又是农民专业合作社成员参与农民专业合作社治理动力所在。三是习惯是物权变动的动因。物权法定是物权法的基本原则，而习惯是"物权意定"① 转化为物权法定的桥梁，是物权变动的动因。并没有被《中华人民共和国物权法》《中华人民共和国民法总则》《中华人民共和国农民专业合作社法》及其他相关规定的物权，如民族村寨文化公益林、有关部门拨付给民族村寨农民专业合作社的财产，而这些财产本属于民族村寨农民专业合作社会员专有，当事人对这些物权所享有的权益，并通过契约形式处分其权益，这就是"物权意定"。若"物权意定"成为常态，这就是习惯，于是乎，习惯就嫁接了"物权意定"和物权法定的桥梁。

2. 修改《中华人民共和国农民专业合作社法》第 20 条的规定

建议把《中华人民共和国农民专业合作社法》第 20 条规定"成员总数二十人以下的，可以有一个企业、事业单位或者社会组织成员；成员总数超过二十人的，企业、事业单位和社会组织成员不得超过成员总数的百分之五"修改为"成员总数二十人以下的，可以有两个企业、事业单位或者社会组织；成员总数超过二十人的，企业、事业单位和社会组织成员不得超过成员总数的百分之十"。其理由有三。一是技术、人力资源、资产、信息等生产要素都是制约农民专业合作社建设和发展的瓶颈，而一定数量的企业、事业单位或社会组织则是破解农民专业合作社建设和发展瓶颈的举措。二是民主集中制是法人治理的基本原则，作为特殊企业法人，农民专业合作社治理应该遵循这一基本原则。农民专业合作社会员大会是农民专业合作社最高权力组织，理事长是农民专业合作社对外从事生产经营活动的法定代表人，实质上是农民专业合作社权力集中者，充分民主是预防权力集中者代表农民专业合作社从事民事活动，而一定数量的企业、事业单位或社会组织以农民专业合作社会员名义参与农民专业合作社会员大会则可以增加农民专业合作社治理过程中的民主力量。三是商会、民间

----

① "物权意定"是指物权的类型和内容是由当事人通过合同加以确定。

经济组织等社会组织具有企业或事业单位所具有的一些天然优势。商会是由诸多企业、个体工商户、企业高层管理者、个人组成的民间组织，不但拥有丰富的社会资本、象征资本[1]，而且经济资本也雄厚，甚至不少农民专业合作社的企业会员都是商会的会员。

3. 修改《中华人民共和国农民专业合作社法》第22条的规定

建议对《中华人民共和国农民专业合作社法》第22条规定进行修改，即把"本社的附加表决权总票数，不得超过本社成员基本表决权总票数的百分之二十"修改为"本社的附加表决权总票数，不得超过本社成员基本表决权总票数的百分之四十"。其理由有三。一是《中华人民共和国农民专业合作社法》第22条规定的权利和义务相对应原则相左[2]。二是修改后的规定符合"衡平原则"。"衡平原则"是法人治理结构的重要原则，是企业法人内部治理模式设定的理论基础。表决权是农民专业合作社治理的重要方式，而财产信用和人格信用是决定表决权权限的两大要素，也是财团法人和社团法人组成关键要件，财产信用和人格信用的不同构成比例决定了某法人是财团法人，还是社团法人。若其财产信用在法人信用中所占比例高，则是财团法人；若其人格信用在法人信用中所占比例高，则是社团法人。根据"衡平原则"，财产信用与人格信用在法人信用的比例应该达到平衡，其所占比例不能失衡，而按照《中华人民共和国农民专业合作社法》第22条的规定，财产信用与人格信用在决定表决权时，存在失衡之嫌疑，有失于"衡平原则。"三是按照修改后的规定，既可以激发企业、事业单位或社会组织加入农民专业合作社的动力，也可以提高农民专业合作社治理水平和能力。修改后的规定，增加了企业、事业单位或社会组织的表决权权限，这势必促使企业、事业单位或社会组织把先进管理经验和治理理念融入农民专业合作社治理之中，促使农民专业合作社与现代市场主体治理接轨。

4. 规范民族村寨农民专业合作社章程的制定

民族村寨农民专业合作社章程的制定不规范的原因极为复杂，故应该

---

① 许多商会不仅发展成为全国商会联盟，还发展成为全球商会联盟。

② 已在《中华人民共和国农民专业合作社法》第22条规定的专题论述，在此不再重述。

从民族村寨农民专业合作社会员主客观原因去采用应对方法和措施。其一，引导民族村寨农民专业合作社会员认识规范制定其章程的重要性。一方面，受制于文化素质、法律意识、短浅意识、专业知识等诸方面的因素，绝大部分民族村寨农民专业合作社会员对民族村寨农民专业合作社章程的认识是一片空白，且不说一般的会员，就说民族村寨村干部和民族村寨所在的乡镇干部也不知道民族村寨农民专业合作社章程是何物；另一方面，不少民族村寨农民专业合作社会员制定其章程的动因单一，只是认为制定章程仅是成立合作社的程序而已，成立合作社的目的是争取财政拨款和财政补贴。针对以上情况，可以聘请专业人士在民族村寨讲习所讲解制定民族村寨农民专业合作社章程规范制定的重要性。其二，激励或委派法律专业人士指导民族村寨农民专业合作社会员规范制定章程。民族村寨农民专业合作社章程的规范制定是技术性很强的法律行为，混合制的民族村寨农民在专业合作社章程的规范制定需要法律专业人士参与。在民族村寨，法律专业人士稀缺，为了确保混合制的民族村寨农民专业合作社章程真正起到应有的作用，发挥其治理功能，应该激励或委派法律专业人士指导民族村寨农民专业合作社会员共同制定其章程。其三，对民族村寨村干部进行民族村寨农民专业合作社章程制定培训，以便他们指导民族村寨农民专业合作社会员共同制定其章程。可以以专题讲座的形式培训民族村寨干部制定民族村寨农民专业合作社章程的方法和技巧，让他们能够制定会员单一而少的民族村寨农民专业合作社章程。

第二章

民族村寨旅游扶贫的财产制度瓶颈与破解

　　财产多寡和劳动能力既是衡量贫困的重要指标，又是解决民族村寨旅游扶贫的基础性条件。不管是我国贫困人口识别，还是贫困理论界对贫困概念的界定，都把财产多寡和劳动能力作为考量因素；在民族地区，不管是区域扶贫，还是产业精准扶贫，都把扩大财产和提高劳动能力视为解决可持续性扶贫的路径和策略。一方面，民族村寨旅游扶贫属于产业精准扶贫；另一方面，民族村寨旅游资源丰富，因此推行民族村寨旅游扶贫开发具有必然性。然而，由于有关民族村寨旅游扶贫财产制度存在一些法学理论瓶颈和制度规范瓶颈，所以制约了民族村寨旅游吸引物和民族村寨旅游扶贫人力资源等资源转化资产，制约了这些资源的财产功能的发挥，从而制约了民族村寨财产扩充，制约了民族村寨村民劳动力能力的提升。为从法学维度破解以上难题，这既要从法学理论和制度规范双重层面诠释民族村寨旅游扶贫的财产制度瓶颈的表征和原因，又要从法学理论和制度规范双重层面探讨民族村寨旅游扶贫的财产制度瓶颈的破解之道。

第一节　民族村寨旅游吸引物权的制度瓶颈与破解

一　民族村寨旅游吸引物权的本质属性和法律特征

（一）问题之提出

　　民族村寨旅游吸引物权的本质属性和法律特征实质上就是民法系统问题，对民族村寨旅游吸引物权的本质属性和法律特征的探讨，实际上，就是"民族村寨旅游吸引物的构建、资本化",这是经济系统与民法系统的耦合结构问题。之所以下文对民族村寨旅游吸引物权的本质属性和法律特征进行阐述,是基于以下几个方面的考量。一是学者们对旅游吸引物权和民族村寨旅游吸引物权等方面的研究成果为民族村寨旅游吸引物权的法律特征之研究提供一些理论基础和启示。何莽、陈惠怡、李靖雯(2017)从社会学探讨了民族村寨旅游扶贫中的旅游吸引物构建问题。保继刚、左冰等学者以《物权法》为中心,从法经济学和法社会学维度诠释了"旅游吸引物权",张琼、张德淼等学者则运用物权法理论和规范法学理论研究了旅游吸引物权立法问题,也有些学者运用物权法理论探讨了旅游吸引物权的法律属性和民族村寨旅游吸引物权的法律属性。二是民族村寨旅游吸引物的法律特征与民族村寨旅游吸引物权制度之间存在内在关联性。按照规范法学的观点,根据性质不同,规则可分为技术规则和伦理规则。固然,民族村寨旅游吸引物权制度的技术规则的渊源有多重性,但是不可否认,民族村寨旅游吸引物权的本质属性和法律特征却是民族村寨旅游吸引物权制度的技术规则的渊源之一。因此,从此层面上说,探讨民族村寨旅游吸引物权的本质属性和法律特征具有应用意义和价值。三是民族村寨旅游吸引物权的本质属性和民族村寨旅游吸引物权的法律特征是民族村寨旅游吸引物权的一个重要理论,对其研究具有一定的理论意义和价值。四是鲜有学者对民族村寨旅游吸引物权的法律特征进行专题研究。

如何探讨民族村寨旅游吸引物权的本质属性和法律特征呢?笔者试图以类型化为切入点,从民法理论的维度诠释民族村寨旅游吸引物权的本质属性和法律特征。一方面,经济系统中的"民族村寨旅游吸引物"切换到民法系统中的"民族村寨旅游吸引物"的一个问题是"民族村寨旅游吸引物"的特定化和法定化,而"民族村寨旅游吸引物"的类型化却是"民族村寨旅游吸引物"的特定化和法定化的前提条件;另一方面,研究民族村寨旅游吸引物权的本质属性和法律特征的根本目的则是为民族村寨旅游吸引物权制度瓶颈与破解提供理论基础,因此,理应以类型化为切入点,探讨从民法理论的维度诠释民族村寨旅游吸引物权的本质属性和法律特征。

(二)民族村寨旅游吸引物权的本质属性

在学术界,旅游吸引物权的本质属性存在三种不同的观点,即准物权说、自然资源物权说和资源权说。① 以上三种观点都有合理之处，其合理性之处则是：揭示了旅游吸引物权的某一方面的法律属性。不过，三种观点都具有片面性，都没有揭示旅游吸引物权的本质属性的全貌，究其原因，他们并没有考虑到旅游吸引物的多样性，并没有分不同类型的旅游吸引物讨论它的本质属性。由于旅游吸引物的多类型性决定了旅游吸引物权属性的多样性，要揭示旅游吸引物权的本质属性，就应该对旅游吸引物进行类型化，不同类型的旅游吸引物权的本质属性自然不同。作为特殊的旅游吸引物权，民族村寨旅游吸引物权的本质属性也呈现多样性，要揭示民族村寨旅游吸引物权的本质属性，就应该对民族村寨旅游吸引物进行类型化，不同类型的民族村寨旅游吸引物权的本质属性则不同。因此，民族村寨旅游吸引物的类型化对民族村寨旅游吸引物权的本质属性的认知非常重要。然而，理论界没有对民族村寨旅游吸引物进行类型化研究，现行法规并没有根据不同类型的民族村寨旅游吸引物进行规定。

为探索民族村寨旅游吸引物权的本质属性，不妨先对民族村寨旅游吸引物进行分类，在对民族村寨旅游吸引物进行分类之前，必须思考和回答从哪个维度对民族村寨旅游吸引物进行分类呢？纵观我国民法意义上的物之类型化逻辑，物的物理性质则是其主要逻辑线索，物的形态结构则是物的重要物理属性，因此把民法上的物划分为有形物和无形物则是两种重要的物的类型。不过，随着技术进步，登记公信力的强化，物的有形和无形之区别也呈现模糊趋势，物的有形和无形之区别相对化特征也凸显了，因此，物的其他分类逻辑和方法补充物的有形和无形之区别的作用和功能增强。当然，虽说物的有形和无形之区别呈现模糊趋势，物的有形和无形之区别相对化特征也凸显，但是物的有形和无形之分类仍是民法上物之主要分类方式。因此，对民族村寨旅游吸引物进行分类所采用的方法乃是：物的有形和无形之分类法。我国传统物权法理论是把物权的对象——物，界定在有形物之范畴，但是为了回应经济系统，为了反省民法系统，我国物权法理论界和立法界也将经济系统中的无形物纳入有形物的范畴，或把其视为准有形物加以特定化和法定化，或把其权利的名称格式化为准物权。作为特殊的财产，旅游吸引物的分类也应该采用民法之物的主流分类

---

① 张琼、张德森：《"旅游吸引物权"整体立法保护质疑》，《法治研究》2013 年第 6 期。

法——有形物和无形物。

笔者认为，旅游吸引物权的本质属性是由旅游吸引物的法律属性所决定的，而旅游吸引物的本质属性极为复杂，其本质属性的复杂性表现为多元性。根据形态结构不同，旅游吸引物可以分为有形的旅游吸引物和无形的旅游吸引物。即有些旅游吸引物属于有形物，而有些旅游吸引物则是属于无形物。属于有形物的旅游吸引物则归属于《物权法》中的物，因此此类型的旅游吸引物权具有物权的属性，甚至属于有些有形物的旅游吸引物却属于自然资源，而自然资源属于《物权法》中的物，进而言之，此类型旅游吸引物属于自然资源物权；而属于无形物的旅游吸引物则并不归属于《物权法》中的物，有一些旅游吸引物可以归属于准物权中的物之范畴，这些无形的旅游吸引物权具有准物权的本质属性；另一些旅游吸引物则不属于准物权中的物之范畴，有可能属于知识产品之物，这一类的旅游吸引物权则属于知识产权的本质属性，也有可能属于人格物，这一些旅游吸引物权就具有人格物的权利的本质属性。作为特殊的旅游吸引物权，民族村寨旅游吸引物权的本质属性也要分不同类型地进行诠释其本质属性。不过，不管哪一种类型的民族村寨旅游吸引物，都属于财产，但不属于债权的范畴，而就我国财产体系而言，财产权主要分为：物权、债权和知识产权，而知识产权也具有物权的一些属性。综上所述，民族村寨旅游吸引物权的本质属性为物权或准物权或知识产权的本质属性，是物权、准物权和知识产权的共同本质属性。与债权比较而言，物权、准物权和知识产权的共同本质属性则是：支配性、对世性等属性。由此可见，民族村寨旅游吸引物权的本质属性是支配性和对世性。

（三）民族村寨旅游吸引物的特征

民族村寨旅游吸引物具有哪些特征呢？运用什么方法归纳和揭示民族村寨旅游吸引物的法律特征呢？"没有比较就没有鉴别"，比较法是认识事物的一种常用方法，在此，运用比较法归纳和揭示民族村寨旅游吸引物的法律特征。虽说有些民族村寨旅游吸引物属于物权法中的物，但是有一些民族村寨旅游吸引物并不属于物权法中的物，而是属于准物权之中的物或知识产品或人格物。对于属于民族村寨旅游吸引物的特征无须多言，只是对不属于物权法中的物之范畴的民族村寨旅游吸引物的法律特征进行分析。与我国物权法中的"物"比较而言，民族村寨旅游吸引物具有以下一些特征。第一，具有无形性。我国物权法中的"物"一般情况下仅指有形物，而民族村寨旅游吸引物却包括民族村寨旅游吸引有形物和民族村寨旅游吸引无形物，所以说民族村寨旅游吸引无形物具有无形性。如民族村寨的民俗、民族文艺活动、民族传统体育项目等。民族村寨旅游吸引无形物的这一特征则是其特定化和法定化的痛点，这就需要通过特定技术才能对民族村寨旅游吸引无形物进行特定化。第二，具有复杂性，是集合物。民族村寨旅游吸引物的复杂性表现在以下几个方面。其一，既包含了有形物，又包含了无形物。民族村寨的民宿、民族服饰、山地公园、青山绿水等属于有形物，而民族村寨的非物质文化遗产则是属于无形物；有些民族村寨旅游吸引物是自然资源，有些民族村寨旅游吸引物是人格物、知识产品。其二，民族村寨旅游吸引物的功能多元。有些民族村寨既有具有经济功能，又具有社会功能；有些民族村寨旅游吸引物既具有经济功能，又有文化功能；有些民族村寨旅游吸引物既具有经济功能，又有社会功能和文化功能。其三，民族村寨旅游吸引物结构复杂。一方面，民族村寨旅游吸引物是由不同类型的旅游吸引物所构成。例如，朗德苗寨旅游景点属于民族村寨旅游吸引物，朗德苗寨旅游景点就由苗族民宿、稻田、森林、苗族文化活动、苗人历史名人故居和纪念品等不同旅游吸引物构成。另一方面，不同类型的民族村寨旅游吸引物结构也复杂。例如，朗德苗寨、朗德苗寨的森林等民族村寨旅游吸引物是由不同单一物所组成。第三，民族村寨旅游吸引物具有民族文化性。与一般的旅游吸引物比较而言，民族村寨旅游吸引物具有民族文化性。固然，美丽的自然风光是吸引游客到民族村寨旅游景点旅游观光的旅游吸引物，但是更为吸引旅游游客的动因则是不同民族村寨景点展现给游客不同的民族文化，如不同民族村寨的民宿、民俗、民族工艺品、民族文艺体育活动等。民族村寨旅游吸引物的民族文化性体现了民族旅游主体性的内在功能，是民族村寨旅游文化产品的内涵，也是民族村寨旅游产品是否具有市场竞争力的关键所在。

（四）民族村寨旅游吸引物权的特征

民族村寨旅游吸引物权具有哪些特征呢？归纳民族村寨旅游吸引物权的特征的依据是什么呢？一方面，从比较法的维度看，与民族村寨旅游吸引物权相近的财产权比较，可以得知民族村寨旅游吸引物权的特征；另一方面，可以从民族村寨旅游吸引物权的本质属性推知民族村寨旅游吸引物权的特征。民族村寨旅游吸引物权具有以下一些特征。第一，民族村寨旅游吸引物权的主体呈现多层次性。同一民族村寨旅游景点的权利主体繁多，如民族村寨的民宿则属于不同的民事主体，民族村寨的河流属于国家所有，民族村寨的土地属于民族村寨集体所有，民族村寨的林地属于民族村寨集体所有，民族村寨的林木属于民族村寨集体所有，或属于民族村寨居民的家庭所有，或属于民族村寨旅游扶贫开发公司所有。第二，民族村寨旅游吸引物权客体的多样性。例如，作为民族村寨旅游吸引物，西江苗寨就由苗族传统建筑、山、水流、森林等不同物组合而成。另外，民族村寨旅游吸引物具有多个主体。民族村寨旅游吸引物具有多个主体包含了两层含义。第一层含义是同一的民族村寨旅游吸引物为共同主体。贵州的青岩古镇的共同主体是青岩古镇全体村民，黄果树瀑布则是属于国有。第二层含义是同一的民族村寨旅游吸引物下位的旅游吸引物分属于不同的主体。贵州青岩古镇的传统建筑则分属于某一户村民、全体村民所有；黄果树瀑布的有些民宿属于村民所有，有些民宿则属于旅游开发公司所有，黄果树瀑布的经营权则属于旅游开发公司。第三，具有集合性，是由一束权利构成。民族村寨旅游吸引物权不是单一的财产权，而是一组财产权。旅游吸引物权是由不同财产权组合而成，有些旅游吸引物权是物权，有些旅游吸引物权则是知识产权或传统知识权。民族村寨旅游吸引物权的这一特征是由民族村寨旅游吸引物的复杂性所决定的，是由民族村寨旅游吸引物的集合物的特征所决定的。民族村寨旅游吸引物权的这一特征既是对其设定抵押权的痛点，也为对其设定浮动抵押提供理论基础，也是对其设定浮动抵押的内在需求。

二　民族村寨旅游吸引物权制度的瓶颈

民族村寨旅游吸引物权制度的瓶颈包括了其制度理论瓶颈和制度规范瓶颈。由于一方面，民族村寨旅游吸引物权的制度理论和制度规范多，而对其研究不够；另一方面，民族村寨旅游吸引物权的制度理论存在不少痛点，不少民族村寨旅游吸引物权制度规范也缺位，因此，民族村寨旅游吸引物权制度瓶颈与破解是本章的难点。民族村寨旅游吸引物权制度瓶颈之破解的目的是释放民族村寨旅游吸引物的财产红利，充分发挥民族村寨旅游吸引物的经济功能、社会功能和文化功能，促使民族村寨旅游吸引物转化为被游客喜好的旅游产品，推进民族村寨旅游吸引物资本化，提高民族村寨旅游吸引物的融资作用，提升民族村寨旅游吸引物的财产信用度。倘若要实现以上民族村寨旅游吸引物的功能和作用，则必须既要从理论上诠释民族村寨旅游吸引物的类型化、特定化和法定化，阐述民族村寨旅游吸引物权的法定化和一物一权等问题，必须把民族村寨旅游吸引物的物权法理论融入民族村寨旅游吸引物的制度规范之中。物权法定是我国物权法的一个基本原则，物权的内容和类型由法律确定，它是新物权创设的根本原则，是确定新物权是否得到法治保障的基础性条件，物的类型则是物权法定原则的要旨之一，也是物权创设的核心内容。我国民族村寨旅游吸引物权创设的痛点既是民族村寨旅游吸引物权制度瓶颈，也是制约民族村寨旅游资源转化为经济资本的难题，它的痛点是：民族村寨旅游吸引物的类型化、特定化和货币化。一物一权也是我国物权法的基本原则，而民族村寨旅游吸引物权具有集合性，是由一束权利构成，这是否违背了"一物一权"原则呢？理应在理论上对其诠释，对制度规范的瓶颈进行分析。首先，探讨民族村寨旅游吸引物的类型化痛点；其次分析民族村寨旅游吸引物特定化痛点；再次，探讨了民族村寨旅游吸引物的货币化；其次，反思和检讨了民族村寨自然资源制度的缺陷；最后，剖析民族村寨文化旅游资源不健全。

（一）民族村寨旅游吸引物的类型化痛点

民族村寨旅游吸引物的范围广，从旅游资源的维度看，主要包括了民族村寨自然旅游资源和民族村寨文化旅游资源，对其类型化存在制度理论层面上的瓶颈，也存在制度规范层面上的瓶颈。为了解决这些制度瓶颈，国家正在推进自然资源资产机制体制改革，正对自然资源资产的类型化制度、评估制度和审计制度等制度试点改革，也对文化旅游资源保护和开发试点改革，这为探讨民族村寨旅游吸引物和民族村寨旅游文化资源的类型化提供了利好条件。同时，这从侧面佐证了探讨民族村寨旅游吸引物和民族村寨旅游文化资源的类型化痛点的必然性。

1. 民族村寨自然资源的类型化痛点

虽说物权法理论对民族村寨自然资源的概念和类型作了探讨，民族村寨自然资源相关法规对其类型进行了相关规定，但是民族村寨自然资源类型化痛点有二。一是民族村寨自然旅游资源类型化标准。民族自然资源的功能和结构的多元化决定了民族村寨自然资源类型化标准的多元化，理应采用哪一种自然资源类型化标准呢？还是以其中一种自然资源类型化标准为主，其他自然资源类型化标准为辅呢？财产法理论中应该采取哪一种标准呢？还是应该以其中一个标准为主，其他标准为辅呢？其理论依据和制度依据何在呢？二是民族村寨自然资源类型化与物权体系衔接问题，与知识产权体系、人格物的权利体系及特殊无形财产权体系的衔接问题。民族村寨自然资源类型化与物权体系、知识产权体系、人格物的权利体系及特殊无形财产权体系链接的必然性，两者链接的方法和路径如何？这些痛点的根源乃是：基于对自然资源内涵的不同认识，对自然资源功能和结构的不同认知，相关法规对其规定缺位。一方面，《物权法》及相关法规对自然资源的类型化所采取方法不是归纳法，而是描述法；另一方面，《物权法》及其相关法规对自然资源的类型之描述不周延，如不同自然资源之间的自然空间属于何种类型的自然资源呢？《物权法》及相关法规并没有对其进行规定。

2. 民族村寨旅游文化资源的类型化痛点

与民族村寨自然资源的类型化痛点一样，民族村寨旅游文化资源的类型化痛点也有二。一是民族村寨旅游文化资源类型化标准的多元化。民族文化旅游资源的功能和结构的多元化决定了民族村寨文化旅游资源类型化标准的多元化，财产法理论中应该采取哪一种标准呢？还是以其中一种标准为主，其他标准为辅呢？其依据何在呢？进而言之，是遵循旅游经济学的旅游产品不同对其进行分类，还是按照民法学中财产不同类型对其进行分类，或综合两者对民族村寨旅游文化资源进行分类。这都是非常棘手的制度理论问题。二是民族村寨旅游文化资源类型化与相关财产权体系衔接问题。民族村寨文化旅游资源类型化与财产权体系链接的必然性，两者链接的方法和路径如何？这些痛点的根源乃是：基于对文化旅游资源内涵的不同认识，对文化旅游资源功能和结构的不同认知，相关法规对其规定缺位。

（二）民族村寨旅游吸引物的特定化痛点

民族村寨旅游吸引物特定化是民族村寨旅游吸引物权法定的必要条件，民族村寨旅游吸引物特定化分为民族村寨自然资源特定化痛点和民族村寨文化旅游资源的特定化痛点。

1. 民族村寨自然资源的特定化痛点

民族村寨自然资源的特定化痛点有二。一是民族村寨自然资源特定化的伦理性问题。民族村寨自然资源特定化的伦理性问题是什么呢？民族村寨自然资源伦理性问题包含两层含义：民族村寨自然资源特定化正当性问题和民族村寨自然资源特定化价值问题。从价值论维度看，民族村寨自然资源既有使用价值，又有交换价值，民族村寨自然资源的使用价值是民族村寨自然资源交换价值的基础，民族村寨自然资源交换价值是民族村寨自然资源使用价值增值的驱动器，而民族村寨自然资源特定化是民族村寨自然资源交换价值实现的必要条件吗？其依据何在呢？是民族村寨自然资源权利主体实现民族村寨自然资源使用价值的正当性吗？其依据又何在呢？二是民族村寨自然资源特定化的技术性问题。民族村寨自然资源特定化的技术性问题包含两层含义：民族村寨自然资源特定化路径和民族村寨自然资源特定化方法。民族村寨自然资源特定化路径有哪些呢？民族村寨自然资源制度规范中应该采用哪一种特定化路径呢？还是以一种特定化路径为主，其他特定化路径为辅呢？其依据何在呢？民族村寨自然资源特定化方法有哪些呢？民族村寨自然资源制度规范中应该采用哪一种特定化方法呢？还是以一种特定化方法为主，其他特定化方法为辅呢？其依据何在呢？

2. 民族村寨文化旅游资源的特定化痛点

民族村寨旅游文化资源特定化痛点有二。一是民族村寨文化旅游资源特定化的伦理性问题。民族村寨文化旅游资源特定化的伦理性问题是什么呢？民族村寨文化旅游资源伦理性问题包含两层含义：民族村寨文化旅游资源特定正当性问题和民族村寨文化旅游资源特定化价值问题。从价值论维度看，民族村寨文化旅游资源既有使用价值，又有交换价值，民族村寨文化旅游资源的使用价值是民族村寨文化旅游资源交换价值的基础，民族村寨文化旅游资源交换价值是民族村寨文化旅游资源使用价值增值的驱动器，而民族村寨文化旅游资源特定化是民族村寨文化旅游资源交换价值实现的必要条件吗？其依据何在呢？是民族村寨文化旅游资源权利主体实现民族村寨文化旅游资源使用价值的正当性吗？其依据又何在呢？二是民族村寨文化旅游资源特定化的技术性问题。民族村寨文化旅游资源特定化的技术性问题包含两层含义：民族村寨文化旅游资源特定化路径和民族村寨文化旅游资源特定化方法。民族村寨文化旅游资源特定化路径有哪些呢？民族村寨文化旅游资源制度规范中应该采用哪一种特定化路径呢？还是以一种特定化路径为主，其他特定化路径为辅呢？其依据何在呢？民族村寨文化旅游资源特定化方法有哪些呢？民族村寨文化旅游资源制度规范中应该采用哪一种特定化方法呢？还是以一种特定化方法为主，其他特定化方法为辅呢？其依据何在呢？

（三）民族村寨旅游吸引物的货币化痛点

民族村寨旅游吸引物的货币化是民族村寨旅游吸引物的交换价值的表征，民族村寨旅游吸引物的交换价值是民族村寨旅游吸引物货币化的内在动力，是民族村寨旅游吸引物的担保物权创设的前提性条件，倘若民族村寨旅游吸引物没有交换价值，民族村寨旅游吸引物的担保物权创设只是空中楼阁。民族村寨旅游吸引物的货币化痛点包括了民族村寨自然资源的货币化痛点和民族村寨文化资源的货币化痛点。

1. 民族村寨自然资源的货币化痛点

民族村寨自然资源货币化痛点有二。一是民族村寨自然资源货币化的伦理性问题。民族村寨自然资源货币化的伦理性问题是什么呢？民族村寨自然资源货币化伦理性问题包含两层含义：民族村寨自然资源货币化正当性问题和民族村寨自然资源货币化价值问题。从价值论维度看，民族村寨自然资源既有使用价值，又有交换价值，民族村寨自然资源的使用价值是民族村寨自然资源交换价值的基础，民族村寨自然资源交换价值是民族村寨自然资源使用价值增值的驱动器，而民族村寨自然资源货币化是民族村寨自然资源交换价值实现的必要条件吗？其依据何在呢？是民族村寨自然资源权利主体实现民族村寨自然资源使用价值的正当性吗？其依据又何在呢？二是民族村寨自然资源货币化的技术性问题。民族村寨自然资源货币化的技术性问题包含两层含义：民族村寨自然资源货币化路径和民族村寨自然资源货币化方法。民族村寨自然资源特定化路径有哪些呢？民族村寨自然资源制度规范中应该采用哪一种货币化路径呢？还是以一种货币化路径为主，其他货币化路径为辅呢？其依据何在呢？民族村寨自然资源货币化方法有哪些呢？民族村寨自然资源制度规范中应该采用哪一种货币化方法呢？还是以一种货币化方法为主，其他货币化方法为辅呢？其依据何在呢？

2. 民族村寨文化旅游资源的货币化痛点

民族村寨文化旅游资源货币化痛点有三。一是民族村寨文化旅游资源货币化的伦理性问题。民族村寨文化旅游资源货币化的伦理性问题是什么呢？民族村寨文化旅游资源货币化伦理性问题包含两层含义：民族村寨文化旅游资源货币正当性问题和民族村寨文化旅游资源货币化价值问题。从价值论维度看，民族村寨文化旅游资源既有使用价值，又有交换价值，民族村寨文化旅游资源的使用价值是民族村寨文化旅游资源交换价值的基础，民族村寨文化旅游资源交换价值是民族村寨文化旅游资源使用价值增值的驱动器，而民族村寨文化旅游资源货币化是民族村寨文化旅游资源交换价值实现的必要条件吗？其依据何在呢？是民族村寨文化旅游资源权利主体实现民族村寨文化旅游资源使用价值的正当性吗？其依据又何在呢？二是民族村寨文化旅游资源货币化的技术性问题。民族村寨文化旅游资源货币化的技术性问题包含两层含义：民族村寨文化旅游资源货币化路径和民族村寨文化旅游资源货币化方法。民族村寨文化旅游资源货币化路径有哪些呢？民族村寨文化旅游资源制度规范中应该采用哪一种货币化路径呢？还是以一种货币化路径为主，其他货币化路径为辅呢？其依据何在呢？民族村寨文化旅游资源货币化方法有哪些呢？民族村寨文化旅游资源制度规范中应该采用哪一种货币化方法呢？还是以一种货币化方法为主，其他货币化方法为辅呢？其依据何在呢？三是民族村寨非物质文化旅游资源货币化的痛点则是民族村寨非物质文化旅游资源的评估。民族村寨非物质文化旅游资源的评估的关键点是非物质文化旅游资源概念的界定和法定化的问题。民族村寨非物质文化旅游资源的评估需要得到市场主体的认可才有意义和价值，而民族村寨非物质文化旅游资源概念的界定则是不同市场主体认可民族村寨非物质文化旅游资源的交换价值的前提条件。民族村寨非物质文化旅游资源法定化则是民族村寨非物质文化旅游资源评估对象确定的法定依据。资产评估对象必须是法规所不禁止的财产，特定的资产评估对象必须是法规所规定的资产，否则所评估的资产就存在法律风险，这势必影响资产评估的意义和价值，作为评估特定资产，民族村寨非物质文化旅游资源也不例外。因此，从此意义上说，民族村寨非物质文化旅游资源的评估的关键点是非物质文化旅游资源概念的界定和法定化问题。

（四）民族村寨自然资源制度存在缺陷

1. 农村土地所有权主体缺位或虚化

虽然《土地管理法》第 10 条和《农村土地承包法》第 12 条都对农村土地所有权主体作了规定，但是实际上，民族村寨农村土地所有权主体缺位或虚化。"但因'农民集体'的缺位，且大多数地区的农民集体经济组织已经解体或名存实亡，农民缺乏形成集体土地所有权的组织形式和程序，甚至还可能缺乏形成集体土地所有权的动机。"① 民族村寨农村土地所有权主体缺位或虚化表现在以下几个方面。一是民族村寨农村土地所有权主体法律人格缺位。按照现有法律规定，民族村寨农村土地所有权主体为村、组、集体经济组织，但不管是民族村寨的村和组，还是集体经济组织，都存在法律人格不健全的劣势。民族村寨的自然村、组都不是法人，而仅是合伙组织和基层治理组织而已。虽说民族村寨农民专业合作社是近年来才成立的经济合作组织，具有法人资格，但是民族村寨农民专业合作社只是不同会员把其农村土地承包经营权、农村土地经营权流转或入股民族村寨农民专业合作社，并不是农村土地所有权主体。二是民族村寨的农村土地所有权主体处分权益受到限制。按照《物权法》的规定和物权法理论，民族村寨的农村土地所有权主体可以处分农村土地所有权，但是实际上，民族村寨的农村土地所有权主体对农村土地所有权的处分权限极为有限。三是民族村寨农民专业联合合作社取代了农村土地所有权主体的地位。民族村寨农民专业合作联社是由村、组的不同农户所成立的不同类型的农民专业合作社组合而成。民族村寨农民专业合作联社的会员不同于其农村土地承包经营权发包方主体，农村土地承包经营权发包方是村、组或集体经济组织，而民族村寨农民专业合作联社则不是农村土地承包经营权发包方，而实际上，有些民族地区的民族村寨农民专业合作联社取代了农村土地所有权主体的地位。

2. 林权的收益权能和处分权能残缺

林权的收益权能和处分权能残缺主要表现在以下两个方面。一方面，前几年，云南、贵州等民族省份大力推进和深化集体林权制度改革，商品林转化为公益林是集体林权制度改革的重要内容，而由于林木采伐审批程

① 高飞：《集体土地所有权主体制度研究》，法律出版社 2012 年版，第 120 页。

序复杂，林木采伐成本高，公益林和生态林补偿标准低，如在贵州集体林权制度改革中，许多集体林地、林木、森林被转化公益林，所以林权的收益率低。《贵州省中央财政森林生态效益补偿基金管理实施细则》第4条规定："中央财政补偿基金依据国家级公益林权属实行不同的补偿标准。国有的国家级公益林平均补偿标准为每年每亩5元，其中管护补助支出4.75元，公共管护支出0.25元；集体和个人所有的国家级公益林补偿标准为每年每亩10元，其中管护补助支出9.75元，公共管护支出0.25元。""县级以上政府林地行政主管部门对林地承包经营权流转登记的监督成本比县级政府林地行政主管部门对林地承包经营权流转登记的监督成本高。在林地承包经营权流转比较发达的地方，申请登记林地承包经营权流转登记的人太多，县级以上人民政府林地行政主管部门将无法承受林地承包经营权流转登记的工作任务。另外，与林地所有权登记部门不相同。"[1] 另一方面，由于民族村寨的商品林转化为公益林，所以民族村寨居民在公益林中从事种植业受到限制，把公益林转化为民族村寨旅游吸引物的权限也受到一定的限制。固然，公益林的生态价值应该放在第一位，但是在不降低公益林生态价值的情况下，应该兼顾公益林的生存价值和发展价值，应该允许或鼓励民族村寨居民在公益林中从事种植业，应该允许或鼓励民族村寨把公益林转化为民族村寨旅游吸引物。

3. 林权和水权制度存在缺陷

林权确权和林权登记制度存在一些缺陷，从而导致林权确权率和林权登记率并不高。林权确权和林权登记制度存在一些缺陷的主要表现有二。一是集体林权制度改革中的纠纷解决制度不健全。虽说各地因地制宜地制定了有关集体林权制度改革中的纠纷解决制度，但是由于集体林权制度改革中纠纷极为复杂，需要整合基层司法资源、行政资源和社会资源，要结合大调解机制，健全集体林权制度改革中的纠纷解决制度。二是有关林权确权和林权登记制度缺位。一方面，民族村寨有相当一部分户主到城镇打工或做小生意，他们并不知道对有些林地或林木确权和登记，而民族村寨的有些户主或村干部填写林地或林木确权或登记的虚假信息。另一方面，由于林地边界不清、林地勘测技术及专业人员的过错、林地权益主体

---

① 曹务坤：《林权法律问题研究》，中国社会科学出版社2012年版，第75页。

不明、林权权益主体变更、退耕还林等诸方面的原因，从而导致不少林权确认纠纷。另外，基层法院不受理林权确认纠纷，其依据是林权确认由林权监管部门确定，而林权监管部门又无法确定，结果是许多林权纠纷悬而未决，林权登记部门又无法登记这些林权。同时，集体林权制度改革后，权利主体呈"多元化和分散化"的特征，这也增加林业资源监管难度。"据贵州省的一些访谈部门反映，一般的县、区都有 6% 左右的林权未登记，有些地方甚至有 10% 的林权未登记。"①

虽然国家法规规定，水权属于国家所有，但是水权的权属复杂，既有水的所有权，也有水的用益物权和担保物权，现行法规并没有对水的用益物权和担保物权作出规定，进而言之，并没有对其法定化。一方面，水权权属分离趋势强，即水权权属种类增多，又与其他土地空间权、林权等自然权利存在交叉性，这为创设新型的水的用益物权提供事实基础；另一方面，水已经成为有些民族村寨旅游景点的亮点和卖点，也成为有些民族寨旅游吸引物。如何对其类型化，如何确定水权的主体，如何确定水权的边界，又如何登记水权，对这一系列问题，既缺乏相应的理论研究，又没有相对应的法规对其进行规定。水权制度缺位既制约了民族村寨旅游吸引物的合理开发，又影响了水权的创设和变动，从而影响"水"稀缺自然资源的充分利用。

4. 不动产统一登记配套制度缺位

不动产统一登记涉及国土登记机构与其他自然资源登记机构的对接和整合问题，根据国家不动产统一法规，虽然各地制定了不动产统一登记规章，但是现行不动产统一登记规章并未考量到各县、区在不动产统一登记中的实际困难，并没有解答民族村寨所属管辖的县在不动产统一登记中的困惑，如人员编制和不动产统一登记硬件环境等，尤其并没有考虑到民族村寨旅游吸引物的复杂性，从而导致许多县、区并没有真正推行不动产统一登记，即使有些县、区推行了不动产统一登记，不动产统一登记也存在不少问题。不动产统一登记配套制度缺位表现为三个方面。一是不动产统一登记机构改革未到位。不动产统一登记职能、责任的重新分配未明确是不动产统一登记机构对自然资源权属登记不力的直接原因，不动产统一登

① 2016 年 9 月，到贵州省安顺市、六盘水市、遵义市及贵阳市的一些县（区）自然资源主管部门访谈所得知的数据。

记机构改革的宗旨则是明确不动产统一登记机构的职能和责任，而不动产统一登记职能、责任的重新分配未明确的根本原因则是不动产统一登记机构改革未到位。二是不动产统一登记机构的编制重新分配不明确。由于有关不动产登记机构合并或改组，所以合并或改组后的不动产登记机构的编制应该重新确定。然而，受到各方面因素的影响，不动产登记机构的编制重新分配不明确，从而影响了不动产统一登记工作的效能，尤其是民族地区的不动产统一登记工作的效能不佳更为突出。三是不动产统一登记前过错登记补救措施也未明确规定。虽说《物权法》对不动产错误登记的更正作了规定，但是民族村寨农村土地权属错误登记的原因极为复杂，需要因地制宜地制定农村土地权属登记错误变更登记制度，从而为切实解决民族村寨农村土地权属错误登记提供依据。

5. 基层自然资源监督管理机关分散或缺失

有些县级水行政主管部门还未设置独立的水资源管理机构，其水资源管理和水政监察、水土保持等为一个科室，有的县级存在水资源管理和水政监察，一套人马两块牌子，职责分工不明确。各级均存在编制及专职人员不足，特别是县级水资源管理部门的编制和人员严重不足，存在水资源管理职能无法分工和落实。水务一体化、水资源管理体制改革、水权制度建设、生态补偿机制等重点难点领域，是水利改革的深水区和硬骨头。乡镇水资源管理机构体制不顺，有的水利（水务）站在行政上属于当地乡镇政府领导，导致管理体制不顺、不够健全，管理不够规范。

村组组织、社会组织、企业和个人参与自然资源监督管理的动力不足。作为经济理性人，村组组织、社会组织、企业和个人总试图追求经济利益最大化，只是需要相应的规则规范制约和调适他们追求经济利益取向和社会利益取向。现行自然资源监督管理体制机制只注重行政部门监管功能，忽视了村组组织、社会组织、企业和个人在自然资源监管管理方面的作用，尤其是轻视村组组织、社会组织、企业和个人在自然资源监管管理方面的经济利益诉求，从而严重影响了村组组织、社会组织、企业和个人参与自然资源监督管理的动机。

自然资源产权不清表现为如下几个方面。一是农民集体所有的自然资源产权主体虚化。由于农民集体组织的虚化，从而导致农民集体所有的自然资源产权主体化，其结果乃是农民集体所有的自然资源所有权登记难以落实，农民集体所有的自然资源权利也难以实现。二是国有自然资源权利登记不明确。由于现行法律对国有自然资源权利登记主体规定不明确，从而导致国有自然资源权利登记不明确，这是国有资源管理的一个瓶颈。三是一些地方的自然资源是属于国有，还是属于农民所有，并没有确定。

基层自然资源监督管理机关分散或缺失是民族村寨旅游扶贫开发中潜在法律风险的动因。民族村寨旅游扶贫开发的旅游产品是民族村寨旅游吸引物，而基层自然资源监管机关分散或缺失导致自然资源权属不清，民族村寨的有些旅游吸引物就是自然资源，自然资源权属不清势必导致民族村寨旅游扶贫开发中产生纠纷，导致民族村寨旅游扶贫开发中存在潜在法律风险，这必然不利于民族村寨旅游扶贫开发，不利于民族村寨旅游精准扶贫。

6. 自然资源权利主体理论的缺失

权利主体特定化是实现自然资源权利的前提条件，而自然资源监督管理的一部分职能是为了保障自然资源权利人实现自然资源权利，自然资源权利的实现是防止基层政府和企业违反自然资源法规和规章的根本方法。不管是《宪法》，还是《物权法》，都规定了自然资源为全民所有和集体所有的公有制。按照《农村土地承包法》《森林法》《草原法》等自然资源法律的规定，农民集体组织是农村土地、一些森林和一些草原的所有权主体，然而，许多农村社区，农民集体组织名存实亡，呈虚化的趋势。其结果是农民集体组织对其所有的自然资源监管也形同虚设。这也是导致农村土地承包经营权人任意改变农村土地用途的违法行为不断发生的重要原因，同时，也是导致基层政府违反自然资源法规和规章极为严重的重要原因。同样，虽然有关自然资源法规都作出相应的规定：除了相关法规明确规定属于集体所有的自然资源之外，其他的自然资源属于国家所有，但是由于不少国有自然资源的所有者并未特定化，出现模糊化的现象。其结果是导致一部分国有自然资源监督管理缺乏内在动力，也导致一部分国有自然资源监督管理的"真空"。由于自然资源权利主体理论的缺失，所以一方面，导致自然资源监督管理的成本增加。从理论上说自然资源权利主体是监管自然资源直接主体，是监管自然资源最有效的主体，也是监管自然资源的动力源，而自然资源权利主体理论缺失是自然资源权利主体制度缺位的重要原因，因为自然资源权利主体制度对自然资源权利主体权利和义务的规定来源于自然资源权利理论研究成果。由于自然资源权利主体制度缺位，所以只能依靠外部力量对自然资源利用和开发进行监管，现行法规对自然资源监管部门的监管职责和权限规定并不明确，因此在实践中，民族村寨旅游景点就存在多个监管部门，这必然增加监管成本。另一方面，自然资源监督管理效果不佳。自然资源监管管理效果的评价标准是自然资源利用率高、自然资源权利主体滥用权利、自然资源开发中的纠纷少等。有些民族村寨旅游景点开发的经济效益并不可观，民族村寨旅游扶贫开发主体滥用权利也不少，民族村寨旅游扶贫开发中纠纷也不少；另外，也与"市场在资源配置中起基础性作用"的原理相左。"市场在资源配置中起基础性作用"的原理折射在民族村寨旅游扶贫监管中的则是民族村寨旅游吸引物权利主体自觉地监管民族村寨旅游扶贫开发，促使民族村寨旅游扶贫开发主体兼顾"经济效益、社会效益和生态效益"的平衡，促使民族村寨旅游扶贫开发主体衡平参与主体的经济利益、社会效益和生态效益，从而预防和化解民族村寨旅游扶贫开发中的纠纷。

7. 自然资源监督管理权力主体理论的缺失

自然资源监督管理权力主体的法律性质是什么呢？自然资源监督管理权力主体法律地位如何？自然资源监督管理权力主体有哪些类型，如何把自然资源监督管理权力分配给不同的自然资源监督管理权力主体，其依据何在？不同的自然资源监督管理权力主体通过什么方式监督管理自然资源，这都是自然资源监督管理权力主体理论问题，由于自然资源监督管理权力主体理论的缺失，从而导致自然资源监督管理权力分配不均，或自然资源监督管理权力重叠，或自然资源监督管理权力分配不合理等。固然，为了提高自然资源监督管理效能，我国已进行了自然资源管理体制改革，成立了自然资源管理部门，但是一方面，自然资源基层管理部门在监督管理自然资源中仍存在诸多问题；另一方面，我国法学理论界对自然资源监督管理权力主体理论的回应不够及时和深入，尤其是如何深入自然资源监督管理的基层监督管理权力主体权责分配，如何进行变通监督管理自然资源，这都是一些重要理论问题和实践问题，有待进一步深入反思、检讨和构建。

(五) 民族文化旅游资源保护制度不健全

为了减少城镇化对贵州民族文化旅游资源保护的负面作用，更好地保护民族文化旅游资源，国家有关部门和各省都制定了一些有关民族文化旅游资源保护的法规和政策。如贵州省人大于2012年3月30日颁布了《贵州省非物质文化遗产保护条例》，根据国家所制定的《少数民族特色村寨保护与发展规划》，贵州省政府也制定了相应的政策，同时，通过不同方式宣传贵州民族文化旅游资源保护，如近几年在贵阳举办的"生态文明国际论坛"，建立民族文化旅游网站、非物质文化遗产保护网站等，在此基础上，构建了民族文化旅游资源保护机制。然而，由于对城镇化与民族文化旅游资源保护关系的认识不够，民族文化旅游资源开发与保护的错位，法治思维的缺乏，欠缺对民族文化旅游资源内涵的深刻理解，因此在城镇化和依法治国的语境下，民族文化旅游资源保护制度存在一些缺陷，民族文化旅游资源保护制度的主要缺陷为：民族文化旅游资源保护主体制度不健全，民族文化旅游资源保护内在动力制度不健全，民族文化旅游资源保护联动制度不健全。

1. 民族文化旅游资源保护主体制度不健全

民族村寨的非物质文化遗产是民族文化旅游资源的范畴，对民族村寨的非物质文化遗产的保护，实质上就是对民族文化旅游资源的保护，所以以非物质文化遗产保护法律和法规为文本，诠释民族村寨文化旅游资源保护主体制度的缺陷。固然《非物质文化遗产保护法》对非物质文化遗产的调查、非物质文化遗产代表性名录、非物质文化遗产传播、传承等方面作了明确规定，但是只是规定了非物质文化遗产代表性项目传承人的义务和法律责任，却并没有对非物质文化遗产代表性项目传承人的权利进行规定，这既与"权利义务对等原则"相左，也不利于非物质文化遗产的保护，进而言之，这不利于民族文化旅游资源的保护。

虽说各民族省份（自治区）都制定了有关非物质文化遗产保护法规，有些少数民族自治州和少数民族自治县也都制定了有关非物质文化遗产保护法规，但是各民族省份（自治区）、少数民族自治州和少数民自治县的有关立法部门所制定的有关非物质文化遗产保护法规中对非物质文化代表性项目传承人的权利保护规定缺位。例如，《贵州非物质文化遗产保护条例》对非物质文化遗产保护主体的范围、权利和义务作了规定，国家民委所制定的《少数民族特色村寨保护与发展规划》对少数民族特色村寨保护主体的范围和职责作了相应的规定，但是一方面，以上法规和政策对民族文化保护主体的规定不合理，或规定不周延，如只是规定了民族文化保护主体的职责，只是规定了一部分民族文化保护主体的类型，并没有规定民族文化保护主体的权利，也没有规定民族文化保护主体权责运行管理制度等。另一方面，现行法规和政策并没有界定民族文化保护主体的内涵和外延，也没有对民族文化旅游资源保护主体作出专门规定。例如，《贵州非物质文化遗产保护条例》对民族文化遗产的传承人的范围规定太窄，并没有把民族文化遗产保护相关个人和组织纳入民族文化遗产的传承人的范围之内，从而导致民族文化遗产的保护难以达到预期目标。

2. 民族文化旅游资源保护内在动力制度不健全

一方面，民族地区出现"空心村"现象，这些农村社区的中青年外出务工，或者外出做小生意，只剩下留守老人和儿童，而民族文化保护的主力军应该是民族地区农村社区的中青年，因为民族文化保护不仅要传承，还要与时俱进，还要创新。另一方面，民族文化的独特性和展示性是能否转化为旅游资源的关节点，而民族文化保护是民族文化的独特性和展示性的前提条件，民族文化保护主体既是民族文化的独特性和展示性的载体，又是民族文化的独特性和展示性转化为旅游资源的切换器。另外，作为民族文化旅游资源保护主力军，他们既是文化人，又是"有限理性者"，追求经济利益最大化乃是其本能表现。根据以上分析可以得出一个结论：要激发贵州民族文化旅游资源保护的主力军的积极性，必须给他们在自己家乡获取可观经济利益的机会。由于现行贵州民族文化旅游资源保护法规和政策并没有考量这一重要动因，从而造成贵州民族文化旅游资源保护内在动力机制不健全。贵州民族文化旅游资源保护内在动力机制不健全体现为以下三个方面。其一，有些民族文化旅游资源利益主体被边缘化，并没有分享民族文化旅游资源开发的利益，这势必制约了民族村寨文化旅游扶贫开发的相关主体参与民族村寨旅游扶贫开发的积极性。其二，民族文化旅游资源保护的利益链并未形成。不管是何种类型的民族文化旅游资源保护，都需要不同的民族文化旅游资源保护主体通力合作，他们在民族文化旅游资源保护中是一个共同体，而民族文化旅游资源保护的利益链的形成则是促使他们民族文化旅游资源保护中融合成共同体的动因。其三，民族文化旅游资源保护模式是以政府为主导的模式，而不是政府推动，以市场为主导的模式。民族文化旅游资源保护需要可持续性资金支撑，仅靠政府财政拨款是远远不够的，对于贫困民族地区的基层政府而言，每年拨付一笔可观的款项给民族文化旅游资源保护项目，这是不现实的，因此需要民族文化旅游资源保护的其他主体进行投入，尤其需要吸引社会资金投入至民族文化旅游资源保护项目中。

3. 民族文化旅游资源保护联动制度不健全

建构民族文化旅游资源保护联动制度具有必然性，其根据则是对民族文化旅游资源保护的应然层面和实然层面的剖析。从应然层面看，由于民族文化旅游资源保护涉及不同利益主体和主管部门，所以需要有关部门应该通力合作，协同保护民族文化旅游资源，应该构建科学合理的民族文化旅游资源保护联动机制。从实然层面看，国家、各地民族省份（自治区）、少数民族自治州和少数民族自治县的有关部门制定了民族文化旅游资源保护联动制度。然而，由于诸方面因素的制约，现行有关民族文化旅游资源保护联动制度不健全，其主要表现在以下几个方面。其一，从私法效力的维度看，民族文化旅游资源保护联动制度不是自觉型的制度，而是自发型的制度。民族文化旅游资源保护联动制度的动力源不同，民族文化旅游资源保护联动制度的类型则不同，不同的民族文化旅游资源保护联动制度对民族文化旅游资源保护的可持续性效果亦不同。从私法效力的维度看，习惯法是私法效力的渊源，习惯法的守法成本低，它属于自觉型制度，而不适用民族文化生活和文化经济的习惯为基础形成的制度，则属于自发型制度。其二，民族文化旅游资源开发企业并没有成为民族文化旅游资源保护联动制度的主体性要素，并没有激发他们保护民族文化旅游资源的积极性。民族文化旅游资源开发与其保护既有冲突的一面，也有统一性的一面，关键是如何调适其矛盾，如何激发民族文化旅游资源开发企业参与民族文化旅游资源保护。然而，由于现行制度缺位，致使有些民族文化旅游资源开发企业对民族文化旅游资源保护热情并不高。其三，不同民族文化旅游资源主管部门在民族文化旅游资源保护中职责分工不明确，行政部门的不作为的追责责任不明确，也缺乏有关主管部门保护民族文化旅游资源的激励制度。民族文化旅游资源监管的激励制度是促使行政主管切实有效监管民族文化旅游资源保护的重要制度。

三　民族村寨旅游吸引物权制度瓶颈的破解

（一）民族村寨旅游吸引物的类型化痛点之破解

上文已阐述了民族村寨旅游吸引物的类型化痛点之影响，分析了民族村寨旅游吸引物的类型化痛点之表征，下面探讨如何破解民族村寨旅游吸引物的类型化痛点。先论述民族村寨旅游自然资源的类型化痛点的破解，再阐述民族文化旅游资源类型化痛点的破解。

1. 民族村寨自然资源的类型化痛点的破解

虽说物权法理论对民族村寨自然资源的概念和类型作了探讨，民族村寨自然资源相关法规对其类型进行了相关规定，但是民族村寨自然资源类型化痛点有二。一是民族村寨自然资源类型化标准。民族自然资源的功能和结构的多元决定了民族村寨自然资源类型化标准的多元，财产法理论中应该采取哪一种标准呢？其依据何在呢？二是民族村寨自然资源类型化与物权体系衔接。民族村寨自然资源类型化与物权体系链接的必然性，两者链接的方法和路径如何？这些痛点的根源乃是：基于对自然资源内涵的不同认识，对自然资源功能和结构的不同认知，相关法规对其规定缺位。针对民族村寨旅游自然资源的类型化痛点根源，应该从以下几个方面加以破除。

（1）厘清民族村寨自然资源的内涵

如同其他自然资源一样，民族村寨自然资源的内涵有四。其一，生态价值。民族村寨自然资源的生态价值是区别非自然资源的重要价值。不管是森林、河流，还是花草、野生动物，都具有生态价值，具有生态价值是自然资源的自然属性，自然资源是影响生态平衡的自然因子。自然资源的生态价值是制定环境资源法规的内在根据，也是环境资源法所遵循的重要原则。正因为民族村寨自然资源具有生态价值，所以有些民族村寨的商品林被转化为生态公益林，有一些民族村寨建立了不同级别的湿地公园或森林公园，而这些生态公益林、湿地公园和森林公园等成为民族村寨旅游吸引物。其二，可控制性。自然资源的可控制性是指民事主体能够支配自然资源，能够占有和使用自然资源，可控制性既是自然资源的自然属性，又是自然资源的社会属性。自然资源的可控制性是民事主体实现自然资源的经济价值和生态价值的基础性条件，也使民事主体创设自然资源权属成为可能。自然资源的"可控制"这一内涵使其物权法中的物权的客体成为可能，也使自然资源的使用价值和交换价值之实现成为可能，也使自然资源权利成为物权法中的物权成为可能，并是自然资源权利具有物权的支配性和对世性的内在根据。其三，稀缺性。稀缺性是自然资源的社会属性，是人与自然资源的矛盾的折射，不同地域，人与自然资源的矛盾激烈程度不同，自然资源的稀缺性的程度也不同。自然资源的稀缺性是自然资源的经济属性，是自然资源之所以具有经济价值的重要动因，也是自然资源具有融资功能的内在根据，更是能够增加民族村寨社区社会资本和象征资本的内在根据。其四，不可再生性。自然资源一旦遭到破坏或被消费，则不可再生，这是自然资源稀缺性的自然动因，也是为什么要立法保护自然资源的极为重要的原因。自然资源的"不可再生性"这一内涵也是《民法总则》中对第 7 条规定的理论渊源。

民族村寨旅游自然资源是自然资源的特殊类型，它的特殊性有二。一是权属特殊。民族村寨旅游自然资源权属特殊性表现在三个不同方面。其一，民族村寨旅游自然资源所有权主体多元。从属地原则的维度看，民族村寨旅游自然资源属于民族村寨管辖。但是从所有权归属维度看，民族村寨的有些旅游自然资源属于民族村寨所有，有些民族村寨旅游自然资源属于民族村寨所在的行政村或组所有，有些民族村寨旅游自然资源则属于国家所有（全民所有）。其二，民族村寨旅游自然资源权属取得特殊。民族村寨旅游自然资源的原始取得和继受取得的动因是法律行为，而非法律行为，民族村寨旅游自然资源的原始取得的方式乃是创设他物权，主要创设用益物权。其三，民族村寨旅游自然资源权属内容特殊。民族村寨旅游自然资源权属的内容是民族村寨旅游自然资源的用益物权，而不是担保物权，民族村寨旅游自然资源的担保物权的趋势弱。二是民族村寨旅游自然资源的价值特殊。民族村寨旅游自然资源价值特殊性主要表现在两个方面。其一，民族村寨旅游自然资源的价值的特殊性则是使用价值，其交换价值并未凸显。其二，民族村寨旅游自然资源权属变动的价值目标应该是"以公平为主，兼顾效率"。民族村寨旅游自然资源开发的主要目的则是解决民族村寨"旅游产业精准扶贫"问题，则是民族村寨"真扶贫"和"扶真贫"的举措。

（2）民族村寨自然资源资产的概念和特征

石吉金、王燕东、谭文兵、马俊驹等学者对自然资源资产的概念进行了探讨。"自然资源资产是指其中具有稀缺性、有用性（包括经济效益、社会效益、生态效益）及产权明确的自然资源。"①"按照《物权法》的规定，我国国有财产按其不同的经济和社会功能可分为三种类型：国有自然资源，如矿藏、水流、海域、城市土地、无线电频谱资源，以及属于国家所有的森林、山岭、草原、滩涂、野生动植物等；国有公共财产；国有营运资产，是指那些能够由国务院和各级政府代表国家用以出资并取得收益的财产。"②"国有自然资源应区分为国有私物和国有自然公物。综合以上学者的观点，笔者认为，自然资源资产是指具有货币价值的自然资源，是一种不可复制的有形物，是一种具有公益性和生态性的资产。所谓民族村寨自然资源资产是指具有货币价值的自然资源，是一种不可复制的有形物，是一种具有公益性和生态性的，为民族村寨所有或使用或收益的资产。与一般资产相比，民族村寨自然资源资产具有以下几个方面的特征。第一个特征是增值性。随着社会的发展，自然资源的稀缺性表现更为明显，这就决定了自然资源资产具有增值性。民族村寨自然资源资产的增值性是由民族村寨自然资源的稀缺性所决定的。第二个特征是生态公益性。自然资源是农业生产和工业生产的基础，又具有稀缺性，这就决定了自然资源资产具有公益性的特征。自然资源是生态平衡的内在因子，这决定了自然资源资产具有生态性。民族村寨自然资源资产的"公益性"这一特征是生态补贴和碳汇交易的理论根据。第三个特征是经济价值的多元性和交叉性。民族村寨自然资源资产不仅具有农业价值或工业价值，还具有旅游价值和文化价值，民族村寨自然资源资产的"经济价值的多元性和交叉性"的特征是民族村寨生态旅游产品、民族村寨文化旅游产品、民族村寨休闲旅游产品衍生的内在根据。

（3）自然资源资产产权主体理论

自然资源资产产权主体理论包含了两层含义。一是完善农民集体经济组织的法律人格。由于诸方面的因素，在有些农村社区，农民集体组织呈现虚化状态，并没有独立的法律人格。虽然有不少学者探讨了如何完善农民集体组织的独立法律人格，但是并没有形成共识。因此，此问题仍是一

---

① 石吉金、王燕东、谭文兵：《对完善我国自然资源资产管理制度的初步思考》，《中国矿业》2014年第8期。

② 马俊驹：《国家所有权的基本理论和立法结构探讨》，《中国法学》2011年第4期。

个悬而未决的难题。可以结合农村市场主体构建及农业合作社等法律主体塑造农民集体组织的法律人格。二是国有自然资源资产所有权代理人问题、国有自然资源资产他物权（用益物权）人问题、国有自然资源资产权利人如何行使其权利，又如何规制自然资源资产权利人行使其权利。可以借鉴国有非自然资源资产权利理论完善国有自然资源资产权利主体理论，这既可以丰富和发展国有公有制理论，又可以链接国有非自然资源资产权利理论。根据我国现有法规和实际情况，国有自然资源资产产权主体实现法人制。第一，国有自然资源资产所有权代理人实现法人制，即根据不同行政区域的国有自然资源资产由不同行政区域的法人作为国有自然资源资产所有权代理人。第二，国有自然资源资产他物权（用益物权）由不同法人所有。第三，国有自然资源资产产权的运行由不同行政区域的自然资源监管部门监管。

（4）认知民族村寨旅游自然资源的结构

认知民族村寨旅游自然资源的结构是确定民族村寨旅游自然资源类型化标准的重要依据，而民族村寨旅游自然资源的属性决定了其结构，而从不同学科视角看，民族村寨旅游自然资源的属性则不同，其相对应的结构自然有所不同。从旅游学的维度看，民族村寨旅游自然资源是旅游产品，是旅游资产，它具有经济性和社会性，而从物权法学视角看，民族村寨旅游自然资源是有形物，是不动产或动产，它具有财产性和主体性。当然，有一点是确定无疑的，即与其他自然资源一样，民族村寨旅游自然资源具有自然属性和社会属性，也具有自然功能和社会功能。对民族村寨旅游自然资源类型化时，既要从旅游学视角考虑民族村寨旅游自然资源的类型化标准，又要从物权法学的视角考虑民族村寨旅游自然资源的类型化标准。不过，在采取民族村寨旅游自然资源的类型化标准时，应该确定民族村寨旅游自然资源类型化的主要标准和次要标准①，应该遵循"以自然属性为主，社会属性为辅"的原则。

确定民族村寨旅游自然资源类型化的标准时，为什么应该遵循"以自然属性为主，社会属性为辅"的原则呢？一方面，不管是旅游学视角下的民族村寨旅游自然资源的类型化，还是物权法视角下的民族村寨旅游

---

① 物权法体系中物的分类为主要标准，旅游学中旅游产品的分类为次要标准。

自然资源的类型化，都是把民族村寨旅游自然资源的自然属性类型化的主要依据，都同时考量民族村寨旅游自然资源的社会属性。另一方面，"以自然属性为主，社会属性为辅"的原则是民族村寨旅游自然资源类型化衔接我国现行物权法理论体系的桥梁，是技术规则和伦理规则融合的理论基础。民族村寨旅游自然资源类型化既是民族村寨旅游自然资源的权属法定的主要内容，也是民族村寨旅游自然资源融入物权规则的契机，更是充分发挥民族村寨旅游自然资源价值的举措。

（5）《物权法》及相关自然资源法律应该确定民族村寨旅游自然资源的种类

应该在《物权法》及相关自然资源法律中确定民族村寨旅游自然资源的种类，其理由有三。一是虽说《物权法》规定物权法定原则，也列举了自然资源的种类，但是有些自然资源种类并没有含在其中。例如，瀑布、水流、民族文化公益林、图腾树等。二是就民族村寨旅游自然资源而言，《物权法》是一般法，而相关自然资源法律是特别法，从法律效力来说，特别法的效力优先于一般法的效力。民族村寨旅游自然资源政策属于民族地区区别化区域政策，按照我国现有法治逻辑，民族村寨旅游自然资源政策可以通过不同路径契入立法或司法，进而言之，民族村寨旅游自然资源政策的有些规定可以融合到民族村寨旅游自然资源相关法规之中，或司法界可以通过法律政策或其他法律技术手段认可民族村寨旅游自然资源政策的有些规定。三是民族村寨旅游自然资源的社会属性的变动，这势必促使民族村寨旅游自然资源种类的变动，不过，由于民族村寨旅游自然资源的自然属性与社会属性的不同形式的融合，民族村寨旅游自然资源的种类增加是必然趋势。作为回应型法律，《物权法》及相关自然资源法律应该对民族村寨旅游自然资源种类的变动作出相应的回应，而不应该熟视无睹。

2. 民族村寨文化旅游资源的类型化痛点的破解

与民族村寨旅游自然资源的类型化痛点的破解一样，民族村寨文化旅游资源的类型化痛点的破解也涉及两个问题。一是民族村寨旅游文化资源类型化标准。财产法理论中应该采取哪一种标准呢？其依据何在呢？进而言之，是遵循旅游经济学的旅游产品不同对其分类，还是按照民法学中财产不同类型对其分类，或综合两者对民族村寨旅游文化资源进行分类。二是民族村寨旅游文化资源类型化与相关财产权体系衔接问题。民族村寨文化旅游资源类型化与财产权体系链接的必然性，两者链接的方法和路径如何？破解民族村寨文化旅游资源类型化痛点所涉及的两个问题，就必须从民族村寨文化旅游资源的概念入手，因为民族村寨文化旅游资源概念与民族村寨文化旅游资源类型化存在内在关联性。如民族村寨文化旅游资源概念的不确定和非法定，这也是导致民族村寨文化旅游资源类型化痛点的一个动因。

虽然各民族省份都制定了有关非物质文化保护和传承与民族特色村寨文化旅游等方面的地方法规，但是并没有法规和政策对民族村寨文化旅游资源的概念进行界定，也没有对民族村寨文化旅游资源法定化。首先，探讨民族村寨文化旅游资源概念的界定问题，然后再分析民族村寨文化旅游资源的法定化。洛克的自然财产观既为民族村寨文化旅游资源的界定提供视角或切入点，又为民族村寨文化旅游资源法定化提供了正当性理论来源。洛克的财产论的一个核心观点是：劳动对财产权的形成起到极为重要的作用，劳动是财产权形成的基础。民族村寨文化旅游资源的关键词是民族村寨文化，虽说学界对文化的概念的界定存在不同学说，但是有一点是毋庸置疑的，即文化是特定时空的集体组织的劳动成果。进而言之，劳动是文化的本质属性。民族村寨文化旅游资源只是民族村寨居民把其祖辈及其自己的劳动成果分享给游客，从而使其文化具有旅游经济学上的旅游资源，具有交换价值。因此，可以从洛克的财产论的核心观点入手，对民族村寨文化旅游资源下一个定义，可以为民族村寨文化旅游资源法定化提供正当性。所谓民族村寨文化旅游资源是指满足旅游精神需求的民族村寨居民的祖辈及其自己的劳动成果。它包含几层含义。一是主体为一个民族村寨或几个民族村寨的一部分居民或全体居民，而不是单个的民族村寨居民。如侗族大歌的主体为一个民族村寨或几个民族村寨的居民的合唱，甚至合唱的人数多达几千人。二是能够满足精神需求的产品。游客到民族村寨景点旅游，体验民族村寨的风俗民情，从而获取精神上的愉悦。三是为民族村寨居民祖辈及其自己的劳动成果，而不仅是祖辈的劳动成果或自己的劳动成果，还是民族村寨集体的劳动成果。

民族村寨文化旅游资源的界定既为理解两个痛点之间关系打开一扇门，又为其破解两个痛点提供了方法论。其根据有三。一是民族村寨文化旅游资源是民族村寨居民的祖辈及其自己的劳动成果之具体表现，不同的民族村寨居民祖辈及其自己的劳动成果不同，其分享给游客的文化旅游资源就不同；同一个民族村寨的居民祖辈及其自己的劳动成果不同，给予旅游的文化旅游资源也不同。二是从财产权变动理论的维度看，民族村寨文化旅游资源转化行为就是财产权的原始取得，就是民族村寨居民共同创设新的财产权的法律行为。这就有机地解决了民族村寨旅游文化资源类型化与相关财产权体系衔接问题。三是民族村寨文化旅游资源类型化成为法律生活的可能。按照我国现有财产权理论，民族村寨文化旅游资源属于无形财产，这使民族村寨文化旅游资源的类型化切入法律生活存在障碍。若从以上民族村寨文化旅游资源的界定着手，则这一障碍可以加以破除。从旅游经济学的维度看，民族村寨旅游文化资源是旅游产品，按照提供给游客的需要不同，可以把民族村寨旅游文化资源打造成不同旅游产品，而依据民族村寨文化旅游资源的概念，民族村寨居民的祖辈及其自己的劳动成果既与其提供的旅游产品相对应，又让民族村寨文化旅游资源展现了有形财产的一面，从而很自然地融入法律生活之中。

（二）民族村寨旅游吸引物特定化的痛点破解

民族村寨旅游吸引物特定化是民族村寨旅游吸引物权法定的必要条件，民族村寨旅游吸引物特定化痛点的破解包含了民族村寨自然资源特定化痛点的破解和民族村寨文化资源的特定化痛点的破解。下面，首先探讨民族村寨自然资源特定化痛点的破解，然后再寻觅民族村寨文化旅游资源特定化痛点破解之道。虽说它们两者都存在伦理性和技术性上的痛点，但是两者痛点的表现还是有所差异，对其痛点破解方法和措施还是不同的，两者痛点破解之根据也有所不同。

1. 民族村寨自然资源特定化的痛点之破解

民族村寨自然资源特定化的痛点之破解实质上需要回答以下几个不同的问题。一是民族村寨自然资源特定化正当性问题。二是民族村寨自然资源价值量特定化路径和方法问题。民族村寨自然资源价值从价值论维度看，民族村寨自然资源既有使用价值，又有交换价值，民族村寨自然资源的使用价值是民族村寨自然资源交换价值的基础。

民族村寨自然资源的特定是否正当，其根据何在呢？不管是从比较法的视角看，还是从财产权史学的角度说，民族村寨自然资源的特定都具有必然性，这是毋庸置疑的，在此也不必阐述。在此，仅从民族村寨自然资源本体论的维度简述民族村寨自然资源的特定的正当性问题。民族村寨自然资源的特定既是自然资源之充分利用的内在要求，又是民族村寨和民族村寨居民参与民族村寨旅游扶贫开发的物质基础，更是民族村寨自然资源之公信力的前提性条件。如何充分提高民族村寨自然资源利用率，既是一个民族经济问题，也是一个物权法问题。区分和发挥不同民族村寨自然资源的经济功能，这是提高其利用率的必经之路，而对民族村寨不同自然资源的区分，实质上就是对民族村寨自然资源特定的表征。民族村寨不同自然资源要成为民法中的一类物，就必须对其加以区别。对民族村寨不同自然资源进行区分有利于对民族村寨不同自然资源权属的变动进行公示，从而提高民族村寨自然资源权属的公信力，促进民族村寨自然资源在市场上流动。

民族村寨自然资源具有使用价值和交换价值，它的使用价值使其用益物权创设成为可能，其交换价值使其担保物权创设成为可能。民族村寨不同的自然资源，其使用价值和交换价值不同，而确定民族村寨不同的自然资源之使用价值量和交换价值量的标准是什么呢？这是实践中操作层面的瓶颈。市场对民族村寨自然资源的认可度是影响民族村寨不同的自然资源的价值量的重要因素，而对民族村寨不同自然资源的特定则又是市场对民族村寨自然资源认可度的动因，因此，对民族村寨自然资源特定势必影响其价值量。固然，确定民族村寨不同的自然资源之使用价值量和交换价值量的标准呈现多元特征，但是秉承"求同存异"的理念，可以破解民族村寨自然资源价值量评价标准之瓶颈问题，可以沿着以下路径加以解决。首先，认可民族村寨自然资源价值量①的习惯。其次，根据不同民族村寨所属的民族区域可以制定和落实有关民族村寨自然资源有效利用方面的区别化政策。再次，把其相关习惯和政策吸收到有关民族自然资源有效利用方面的法规中。最后，把其相关法规的规定吸纳到有关法律的条款中。

破解民族村寨自然资源价值量的方法有三。一是鼓励和支持民族村寨不同的自然资源作为财产入股民族村寨旅游合作社或民族村寨农民专业合作社。此方法是民族村寨自然资源使用主体和收益主体对民族村寨自然资

---

① 自然资源价值量是指自然资源转化为一定量的资产。

源价值量的认可和接受。二是行政部门认可民族村寨不同的自然资源作为担保财产进行融资。此方法是行政部门对民族村寨自然资源价值量的认可。三是推动金融机构或公司对民族村寨不同自然资源权属以证券方式进入金融市场。此方法是民族村寨旅游资源交易主体对民族村寨自然资源价值量的认可和接受。

2. 民族村寨文化旅游资源特定化的痛点之破解

从民法的物不同物理性质层面看，有些民族村寨文化旅游资源属于有形物，有些民族村寨文化旅游资源属于无形物。对于属于有形物的民族村寨文化旅游资源特定化的痛点之破解与民族村寨自然资源特定的痛点之破解一样，因此，对其不必重述。

下面仅是对属于无形物的民族村寨文化旅游资源特定化的痛点之破解进行探讨。民族村寨自然资源属于有形物，而无形物的特定比有形物的特定更为复杂，民族村寨文化旅游资源特定化痛点之破解之道更难。归纳起来，民族村寨文化旅游资源特定化涉及两个问题。一是民族村寨文化旅游资源特定的伦理性问题。由于一些民族村寨文化旅游资源具有民族主体性[1]，所以民族村寨文化旅游资源特定的正当性说理更难。既可以运用法人类学家的"劳动财产观"诠释民族村寨文化旅游资源特定的正当性，也可以利用"财产人格说"阐述民族村寨文化旅游资源特定的正当性。按照"劳动财产观"的观点，劳动是商品，可以进行交换。民族村寨居民所传承祖辈习俗或自身形成的习俗过程，实质上就是劳动过程，就是财产权形成的事实根据。民族村寨文化旅游资源不仅是民族村寨和民族村寨居民的经济资本，还是民族村寨和民族村寨居民社会资本和象征资本。"皮埃尔·布迪厄在其关系主义方法论的基础上提出'场域'和'资本'概念，把资本划分为经济资本、文化资本和社会资本，认为资本之间可以相互转化，社会资本是实际的或潜在的资源的集合体。"[2] 二是民族村寨文化旅游资源特定化的技术性问题。民族村寨文化旅游资源特定化技术问题的关键点则是其特定化的方法和路径问题，民族村寨文化旅游资源特定

---

[1]　一些民族村寨文化旅游资源具有民族主体性表现为：民族村寨居民所传承祖辈的习俗或自身所形成的习俗。

[2]　陆小华：《信息财产权——民法视角中的新财富保护模式》，法律出版社 2009 年版，第 315 页。

的技术性之破解涉及民族村寨文化旅游资源的价值规律问题。民族村寨文化旅游资源既有使用价值，又有交换价值，民族村寨文化旅游资源的使用价值是民族村寨文化旅游资源交换价值的基础。民族村寨文化旅游资源特定化的技术性问题实质上就是民族村寨文化旅游资源的使用价值和交换价值的分离，实质上就是民族村寨文化旅游资源区别轨迹。根据以上的分析，民族村寨文化旅游资源特定化的方法和路径理应从价值规律维度加以寻找。笔者认为，民族村寨文化旅游资源特定化的方法应该为：根据民族村寨文化旅游资源的使用价值和交换价值不同对民族村寨文化旅游资源进行特定化。民族村寨文化旅游资源特定化的路径则是：从民族村寨文化旅游资源的使用价值到民族村寨文化旅游资源的交换价值。即先对民族村寨文化旅游资源的使用价值进行格式化，然后对民族村寨文化旅游资源的交换价值进行格式化。

（三）民族村寨旅游吸引物的货币化痛点之破解

民族村寨旅游吸引物的货币化是民族村寨旅游吸引物的交换价值的表征，民族村寨旅游吸引物的交换价值是民族村寨旅游吸引物货币化的内在动力，是民族村寨旅游吸引物的担保物权创设的前提性条件，倘若民族村寨旅游吸引物没有交换价值，民族村寨旅游吸引物的担保物权创设只是空中楼阁。民族村寨旅游吸引物的货币化痛点包括了民族村寨自然资源的货币化痛点和民族村寨文化资源的货币化痛点，针对民族村寨旅游吸引物的货币化痛点，提出相应的破解之道。首先，探讨民族村寨旅游吸引物的货币化痛点之破解。然后，寻觅民族村寨旅游吸引物的货币化痛点之破解。

1. 民族村寨自然资源的货币化痛点之破解

民族村寨自然资源货币化痛点有二。一是民族村寨自然资源货币化的伦理性问题。民族村寨自然资源货币化的伦理性问题是什么呢？民族村寨自然资源货币化伦理性问题包含两层含义：民族村寨自然资源货币化正当性问题和民族村寨自然资源货币化价值问题。从价值论维度看，民族村寨自然资源既有使用价值，又有交换价值，民族村寨自然资源的使用价值是民族村寨自然资源交换价值的基础，民族村寨自然资源的交换价值是民族村寨自然资源使用价值的必然结果。因此，从此意义上说，应该加强民族村寨自然资源货币化正当性和价值的理论研究，从而为构建民族村寨自然资源货币化制度的必然性提供理论支撑。二是民族村寨自然资源货币化的技术性问题。民族村寨自然资源货币化的技术性问题包含两层含义：民族村寨自然资源货币化路径和民族村寨自然资源货币化方法。民族村寨自然资源货币化的关键点是民族村寨自然资源的交换价值能够得到市场的认可，是如何提高民族村寨自然资源交换价值的市场认可度。因民族村寨自然资源的评估和入股是影响民族村寨自然资源交换价值的市场认可度的两个重要因素，故可以以"民族村寨自然资源的评估和入股的法律理论"为切入点，探讨民族村寨自然资源货币化的路径和方法。从而为民族村寨自然资源货币化制度的制定提供理论基础。

2. 民族村寨文化旅游资源的货币化痛点之破解

民族村寨文化旅游资源货币化痛点有二。一是民族村寨文化旅游资源货币化的伦理性问题。民族村寨文化旅游资源货币化的伦理性问题是什么呢？民族村寨文化旅游资源货币化伦理性问题包含两层含义：民族村寨文化旅游资源特定正当性问题和民族村寨文化旅游资源货币化价值问题。从价值论维度看，民族村寨文化旅游资源既有使用价值，又有交换价值，民族村寨文化旅游资源的使用价值是民族村寨文化旅游资源交换价值的基础，民族村寨文化旅游资源的交换价值是民族村寨文化旅游资源使用价值的必然结果。因此，基于此认识，破解民族村寨文化旅游资源的正当性和价值之道则是应该加强民族村寨文化旅游资源货币化的正当性和价值的理论研究，从而为构建民族村寨文化旅游资源货币化制度提供理论支撑。二是民族村寨文化旅游资源货币化的技术性问题。民族村寨文化旅游资源货币化的技术性问题包含两层含义：民族村寨文化旅游资源货币化路径和民族村寨文化旅游资源货币化方法。民族村寨文化旅游资源货币化的关键点是民族村寨文化旅游资源的交换价值能够得到市场的认可，是如何提高民族村寨文化旅游资源交换价值的市场认可度。因民族村寨文化旅游资源的评估和入股则是影响民族村寨文化旅游资源交换价值的市场认可度的两个重要因素，故可以以"民族村寨文化旅游资源的评估和入股的法律理论"为切入点，探讨民族村寨文化旅游资源货币化的路径和方法。从而为民族村寨文化旅游资源货币化制度的制定提供理论基础。

（四）完善民族村寨自然资源制度

1. 完善民族村寨自然资源产权试点改革制度

作为少数民族省份，贵州省、云南省、广西壮族自治区等正在推行自然资源产权试点改革，并构建一些科学合理的自然资源产权试点改革制度，但是现行民族村寨自然资源产权试点改革制度仍有待完善，仍需要健全民族村寨自然资源产权试点改革制度。健全民族村寨自然资源产权试点改革制度是庞大的系统工程，既要从本体论考虑民族村寨自然资源产权试点改革制度的健全，又要从关联论考量民族村寨自然资源产权试点改革制度的完善。一是深化民族村寨集体林权制度改革。虽说民族村寨集体林权制度改革取得一定的成效，但是民族村寨集体林权制度改革中仍有不少问题需要加以解决。如民族村寨集体公益林划分、补偿、利用、入股等问题，民族村寨文化公益林的制度建构等。民族村寨集体公益林是民族村寨和民族村寨居民的重要的自然资源，也是他们的重要财产，对于山区的民族村寨尤为突出。有些民族村寨集体公益林既是旅游吸引物，又是民族村寨的后山或图腾崇拜或祭祀的场域，然而，这些民族村寨集体公益林的用益物权创设存在制度和民族文化的障碍，也与相关当事人存在产权界定争议或产权存在不确定性；有些民族村寨自然资源产权难以确定。如民族村寨的湿地公园产权、民族村寨的生态旅游景点中土地空间权、民族村寨的文化公益林权属等民族村寨自然资源产权。二是推进民族村寨农村土地"三权分置"制度改革。民族村寨农村土地"三权分置"制度改革是深化民族村寨自然资源产权试点改革的重要举措，它有助于民族村寨农村土地的他物权的创设和变动，从而提高农村土地的利用效率。可以通过以下方法推进民族村寨农村土地"三权分置"制度改革。其一，构建民族村寨农村土地"三权分置"区别化政策。一方面，对于深度贫困民族村寨来说，农村土地的社会保障功能强，尤其是农村土地对他们的心理保障尤为重要；另一方面，对于"农村土地承包权、农村土地经营权、农村土地承包经营权"的认知和处理有其自身的习惯，因此又有必要构建民族村寨农村土地"三权分置"区别化政策。其二，完善民族村寨农村土地权利流转制度。民族村寨农村土地权利流转既是民族村寨农村土地"三权分置"制度改革的内容，又是民族村寨农村土地"三权分置"制度改革的目标之一。不仅要从现行有关民族村寨农村土地权利流转的法律制度着手，对其中不合理或缺位的法律规范进行修订或建构相关法律规范，还要结合民族村寨农民专业合作社治理结构改革对民族村寨农村土地权利流转的相关制度加以完善。三是推行民族村寨自然资源产权混合制改革制度。民族村寨自然资源产权混合制改革既是整合民族村寨旅游扶贫的利益联合度的重要举措，又是提高民族村寨旅游扶贫开发模式运行效率的新渠道。因此，从此意义上说，应该推行民族村寨自然资源产权混合制改革制度，建构合理而有效的民族村寨自然资源产权混合制改革制度。

2. 完善民族村寨自然资源资产产权制度

从以下几个方面完善自然资源资产产权制度。一是完善农民集体所有的自然资源产权主体。二是明确国有自然资源资产登记。三是完善自然资源资产统一登记机关职能对接制度。由于对自然资源资产统一登记机关职能对接的规定不尽具体、不够全面，所以导致一些县（区）自然资源资产统一登记不顺利。四是完善自然资源资产管理部门人员编制制度。虽然国家和贵州省对不动产统一登记机关编制作了规定，但是由于编制人员的不足，不动产统一登记相关部门编制转化等方面仍然规定不具体不全面。

（1）完善基层自然资源资产管理机构制度

完善基层自然资源资产管理机构制度要遵循以下几个原则。一是遵循"因地制宜"原则。"因地制宜"原则是指应该根据贵州各地农村不同的情况，变动制定相应的基层自然资源资产管理机构制度。二是"资源整合"原则是指整合基层有关监管自然资源资产。完善基层自然资源资产管理机构制度的要点是：整合基层自然资源资产管理机关。基层自然资源资产管理机构各自为政，从而使基层自然资源资产管理机关薄弱的监管力量更是雪上加霜。因此应该尽快整合基层自然资源资产管理机构，增强基层自然资源资产管理机构的力量。

（2）完善村组组织、社会组织、企业和个人参与自然资源资产管理制度

完善村组组织、社会组织、企业和个人参与自然资源资产管理制度要遵循"多元参与监管"原则。多元参与监管原则是指促使村组组织、社会组织、企业和个人参与自然资源资产管理。完善村组组织、社会组织、企业和个人参与自然资源资产管理制度的要点是完善村组组织参与自然资源资产管理制度。完善村组组织参与自然资源资产管理制度包含了三个方

面的内容：一是明确村组织参与自然资源资产管理职能和职责，二是明确村组织参与自然资源资产管理方式，三是明确村组织参与自然资源资产管理的处罚和激励规则。

3. 完善民族村寨自然资源相关法规的规定

应该完善民族村寨自然资源相关法规的规定。民族村寨自然资源相关法律较多，如《物权法》《农村土地承包法》《土地管理法》《水法》《森林法》《农村土地承包经营权流转条例》等，本研究仅是对民族村寨自然资源相关法规的一些规定作出探讨。如何完善民族村寨资源相关法规的规定呢？一是把有关民族村寨资源制度的合理规定上升到有关民族村寨自然资源相关法规的规定之中。二是结合《民法典物权法篇》《农村土地承包法》《土地管理法》的制定或修订，对自然资源权利的类型、内容及监管等进行法定化。三是司法部门参与"大调解"，或法院确认的调解效力，从而把民族村寨自然资源相关地方性法规的规定切入司法过程之中。

（五）完善民族文化旅游资源保护制度

虽说国家和少数民族省份（自治区）制定了有关民族村寨文化旅游资源制度，但是由于现行民族村寨文化旅游资源保护制度存在一些缺陷，从而导致民族村寨文化旅游资源保护不力，尤其制约了民族村寨文化旅游资源权变动，制约了民族村寨文化旅游资源的充分利用，因此，很有必要完善民族村寨文化旅游资源保护制度。

1. 健全民族文化旅游资源保护主体制度

民族村寨的非物质文化遗产是其重要的文化旅游资源，具有民族文化主体性，民族村寨的非物质文化遗产保护主体制度是保护民族村寨的非物质文化遗产的基础，是开发文化旅游资源的制度保障，是文化旅游资本转化经济资本的必要条件。

国家和各省（直辖市、自治区）都先后制定了有关非物质文化遗产保护法规，都对非物质文化遗产保护主体的范围、权利和义务作了规定，国家民委所制定的《少数民族特色村寨保护与发展规划》也对少数民族特色村寨保护主体的范围和职责作了相应的规定，但是都存在一些缺陷。一是对非物质文化遗产保护主体的规定不合理，或规定不周延。二是现行法规和政策并没有对非物质文化遗产保护主体的内涵和外延进行界定。三是民族村寨的非物质文化遗产的特殊性决定了民族村寨的非物质文化遗产保护主体制度的制定也应该与其特质相符合。

可以从以下几个方面对其加以完善。其一，国家和民族省份（自治区）应该修改《非物质文化遗产保护条例》，即对非物质文化遗产保护主体的范围、权利、义务及其集体管理等方面作出明确规定。"当针对传统知识和民间文学艺术本身的保护得以建立，集体管理组织可以代表传统拥有者们管理各种权利。"① 其二，民族村寨所在的民族自治地方的立法机关制定和完善民族村寨文化旅游保护规章。这些规章应该对民族村寨文化旅游保护主体的范畴、类型、权利、义务及监管等方面内容作出规定。其三，各民族村寨所在的行政管辖部门应该制定有关民族村寨文化旅游保护政策。民族村寨文化旅游保护政策也应该重点鼓励各有关主体保护和合理开发民族村寨文化旅游资源，应该重点明确民族村寨文化旅游保护和开发主体的范畴、权益、义务及其监管等内容。

2. 健全民族文化旅游资源保护内在动力制度

健全民族文化旅游资源保护内在动力制度的建议有三。一是确保民族文化旅游资源保护和开发的主体之权益。民族村寨文化旅游资源保护和开发的主体之权益保障是推动民族村寨文化旅游资源保护和开发主体保护与开发民族村寨文化旅游资源的动力源，是驱动民族村寨文化旅游资源保护内在动力的发动机，因此，应该确保民族文化旅游资源保护和开发的主体之权益。二是促使民族村寨文化旅游资源保护和开发的利益链的形成。民族村寨文化旅游资源保护和开发所涉及的主体较多，他们自觉形成的利益链有助于权益确保和利益分享。民族村寨文化旅游资源保护和开发的利益链的形成有几条路径：第一条路径是契约，第二条路径是组合成社团或经济组织，第三条路径是法规明确规定。不管是哪一条路径，都需要有关民族村寨文化旅游资源保护制度的规范，因此，从此意义上说，民族村寨文化旅游资源保护制度应该对民族村寨文化旅游资源保护和开发的利益链的形成进行规范。三是鼓励和支持以市场为主导的民族村寨文化旅游资源保护模式。对于民族村寨文化旅游资源保护和开发的主体而言，不同的民族村寨文化旅游资源保护和开发模式，对他们权益保障和利益分享之效果不

---

① Silke von Lewinski：《原住民遗产与知识产权：遗产资源、传统知识和民间文学艺术》，廖冰冰、刘硕、卢璐译，中国民主法制出版社 2011 年版，第 183 页。

同。固然，在短期内，政府主导的民族村寨文化旅游资源保护和开发模式有利于深度贫困民族村寨文化旅游资源保护和开发，但是此种模式具有不可持续性。从时空维度看，应该鼓励和支持以市场为主导的民族村寨文化旅游资源保护模式。

3. 健全民族文化旅游资源保护和开发联动制度

针对民族文化旅游资源保护联动制度存在的问题，应该从以下几个方面健全民族村寨文化旅游资源保护和开发联动制度，进而言之，健全民族文化旅游资源保护和开发制度的建议有三。一是完善民族村寨文化旅游资源保护和开发链接制度。民族村寨文化旅游资源保护和开发是一个系统工程，需要不同主体参与和监管，需要从系统论视角健全民族村寨文化旅游资源保护和开发链接制度。作为经济理性人，民族文化旅游资源保护和开发主体追求经济利益则是其保护和开发民族文化旅游资源的内在动力，健全民族村寨文化旅游资源保护和开发链接制度的关键点是民族村寨文化旅游资源保护和开发主体之间形成的利益链分享和监管，尤其是民族村寨文化旅游资源保护和开发社团或经济组织内部监管制度极为关键。二是鼓励和支持民族文化旅游资源开发企业参与民族村寨文化旅游资源保护和开发。从文化学和旅游学的维度看，民族文化旅游资源开发企业应该是民族村寨文化旅游资源保护和开发的主力军，但是实际上，由于诸方面的原因，民族文化旅游资源开发企业并不是民族村寨文化旅游资源保护和开发的主力军，因此，基于此认识，应该通过制度设计鼓励和支持民族文化旅游资源开发企业参与民族村寨文化旅游资源保护和开发。三是秉承"责权利相对应"的原则，明确有关民族村寨旅游文化资源保护和开发主管部门的职责、权力和法律责任。虽说《非物质文化遗产保护法》及各民族省份（自治区）、有些民族自治地方所制定的有关民族村寨旅游文化资源保护和开发法规和规章对民族文化旅游资源保护的主管部门的职责、权力和法律责任等方面进行了规定，但是一方面对民族文化旅游资源保护的主管部门的监管职责、权力和法律责任规定不明确，或者对其规定出现漏洞；另一方面，并未秉承"责权利相对应"的原则对其进行规定。因此，从此意义上说，应该秉承"责权利相对应"的原则，明确有关民族村寨旅游文化资源保护和开发主管部门的职责、权力和法律责任。

第二节 民族村寨旅游扶贫用地的制度瓶颈与破解

一 民族村寨旅游扶贫用地法律理论探讨

(一) 问题之提出

基于以下几个方面的考量，笔者对民族村寨旅游扶贫用地的法律性质和法律特征进行探讨。其一，现有学者研究民族村寨旅游扶贫用地法律理论。许多学者从经济学、管理学、社会学及法学等视角反思和检讨民族村寨旅游扶贫问题，尤其是保继刚、左冰和张琼、张德森、胡千慧、陆林、朱德举、毕宝德、陈安泽等、卢云亭、梁栋栋、王敬贵、阳柏苏等、张雪晶、马丽卿、邹统轩、刘家明等学者从旅游用地维度探讨了民族村寨旅游扶贫问题，并为世人展现了一些研究成果。保继刚、左冰和张琼、张德森等学者探讨了旅游吸引物及旅游吸引物权问题，胡千慧、陆林已于2009年对旅游用地的研究文献进行了梳理和评析，他们认为，"国外学者已于20世纪30年代研究旅游用地，国内学者于20世纪80年代末开始关注和探讨旅游用地"①，朱德举、毕宝德等学者分析和归纳了旅游用地概念，陈安泽等、卢云亭、梁栋栋、王敬贵、阳柏苏等、张雪晶、马丽卿、邹统轩、刘家明等学者从经济学、管理学、社会学等分析了旅游用地的评估、旅游房产、旅游度假区土地利用等问题，固然，以上学者基于旅游用地视域下的民族村寨旅游扶贫问题的理论分析之成果的学术贡献和实践意义毋庸置疑，为深入而系统研究民族村寨旅游扶贫用地提供了依据和方法，但是，时至今日，仍没有学者正面直视民族村寨旅游扶贫用地及其监管法律理论问题。其二，民族村寨旅游扶贫用地是民族村寨旅游扶贫开发的关键要素，是关系到民族村寨旅游扶贫开发是否能够达到预期效果的重要动因。其三，在全面推进依法治国的语境下，从旅游用地本体论的维度审视民族村寨旅游扶贫存在的问题具有一定的法治意义。其四，为了进一步推进民族村寨旅游扶贫开发，为了解决民族地区农民的贫困问题，我国加大了农村土地流转制度改革力度，也加大了农村金融制度改革的步伐，而民族地区的农村土地流转制度和农村金融制度与民族村寨旅游扶贫用地制度

---

① 胡千慧、陆林：《旅游用地研究进展及启示》，《经济地理》2009年第2期。

息息相关。其五，成熟的民族村寨旅游扶贫用地法律理论是构建或重构合理的民族村寨旅游扶贫用地法律制度的基础，换言之，研究民族村寨旅游扶贫用地法律理论是制定或修改民族村寨旅游扶贫用地法律制度的必然要求。其六，民族村寨旅游扶贫用地是物权中一个新概念，对其认识有一个过程，需要时间的锤炼。

（二）民族村寨旅游扶贫用地的法律性质

1. 旅游用地的法律性质

旅游用地是什么呢？对于此问题，旅游学界的学者从旅游活动的维度诠释了旅游用地的性质。朱德举（1996）认为，"旅游用地是风景旅游区内人们从事旅游活动的场所，是自然作用与人类活动之间进行物质循环、能量循环、信息传递的复杂系统，是最基本最广泛的具有旅游功能的各种因素的组合"[①]。毕宝德（2000）认为，"旅游用地就是旅游业用地，即在旅游地内为旅游者提供游览、观赏、知识、乐趣、度假、疗养、娱乐、休息、探险、猎奇、考察研究等活动的土地"[②]。以上两位学者阐述了旅游用地的使用价值属性，凸显了旅游用地的经济功能，这为分析旅游用地的法律性质提供了事实依据，即旅游用地是具有使用价值和交换价值的物。《物权法》第二条规定："本法所称物，包括了不动产和动产。""物权法规范的物，包括不动产和动产。不动产是指土地以及房屋、林木等土地定着物；动产是指不动产以外的物。"[③] 从《物权法》的规定和物权法理论两重维度看，法律视域中的物是指有形物，不包含无形物，是特定的有形物，物可以分为不动产和动产两大类。法律视域中的物是可控制的特定物，只有是控制的特定物才有可能抵押，才有可能实现其交换价值。

2. 民族村寨旅游扶贫用地的法律性质

从概念的种属关系看，民族村寨旅游用地与旅游用地的关系是种属关系，即旅游用地是民族村寨旅游扶贫用地的上位概念，民族村寨旅游扶贫用地是旅游用地的下位概念。实质上，旅游用地的性质是旅游用地的内涵，民族村寨旅游扶贫用地的性质是民族村寨旅游扶贫用地的内涵，由于

[①] 朱德举：《土地评价》，中国大地出版社1996年版，第125页。

[②] 毕宝德：《土地经济学》，中国人民大学出版社2000年版，第117页。

[③] 全国人大常委会法制工作委员会民法室：《物权法条文说明、立法理由及相关规定》，北京大学出版社2007年版，第3页。

旅游用地是民族村寨旅游扶贫用地的上位概念，民族村寨旅游扶贫用地是旅游用地的下位概念，所以若要认识民族村寨旅游扶贫用地的法律性质，则需要与旅游扶贫用地进行比较。民族村寨旅游扶贫用地与旅游用地的不同点有二。一是前者的主体是特指的——民族村寨，后者的主体是泛指，即省略了主体。二是前者凸显"旅游扶贫"之目的，后者凸显了"旅游"之目的。民族村寨旅游扶贫用地是指用于民族村寨旅游扶贫开发的土地及其附属物，是特定的可控制的有形物。民族村寨旅游扶贫的法律价值目标是"以公平为主，兼顾效率"，民族村寨旅游扶贫的法律价值目标就决定了民族村寨旅游扶贫用地和民族村寨旅游扶贫用地权流转的可能性，就为民族村寨旅游扶贫用地和民族村寨旅游扶贫用地权融资功能的实现提供了理论基础，也为民族村寨旅游扶贫用地和民族村寨旅游扶贫用地权转化资本提供了理论依据。

（三）民族村寨旅游扶贫用地的法律特征

民族村寨旅游扶贫用地具有哪些法律特征呢？民族村寨旅游扶贫用地的法律特征是如何得来的呢？判断民族村寨旅游用地的法律特征的原理是什么呢？下面对这三个问题逐一进行回答。民族村寨旅游扶贫用地具有以下一些法律特征：意定性、主体法律人格缺失、附属性及生存价值凸显等，它的特征是通过与农业用地、工业用地、建设用地比较得来的，判断民族村寨旅游扶贫用地的法律特征的原理是"就近原理"和"比较原理"。

1. 意定性

与农业用地、工业用地和建设用地比较而言，民族村寨旅游扶贫用地具有意定性的法律特征。农业用地、工业用地和建设用地都是法律上对其作了明确的规定，如《土地管理法》《农业法》等法律就对其作了规定，而由于民族村寨旅游扶贫用地是一个新概念，所以现行法律并没有对其进行规定，它只是现实经济领域和社会领域中相关当事人进行经济活动和社会活动中的一个概念而已。从法人学的层面看，民族村寨旅游扶贫只是经济活动和社会活动中的习俗罢了，民族村寨旅游用地并不一定是纯粹的旅游用地，而有可能与农用地、工业用地和建设用地融合在一起。有些民族村寨旅游产品是民族村寨生态农业观光旅游，有些民族村寨旅游产品是民族村寨的民宿和民俗，是民族村寨的传统文化建筑群，有些民族村寨旅游产品则是民族村寨的传统工艺。民族村寨旅游扶贫用地的意定性的特征使其在经济活动和社会活动中处于不利地位，如民族村寨旅游扶贫用地的意定性导致了民族村寨旅游扶贫开发融资难，也导致民族村寨旅游扶贫开发利益相关人存在法律风险，尤其存在司法风险，即一旦发生纠纷，有可能得不到司法的保驾护航。

2. 附属性

从物理性质看，民族村寨旅游扶贫用地是从物，而民族村寨农业用地、工业用地和建筑用地是主物，进而言之，与民族村寨的农业用地、工业用地、建筑用地相比较，民族村寨旅游扶贫用地具有附属性的法律特征。这种附属性的法律特征就是物权法理论中的"主物与从物关系"的缩影，民族村寨旅游扶贫用地不能独立于农业用地、工业用地、建筑用地而存在，而民族村寨的农业用地、工业用地、建筑用地却可以不依附于民族村寨旅游扶贫用地而独立存在。例如，许多地方的民族村寨旅游扶贫的基础是生态农业，是农家乐，而从现有法律对土地功能分类，土地分为农业用地、工业用地和建筑用地，农业生态用地属于农业用地，农家乐用地属于农业用地和建筑用地。由于民族村寨旅游扶贫用地具有附属性的法律特征，所以民族村寨旅游扶贫用地的功能和民族村寨旅游扶贫用地权的占有权能、使用权能、收益权能及处分权能等权能之作用难以发挥，民族村寨旅游扶贫用地价值评估难以达到公平的市场价值，进而言之，民族村寨旅游扶贫用地利益相关者的权益，尤其是民族村寨和民族村寨居民所享有的民族村寨旅游扶贫用地权益难以得到保障。民族村寨旅游扶贫用地的附属性则是民族村寨旅游扶贫用地制度完善的一个难点，是民族村寨旅游扶贫开发中的一个法律风险点，也是民族村寨旅游扶贫用地监管的一个难点。

3. 生存价值凸显

与农业用地、工业用地和建筑用地相比较而言，民族村寨旅游扶贫用地具有生存价值凸显的法律特征。划分农业用地、工业用地和建筑用地的标准是根据土地的经济用途，而确定民族村寨旅游扶贫用地的标准却是"旅游扶贫"，"旅游扶贫"的字眼所包含的含义是：旅游开发的目的是扶贫。由此可见，民族村寨旅游扶贫用地凸显了生存价值。归纳起来，土地价值可以分为三类：土地生存价值、土地发展价值和土地生态价值。农业用地包含了土地生存价值、土地发展价值和土地生态价值，工业用地和建筑价值包含了土地生存价值和土地发展价值。民族村寨旅游扶贫用地的生存价值决定了民族村寨旅游扶贫用地法律制度的构建应该遵循"公平为主，效率为辅"的法律原则。民族村寨旅游扶贫用地的生存价值凸显的法律特征为民族村寨旅游扶贫参与模式提供了理论基础。民族村寨旅游扶贫用地如何才能实现其生存价值呢？如何才能把"公平为主，效率为辅"的法律原则付诸现实经济生活中呢？这是完善民族村寨旅游扶贫用地制度需要解决的一个重要问题，也是解决民族村寨的生态与发展之矛盾的举措，也是大力推行民族村寨旅游扶贫的重要动因。

二　民族村寨旅游扶贫用地制度的瓶颈

通过对云南省、贵州省的一些民族村寨旅游扶贫主管部门和民族村寨旅游扶贫开发的参与者的访谈得知，民族村寨旅游扶贫用地监管效果不佳。为什么民族村寨旅游扶贫用地监管效果不佳呢？从法治视角看，民族村寨旅游扶贫用地监管法律制度存在缺陷，既然民族村寨旅游扶贫用地监管法律制度存在缺陷，就应该想方设法完善民族村寨旅游扶贫用地监管法律制度，而民族村寨旅游扶贫用地监管法律制度的完善存在诸多的法律理论障碍，所以破解民族村寨旅游扶贫用地监管法律理论障碍是完善民族村寨旅游扶贫用地监管法律制度的关键。下面对民族村寨旅游扶贫用地内部监管主体的法律理论障碍、民族村寨旅游扶贫用地登记的法律理论障碍、民族村寨旅游扶贫用地链接监管的法律理论障碍等进行检讨和反思。

（一）民族村寨旅游扶贫用地内部监管主体的法律理论障碍

民族村寨旅游扶贫用地监管主体的法律理论障碍是民族村寨旅游用地的主体法律人格缺失。根据主体关系不同，民族村寨旅游扶贫用地监管主体分为民族旅游扶贫用地内部监管主体和民族村寨旅游扶贫用地外部监管主体两种类型。民族村寨旅游扶贫用地内部监管主体是民族村寨旅游扶贫监管效果的内因，民族村寨旅游扶贫用地外部监管主体是民族村寨旅游扶贫用地的外因，依据"内部是根据，外部是条件"哲学原理，在此先分析民族村寨旅游扶贫用地内部监管主体的法律理论障碍，在下文再分析民族村寨旅游扶贫用地外部监管主体的法律理论障碍（民族村寨旅游扶贫用地链接监管的法律理论障碍包括了民族村寨旅游扶贫用地外部监管主体的法律理论障碍）。民族村寨旅游扶贫用地主体法律人格缺失是民族村寨旅游扶贫用地内部监管主体的法律理论障碍。民族村寨旅游扶贫用地监管主体的权利和义务的分配是民族村寨旅游扶贫用地内部监管主体的核心内容，而由于民族村寨旅游扶贫用地法律人格缺失，所以民族村寨旅游扶贫用地监管主体的权利和义务的分配虚化趋势强，尤其是民族村寨旅游扶贫用地的权利和义务分配虚化现象严重，民族村寨的旅游扶贫用地权被民族村寨村干部滥用或垄断，或与民族村寨旅游扶贫开发企业或当地政府共同寻租。

（二）民族村寨旅游扶贫用地登记的法律理论障碍

登记既是民族村寨旅游扶贫用地监管的重要方法，又是民族村寨旅游扶贫用地其他监管方法的基础。所以很有必要探讨民族村寨旅游扶贫用地登记的法律理论障碍。民族村寨旅游扶贫用地的附属性的法律特征和物权法定是民族村寨旅游扶贫用地登记的法律理论障碍。由于农业用地、工业用地和建筑用地的具有独立性的法律特征，所以农业用地、工业用地和建筑用地在登记上不存在法律理论障碍。由于民族村寨旅游扶贫用地或依附性农业用地，或依附性工业用地，或依附性建筑用地，而物的独立性是物或物权登记的必要条件，所以说民族村寨旅游扶贫用地的依附性的法律特征是民族村寨旅游扶贫用地登记的法律理论障碍。物权法定既是我国物权法的一个重要原则，又是物权登记或物的登记的一个依据，由于民族村寨旅游扶贫用地的有些权利并未法定化，民族村寨旅游扶贫用地的有些权利只是政策赋予的权利而已，从此意义上说，物权法定也是民族村寨旅游扶贫用地登记的法律理论障碍。

（三）民族村寨旅游扶贫用地链接监管的法律理论障碍

民族村寨旅游扶贫用地链接监管的法律理论障碍包含了两层含义。第一层含义是民族村寨旅游扶贫用地外部监管主体的法律障碍，第二层含义是民族村寨旅游扶贫用地外部监管主体联动监管的法律障碍。民族村寨旅游扶贫用地的意定性的法律特征是民族村寨旅游扶贫用地外部监管主体的法律障碍。民族村寨旅游扶贫用地外部监管的主体为行政部门，依法行政是我国依法治国的重要内容，而民族村寨旅游扶贫用地意定性的法律特征制约了有些行政部门监管民族村寨旅游扶贫用地，因为有些行政部门监管民族村寨旅游扶贫用地没有法律上的依据，所以这就制约了行政部门监管民族村寨旅游扶贫用地。民族村寨旅游扶贫用地附属性的法律特征是民族村寨旅游扶贫用地外部监管主体联动监管的法律障碍。所有联动监管机构都有一个核心的行政部门，而民族村寨旅游扶贫用地的附属性的法律特征决定了民族村寨旅游扶贫用地外部监管主体联动监管机构并没有一个核心的行政部门。

（四）民族村寨旅游扶贫用地的制度缺位

虽说《物权法》《土地管理法》《农村土地承包法》等法律对民族村寨农用地、宅基地及建设用地等土地权利变动作了相应规定，但是现行法规没有对民族村寨旅游扶贫用地作出相应的规定，进而言之，民族村寨旅游用地的制度缺位，其主要表现在三个方面。民族村寨旅游扶贫用地主体制度缺位、民族村寨旅游扶贫用地监管制度缺位及民族村寨宅基地和集体组织建设用地转化为旅游扶贫用地制度缺位。

1. 民族村寨旅游扶贫用地主体制度缺位

民族村寨旅游扶贫用地主体制度缺位表现在以下三个方面。一是有些民族村寨旅游扶贫用地主体不确定。民族村寨旅游扶贫用地主体极为复杂，现行法规仅对一部分民族村寨旅游用地主体作了明确规定，仍有一部分民族村寨旅游用地主体不明确。如民族村寨的文化公益林、民族村寨居民的"四荒"旅游用地、民族村寨与国有农场或国有林场争议的旅游扶贫用地及民族村寨用于旅游开发的自然景观用地等。二是民族村寨旅游扶贫用地主体权益和义务规定不周延。从理论上看，对于不同的民族村寨旅游扶贫用地，民族村寨旅游扶贫用地主体应该享有不同权益，应该承担不同的义务，但是现有法规并没有对不同的民族村寨旅游扶贫用地主体的权益和义务作出相应的规定，其结果是"搭便车"现象较突出，或对民族村寨旅游扶贫用地主体不公平。三是民族村寨旅游扶贫用地主体变更规定不明确。固然，民族村寨旅游扶贫用地权益变动合同是民族村寨旅游扶贫用地主体变更的根据，民族村寨旅游扶贫用地主体变更具有意定性，而不一定具有法定性，但是有些民族村寨旅游扶贫用地主体变更不仅需要民族村寨旅游扶贫用地权益变动合同，还需要相关法规对其进行规定。一方面，民族村寨旅游扶贫用地之目的的特殊性决定了民族村寨旅游扶贫用地主体受让的限定性，进而言之，并非所有主体都可以受让民族村寨旅游扶贫用地，只有符合民族村寨旅游扶贫用地之特殊目的，才有可能成为民族村寨旅游扶贫用地受让人；另一方面，从物权变动的维度看，民族村寨旅游扶贫用地主体变更属于民族村寨旅游扶贫用地权利主体变动，而物权法定则是物权变动的一个重要原则。

2. 民族村寨旅游扶贫用地监管制度缺位

民族村寨旅游扶贫用地监管制度缺位表现在以下三个方面。一是民族村寨旅游扶贫用地监管主体缺位。民族村寨旅游扶贫用地监管主体有哪些呢？谁可以监管民族村寨旅游扶贫用地主体权利滥用呢？不同类型或性质的民族村寨旅游扶贫用地应该由哪些不同的主体监管呢？虽说《土地管理法》《农村土地承包法》《物权法》等法律对土地监管主体的某些方面进行了规定，但是一方面，这些法律对土地监管的规定不明确，或对土地监管主体的某些方面加以规定；另一方面，现行法规并没有对民族村寨旅游扶贫用地监管主体作出专门的规定。二是民族村寨旅游扶贫用地监管职责范围缺位。民族村寨旅游扶贫用地监管职责范围是民族村寨旅游扶贫用地监管主体开展监管工作的法定条件，尤其是在依法行政的语境下，其表现尤为突出。我国土地监管制度体系构建的主线有二。其一，土地所有主体不同。其二，土地用途不同。民族村寨旅游用地主体极为复杂，同一旅游景点的土地所有主体可能具有双重性，即同一旅游景点既有集体组织，又有国家。民族村寨旅游用地的用途具有多元性，既具有农用用途，又具有旅游用途或文化用途等。民族村寨旅游用地主体和用途的多元性增加了民族村寨旅游用地监管职责范围的划分难度。三是民族村寨旅游扶贫用地监管责任缺位。民族村寨旅游扶贫用地监管职责范围与民族村寨旅游扶贫用地监管责任具有互动作用。民族村寨旅游扶贫用地职权范围的确定是民族村寨旅游扶贫用地监管主体承担监管责任的前提条件，民族村寨旅游扶贫用地监管责任是促使民族村寨旅游扶贫监管主体认真监管民族村寨旅游扶贫用地的内在动力，是对民族村寨旅游扶贫用地监管职权不作为的督促举措，是提高民族村寨旅游扶贫用地监管效率的手段。

3. 民族村寨宅基地和集体组织建设用地转化为旅游扶贫用地制度缺位

贵州、云南、广西、新疆等少数民族省（自治区）都先后推行了民族村寨宅基地和集体组织建设用地流转改革试点，都制定了相应的地方法规或区别化民族政策，但是这些区别化民族政策或地方法规并没有吸纳到有关民族村寨旅游扶贫用地制度中来。民族村寨宅基地和集体组织建设用地转化为旅游扶贫用地制度缺位表现在以下三个方面。一是《物权法》《土地管理法》《土地承包法》《旅游法》等法律并没有对民族村寨宅基地转化为旅游扶贫用地和集体组织建设用地转化为旅游扶贫用地进行专门规定。二是地方法规也没有对民族村寨宅基地转化旅游扶贫用地和集体组织建设用地转化为旅游扶贫用地进行规定。三是地方规章也没有对民族村寨宅基地转化旅游扶贫用地和集体组织建设用地转化为旅游扶贫用地进行特别规定。民族村寨宅基地和集体组织建设用地转化为旅游扶贫用地制度缺位不利于民族村寨旅游扶贫开发。有些民族村寨旅游扶贫开发企业想与民族村寨共同开发民族村寨旅游景点，打造民族特色文化村寨民宿休闲旅游产品，但是受制于现行民族村寨宅基地转化为旅游地的制度障碍，这些民族特色文化村寨民宿休闲旅游产品开发要么受阻，要么存在不可控的法律风险。民族村寨集体建设用地转化为旅游用地既需要严格的审批手续，又需要增加不少税费，这势必增加民族村寨集体建设用地转化为旅游用地的机会成本，从而影响民族村寨旅游扶贫用地的开发。

三　民族村寨旅游扶贫监管法律理论障碍的破解

（一）民族村寨旅游扶贫用地内部监管主体法律理论障碍的破解

由于民族村寨旅游扶贫用地主体法律人格缺失是民族村寨旅游扶贫用地内部监管主体的法律理论障碍，所以破解民族村寨旅游扶贫用地内部监管主体的法律理论障碍的切换点为丰富和发展民族村寨旅游扶贫用地主体法律人格。归纳起来，丰富和发展民族村寨旅游扶贫用地主体法律人格的方法为二。一是加强民事主体的权利和义务分配问题的研究，尤其是加强民族村寨旅游扶贫民事主体理论探讨，进一步深化民事主体类型化理论探索。从现行民族主体的类型化的维度看，民族村寨旅游扶贫用地主体属于第三民事主体，而民族村寨旅游扶贫用地主体权利和义务分配是民族村寨扶贫内部监管主体的核心内容。民族村寨旅游扶贫用地主体权利和义务的来源是契约和法规的规定，而民族村寨旅游扶贫用地相关主体的市场地位不同，民族村寨旅游扶贫用地相关主体所掌控的信息的强弱不同，从而可能使民族村寨旅游扶贫用地相关主体在签订契约中的地位不同，这势必影响民族村寨旅游扶贫用地相关主体的权利与义务分配的公平性，因此，很有必要通过相关法规对其作出相应的规定。二是民族村寨和民族村寨居民转化为民族村寨旅游扶贫开发公司、公司的股东、民族村寨旅游合作社、民族村寨旅游合作联社等民商事主体。一方面，民族村寨和民族村寨居民转化为民族村寨旅游扶贫开发公司、民族村寨旅游扶贫开发公司的股东、民族村寨旅游合作社、合伙企业等民商事主体具有必要性，其根据有三。其一，民族村寨存在法律人格缺陷，民族村寨转化为法律人格健全的民商事主体有利于民族村寨从事民商事活动，有利于民族村寨获取更多的社会资本和经济资本。其二，旅游产业升级增效需要民族村寨旅游扶贫开发主体的转型，即由民族村寨转化为民族村寨旅游扶贫开发公司的股东或民族村寨旅游合作社，民族村寨居民转化为民族村寨旅游开发公司的股东或民族村寨旅游合作社会员等。其三，民族村寨旅游扶贫开发公司和民族村寨旅游合作社仅吸收民族村寨或民族村寨居民。另一方面，民族村寨和民族村寨居民转化为民族村寨旅游扶贫开发公司、民族村寨旅游扶贫开发公司的股东、民族村寨旅游合作社、民族村寨旅游合作联社等民商事主体也具有可能性，其根据有二。其一，民族村寨和民族村寨居民都是民事主体，民族村寨旅游扶贫开发公司、民族村寨旅游合作社、民族村寨旅游合作联社等法律主体都是民事主体，从法律主体的维度看，民族村寨和民族村寨居民与民族村寨旅游扶贫开发公司、民族村寨旅游合作社、民族村寨旅游合作联社等法律主体具有同质性，都是民事主体。其二，不管是《民法总则》，还是《公司法》《农民专业合作社法》等法律都为民族村寨和民族村寨居民转化为民族村寨旅游扶贫开发公司、民族村寨旅游扶贫开发公司的股东、民族村寨旅游合作社、民族村寨旅游合作联社等民商事主体提供了法律依据。

（二）民族村寨旅游扶贫用地登记法律理论障碍的破解

由于民族村寨旅游扶贫用地附属性和"民族村寨旅游用地"这一物权法定是民族村寨旅游扶贫用地登记的法律理论障碍，所以破解民族村寨旅游扶贫用地登记的法律理论障碍的切换点分别是法律明确民族村寨旅游扶贫用地的性质，丰富和扩展物权法定的内涵。法律如何明确民族村寨旅游扶贫用地的性质呢？笔者认为，法律明确民族村寨旅游扶贫用地的性质有两个关键点。一方面，从理论上进一步深入而系统地研究旅游用地类型化，旅游用地类型化是确定不同旅游用地法律属性的前提条件；另一方面，是法律明确不同类型的民族村寨旅游扶贫用地的法律属性。虽然上文已从理论层面探讨了民族村寨旅游扶贫用地的法律属性，但是从实践层面说，法律应该明确规定不同类型的民族村寨旅游扶贫用地的性质。固然，"物权法定"是物权法的一个基本原则，《物权法》对其作了明确规定，在物权变动的实践中，也遵循了"物权法定"原则，它已成为民事法律生活中的"前见"。然而，如何变通实施"物权法定"原则任重而道远，在理论上仍存在争议，争议的焦点是对"物权法定"概念的界定，对"物权法定"概念的解释。受制于大陆法系传统物权法理论的影响，国家的土地政策确立的权利并未纳入物权法定的范畴，而进入 21 世纪以后，不管是大陆法系，还是英美法系，国家政策已是国家法治组成部分，所以我国也应该把国家政策纳入国家法治组成部分，应该把国家的土地政策确立的权利纳入物权法定的范畴。根据《物权法》的规定，物权的种类和内容由法律规定，同时又规定，相关法律对物权的种类和内容的规定也具有效力，从法律效力理论视角看，对物权的种类和内容作出规定的法律的效力优先于物权法对物权的种类和内容作出规定的效力，因为就物权的种类和内容规定而言，相关法律是特别法，而物权法却是一般法。对于民族村寨旅游扶贫用地的确权是行政部门，国家有关民族村寨旅游扶贫用地方面的政策则是行政部门确权民族村寨旅游扶贫用地的依据。

（三）民族村寨旅游扶贫用地链接监管法律障碍的破解

民族村寨旅游扶贫用地链接监管的法律理论障碍包含了两层含义。第一层含义是民族村寨旅游扶贫用地外部监管主体的法律障碍，第二层含义是民族村寨旅游扶贫用地外部监管主体联动监管的法律障碍。民族村寨旅游扶贫用地的意定性的法律特征是民族村寨旅游扶贫用地外部监管主体的法律障碍，民族村寨旅游扶贫用地附属性的法律特征是民族村寨旅游扶贫用地外部监管主体联动监管的法律障碍，这两个法律障碍制约了行政部门监管民族村寨旅游扶贫用地，导致了民族村寨旅游扶贫用地外部监管主体联动监管机构并没有一个核心的行政部门。针对民族村寨旅游扶贫用地链接监管法律障碍，提出相应的破解措施。一是在《物权法》《农业法》《农村土地管理法》等相关法律中对不同类型的民族村寨旅游用地的内容作出特别的规定，或者在民族地区区别化政策中对不同类型的民族村寨旅游用地的内容进行明确规定，或对不同类型的民族村寨旅游扶贫用地的权利约定进行规范，并要求进行登记，以便相关义务主体和民族村寨旅游扶贫用地监管部门知情。二是在《物权法》《农业法》《农村土地管理法》等相关法律中对不同类型的民族村寨旅游用地作出特别的规定，或者在民族地区区别化政策中对不同类型的民族村寨旅游用地进行明确规定，从而确定民族村寨旅游扶贫用地的独立地位，从而解决民族村寨旅游扶贫用地附属性这一问题。三是完善民族村寨旅游用地链接监管机制。固然，各地因地制宜制定了有关民族村寨旅游扶贫用地链接监管机制，但是没有专门的民族村寨旅游扶贫用地链接监管机制，所以应该以自然资源体制机制改革为契机，以自然资源管理机构为中心完善民族村寨旅游扶贫用地监管机制，特别是完善深度贫困民族村寨旅游扶贫用地监管机制。

（四）完善民族村寨旅游扶贫用地制度

民族村寨旅游扶贫用地制度缺位严重制约了民族村寨旅游扶贫用地开发，破解民族村寨旅游扶贫用地制度瓶颈方法乃是：完善民族村寨旅游扶贫用地制度。完善民族村寨旅游扶贫用地制度包括了以下一些内容：健全民族村寨旅游扶贫用地主体制度、健全民族村寨旅游扶贫用地监管制度及构建民族村寨宅基地和集体组织建设用地转化为旅游扶贫用地制度。

1. 健全民族村寨旅游扶贫用地主体制度

根据民族村寨旅游扶贫用地主体制度缺位表现，应该从以下三个方面健全民族村寨旅游扶贫用地制度。一是确定民族村寨旅游扶贫用地主体。民族村寨旅游扶贫用地主体极为复杂，现行法规仅对一部分民族村寨旅游用地主体作了明确规定，仍有一部分民族村寨旅游用地主体不明确。如民族村寨的文化公益林、民族村寨居民的"四荒"旅游用地、民族村寨与国有农场或国有林场争议的旅游扶贫用地及民族村寨用于旅游开发的自然景观用地等。二是完善民族村寨旅游扶贫用地主体权益和义务规定。从理论上看，对不同的民族村寨旅游扶贫用地，民族村寨旅游扶贫用地主体应该享有不同权益，承担不同的义务，但是现有法规并没有对不同的民族村寨旅游扶贫用地主体的权益和义务作出相应的规定，其结果是"搭便车"现象较突出，或对民族村寨旅游扶贫用地主体不公平。三是明确规定民族村寨旅游扶贫用地主体变更。固然，民族村寨旅游扶贫用地权益变动合同是民族村寨旅游扶贫用地主体变更的根据，民族村寨旅游扶贫用地主体变更具有意定性，而不一定具有法定性，但是有些民族村寨旅游扶贫用地主体变更不仅需要民族村寨旅游扶贫用地权益变动合同，还需要相关法规对其进行规定。一方面，民族村寨旅游扶贫用地之目的的特殊性决定了民族村寨旅游扶贫用地主体受让的限定性，进而言之，并非所有主体都可以受让民族村寨旅游扶贫用地，只有符合民族村寨旅游扶贫用地之特殊目的，才有可能成为民族村寨旅游扶贫用地受让人；另一方面，从物权变动的维度看，民族村寨旅游扶贫用地主体变更属于民族村寨旅游扶贫用地权利主体变动，而物权法定则是物权变动的一个重要原则。

2. 健全民族村寨旅游扶贫用地监管制度

根据民族村寨旅游扶贫用地监管制度缺位表现，应该从以下三个方面健全民族村寨旅游扶贫用地监管制度。一是明确民族村寨旅游扶贫用地监管主体。民族村寨旅游扶贫用地监管主体有哪些呢？谁可以监管民族村寨旅游扶贫用地主体权力滥用呢？不同类型或性质的民族村寨旅游扶贫用地应该由哪些不同的主体监管呢？虽说《土地管理法》《农村土地承包法》《物权法》等法律对土地监管主体的某些方面进行了规定，但是一方面，这些法律对土地监管的规定不明确，或仅对土地监管主体的某些方面加以规定；另一方面，现行法规并没有对民族村寨旅游扶贫用地监管主体作出专门的规定。二是确定民族村寨旅游扶贫用地监管职责范围。民族村寨旅游扶贫用地监管职责范围是民族村寨旅游扶贫用地监管主体开展监管工作的法定条件，尤其是在依法行政的语境下，其表现尤为突出。我国土地监管制度体系构建的主线有二。其一，土地所有主体不同。其二，土地用途不同。民族村寨旅游用地主体极为复杂，同一旅游景点的土地所有主体可能具有双重性，即同一旅游景点既有集体组织，又有国家。民族村寨旅游用地的用途具有多元性，既具有农用用途，又具有旅游用途或文化用途等。民族村寨旅游用地主体和用途的多元性增加了民族村寨旅游用地监管职责范围的划分难度。三是明确民族村寨旅游扶贫用地监管责任。民族村寨旅游扶贫用地监管职责范围与民族村寨旅游扶贫用地监管责任具有互动作用。民族村寨旅游扶贫用地职权范围的确定是民族村寨旅游扶贫用地监管主体承担监管责任的前提条件，民族村寨旅游扶贫用地监管责任是促使民族村寨旅游扶贫监管主体认真监管民族村寨旅游扶贫用地的内在动力，是对民族村寨旅游扶贫用地监管职权不作为的督促举措，是提高民族村寨旅游扶贫用地监管效率的手段。

3. 构建民族村寨宅基地和集体组织建设用地转化为旅游扶贫用地制度

根据民族村寨宅基地和集体组织建设用地转化为旅游扶贫用地制度缺位表现，应该从以下三个方面完善民族村寨宅基地和集体组织建设用地转化为旅游扶贫用地制度。一是在《物权法》《土地管理法》《土地承包法》《旅游法》等法律中对民族村寨宅基地转化为旅游扶贫用地和集体组织建设用地转化为旅游扶贫用地进行专门规定。由于一方面，民族村寨的宅基地和集体组织建设用地不属于旅游景点用地，根据《土地管理法》和有关土地规划方面的法规，民族村寨的宅基地和集体组织建设用地必须转化为旅游用地，否则，不能把宅基地和集体组织建设用地转化为旅游用地；另一方面，民族村寨的宅基地和集体组织建设用地转化为旅游用地必须经过必要程序，若没有法规的明确规定，则民族村寨的宅基地和集体组织建设用地转化为旅游用地存在潜在法律风险，人为增加民族村寨旅游扶贫开发的成本，因此很有必要在《物权法》《土地管理法》《土地承包法》《旅游法》等法律中对民族村寨宅基地转化为旅游扶贫用地和集体组织建设用地转化为旅游扶贫用地进行专门规定。二是在地方法规也对民族村寨宅基地转化为旅游扶贫用地和集体组织建设用地转化为旅游扶贫用地进行规定。民族省份制定了有关民族村寨旅游扶贫用地政策，这些政策属于民族地区差别化区域政策，而民族村寨宅基地和集体组织建设用地转化为旅游扶贫用地具有主客观条件。民族省份的地州和民族自治县等都具有立法权，民族村寨宅基地和集体组织建设用地转化为旅游扶贫用地方面的立法属于地方经济立法，这既符合《立法法》授权地方立法的规定，又符合《民族区域自治法》对地方经济立法的规定。三是地方规章对民族村寨宅基地转化为旅游扶贫用地和集体组织建设用地转化为旅游扶贫用地要进行特别规定。由于不同民族地区的民族村寨宅基地和集体组织建设用地的情况不同，不同民族地区的民族村寨旅游扶贫用地类型不同，不同民族地区的民族村寨旅游扶贫用地的权利内容也略有不同，《物权法》《土地管理法》《土地承包法》《旅游法》等法律和地方法规不可能针对不同民族地区的民族村寨宅基地和集体组织建设用地转化为民族村寨旅游扶贫用地方方面面作出非常具体的规定，因此地方规章对民族村寨宅基地转化

为旅游扶贫用地和集体组织建设用地转化为旅游扶贫用地要进行特别
规定。

第三节　民族村寨特殊无形财产制度的瓶颈与破解①

一　问题之提出

　　民族村寨无形财产包括了民族村寨知识产权、民族村寨旅游扶贫人力
资源、民族村寨非物质文化遗产及民族村寨传统知识。本节仅讨论民族村
寨旅游扶贫人力资源及民族村寨传统知识等民族村寨特殊无形财产制度的
瓶颈与破解，其缘由有四。一是不管是理论界还是实务界，已对民族村寨
知识产权的法律属性形成了共识。二是《知识产权法》《非物质文化遗产
保护条例》等法规对民族村寨知识产权的类型、内容及保护等方面作了
规定。三是鲜有学者关注和研究民族村寨旅游扶贫人力资源的法律属性，
也没有反思和检讨民族村寨旅游扶贫人力资源制度的瓶颈与破解。四是虽
有学者从知识产权、经济学等角度探讨了非物质文化遗产和传统知识的法
律保护问题，如严永和认为，应该根据不同类型的知识产权利益对传统中
医知识加以保护。"在我国传统中医药知识上，也存在衍生知识产权利
益、消极知识产权利益和积极知识产权利益。对我国传统中医药知识的知
识产权保护，应着眼于实现上述三种知识产权利益。"② 但是对民族村寨
的非物质文化遗产和传统知识资本化制度的瓶颈与破解极少关注和探讨。

　　因人力资源是重要的生产要素，是企业和其他经济组织的重要资产，
而民族村寨旅游扶贫人力资源是人力资源的特殊类型，是人力资源的子系
统，民族村寨旅游扶贫开发企业属于企业，民族村寨旅游合作社、民族村
寨农民专业合作社等主体属于其他经济组织，故民族村寨旅游扶贫人力资
源是重要的生产要素，是企业和其他经济组织的重要资产。因此，从经济
学理论的维度看，民族村寨旅游扶贫人力资源对民族村寨旅游扶贫开发极
为重要和关键。然而，在民族村寨旅游扶贫实践中，民族村寨旅游扶贫人

---

① 民族村寨特殊无形财产资本化制度的瓶颈与破解是民族村寨传统知识和民族村寨人力资
源等无形财产资本化制度的瓶颈与破解，并不包括民族村寨知识产权制度的瓶颈与破解。

② 严永和：《论传统知识的知识产权保护》，法律出版社 2006 年版，第 265 页。

力资源并未得以充分发挥，其表征之一则是民族村寨旅游扶贫开发内在动力不足，因此，从此意义上说，应该提高民族村寨和民族村寨居民的社会资本和经济资本。民族村寨旅游扶贫人力资源、民族村寨非物质文化遗产及民族村寨传统知识是民族村寨和民族村寨居民的无形财产，是民族村寨的社会资本，也是民族村寨的经济资本和象征资本，因此，应破解民族村寨旅游扶贫人力资源、民族村寨非物质文化遗产及民族村寨传统知识等民族村寨特殊无形财产的制度瓶颈，从而扩展民族村寨和民族村寨居民的财产权，推动民族村寨特殊无形财产权的变动，促进民族村寨旅游扶贫开发升级和增效。

二　民族村寨特殊无形财产制度的瓶颈

（一）民族村寨旅游扶贫人力资源资的法律属性

1. 民族村寨旅游扶贫人力资源是财产

民族村寨知识产品、民族村寨传统知识、民族村寨非物质文化遗产都是属于财产的范畴，而民族村寨知识产品、民族村寨传统知识、民族村寨非物质文化遗产与民族村寨人力资源具有内在关联性，其表现在以下几个方面。一是民族村寨知识产品、民族村寨传统知识和民族村寨非物质文化遗产都是民族村寨、民族村寨居民、民族村寨居民的家庭或家族等主体的劳动成果。二是从资源经济学的视角看，民族村寨知识产品、民族村寨传统知识和民族村寨非物质文化遗产都是人力资源的资本化，都是人力资源的经济价值转化，只是转化的媒体不同而已。三是民族村寨人力资源属于人力资源的范畴，都具有劳动价值，都有可能转化为劳动成果。

民族村寨旅游扶贫人力资源是财产吗？若是财产，则是属于何种类型的财产呢？其依据何在？笔者认为，民族村寨旅游扶贫人力资源是财产，其依据有三。一是从经济学的维度看，人力资源就是一种特殊的财产。人力资源是生产力要素，所有的生产力要素都是财产，因此人力资源是财产，而民族村寨旅游扶贫人力资源是人力资源，所以民族村寨旅游扶贫人力资源是财产。二是从类比法可以推出一个结论：民族村寨旅游扶贫人力资源是财产。既然民族村寨知识产品、民族村寨传统知识、民族村寨非物质文化遗产都是属于财产的范畴，民族村寨旅游扶贫人力资源就属于财产范畴。三是在民族村寨旅游扶贫开发中，民族村寨旅游扶贫人力资源已被视为财产进行入股。①

2. 民族村寨旅游扶贫人力资源是特殊无形财产

根据物理属性不同，财产可以分为有形财产和无形财产。民族村寨旅游扶贫人力资源不是有形财产，而是特殊无形财产。民族村寨知识产权、民族传统知识和民族村寨非物质文化遗产是无形财产，民族村寨旅游扶贫人力资源与民族村寨知识产权、民族传统知识和民族村寨非物质文化遗产本质一样，其本质则是劳动。民族村寨旅游扶贫人力资源、民族村寨知识产权、民族村寨传统知识及民族村寨非物质文化遗产之所以成为财产，是因为它们都是有关民事主体付出了辛勤劳动，是因为劳动使它们成为财产的正当性所在。因此，从此意义上说，民族村寨旅游扶贫人力资源是无形财产。

与民族村寨知识产权、民族村寨传统知识和民族村寨非物质文化遗产等民族村寨无形财产比较而言，民族村寨旅游扶贫人力资源是特殊无形财产，其表现在以下三个方面。一是意定性。民族村寨知识产权、民族村寨传统知识和民族村寨非物质文化遗产等无形财产类型和内容已由有关法规加以规定了，而现行法规并没有规定民族村寨旅游扶贫人力资源的类型和内容。二是非支配性。民族村寨知识产权、民族村寨传统知识和民族村寨非物质文化遗产具有支配性，而民族村寨旅游扶贫人力资源则具有非支配性。民族村寨知识产权人可以支配民族村寨知识产品，民族村寨传统知识权人可以支配民族村寨传统知识，民族村寨非物质文化遗产权利人可以支配民族村寨非物质文化遗产。民族村寨旅游扶贫人力资源的相关权利主体则不能直接支配民族村寨旅游扶贫人力资源。为什么前者具有支配性，而后者却不具有支配性呢？前者通过特定的媒介转化为劳动成果，而后者则并未通过特定的媒体转化为劳动成果。三是不可转让性。民族村寨知识产权、民族村寨传统知识和民族村寨非物质文化遗产等无形财产可以转让，而民族村寨旅游扶贫人力资源不能转让。

（二）蚩尤文化品牌的知识产权保护

由于蚩尤文化品牌既有社会功能效应，又有经济效应，所以不同民族地区的民族村寨以不同形式打造和推广蚩尤文化品牌，作为民族村寨旅游

---

① 例如，一些民族村寨居民或民族村寨居民的家庭以其劳动作为参与民族村寨旅游扶贫开发的股东。

扶贫开发的动力源，尤其是贵州黔东南州和黔南州的一些民族村寨已作为文化旅游产品进行推销。从经济学理论的维度看，蚩尤文化品牌资本化并无障碍，也无须探讨。但是从法学层面看，蚩尤文化品牌资本化的制度瓶颈则是蚩尤文化品牌的法律保护制度缺位或缺陷，而蚩尤文化品牌的法律保护理论与蚩尤文化品牌的法律保护制度缺位或缺陷存在关联性。蚩尤文化品牌的法律保护理论涉及两个基本问题：蚩尤文化品牌资本化的法律保护理论包括哪些呢？其依据何在呢？蚩尤文化品牌资本化的法律保护理论多，如蚩尤文化品牌的资产评估理论、蚩尤文化品牌的入股理论、蚩尤文化品牌权益保护理论、蚩尤文化品牌的知识产权保护理论等，基于以下几个方面的考虑，探讨蚩尤文化品牌的知识产权保护势在必行。从法学维度看，很有必要分析蚩尤文化品牌的知识产权保护，其理由有三。一是合理的制度规范是蚩尤文化品牌资本化必要条件。蚩尤文化品牌资本化需要市场认可度，而市场认可度实质上就是资源交易的信用度问题，合理的制度规范是确保资源交易信用保障的必要条件，蚩尤文化品牌资本化的知识产权保护既是蚩尤文化品牌进行交易信用的要件，又是蚩尤文化品牌转化经济资本和社会资本的必要因素。二是蚩尤文化品牌的法律保护理论既是蚩尤文化法律保护制度原则的根据，又是蚩尤文化法律保护制度规范的内在反映。三是虽说有不少学者从经济学和文化学等维度探讨蚩尤文化品牌的挖掘、传播和保护问题，但是很少有学者关注和研究蚩尤文化品牌的知识产权保护。

固然，蚩尤文化品牌既有现代知识产品的特质，又有传统知识产品的特质，而蚩尤文化品牌究竟是属于现代知识产品，还是属于传统知识呢？笔者认为，蚩尤文化品牌理应归属于传统知识，属于非物质文化遗产。现代知识产品与传统知识的一个重要区别是知识产品的事实创造者是否是某社群或家族或个人的祖辈。倘若知识产品的事实创造者是某社群或家族或个人的祖辈，则这些知识产品归属于传统知识，属于非物质文化遗产。显然，蚩尤文化品牌的事实创造者是苗人的祖辈，所以蚩尤文化品牌属于传统知识。一方面，蚩尤文化品牌是传统知识，在现有中国财产法理论中，传统知识属于何种类型财产，这是一个悬而未决的问题；另一方面，传统知识与知识产权具有共性，又有个性，在西方知识产权理论占主导地位的背景下，如何协调传统知识与知识产权的关系，如何通过知识产权方式保护传统知识，这仍然面临一些困惑，尤其是蚩尤文化品牌的知识产权保护的痛点问题。作为传统知识，蚩尤文化品牌模糊性是其知识产权保护的一个痛点。蚩尤文化品牌的模糊性包含两层含义。第一层含义是蚩尤文化品牌的权利主体难以确定。不同地方的苗族以不同形式打造和推广蚩尤文化，而蚩尤文化本身具有争议，蚩尤文化权利主体难以确定。第二层含义是蚩尤文化品牌的标识不显著。蚩尤文化品牌的知识产权保护的痛点是影响蚩尤文化品牌知识产权保护制度建构的理论障碍。虽说蚩尤文化品牌的知识产权保护存在一个痛点，蚩尤文化品牌的知识产权保护存在制度规范的瓶颈，但是笔者认为，还是可以从知识产权的维度对蚩尤文化品牌进行保护，只是需要对蚩尤文化品牌进行类型化和特定化，需要对不同类型的蚩尤文化品牌进行登记，从而确认不同类型的蚩尤文化品牌的权利主体。只是需要对不同类型的蚩尤文化品牌的专有权的保护进行适当限制，即与一般意义上的知识产权的专有权有所区别。

（三）民族村寨特殊无形财产资本化制度缺位

从理论上说，民族村寨旅游扶贫人力资源是财产，但是民族村寨旅游扶贫人力资源只是可能性财产，需要一些外在条件，才能转化为现实性的财产，才能转化为资本。然而，由于民族村寨旅游扶贫人力资源转化为资本制度缺位，致使民族村寨旅游扶贫人力资源难以转化为资本。民族村寨旅游扶贫人力资源入股制度和民族村寨旅游扶贫人力资源评估制度是民族村寨旅游扶贫人力资源资本化的重要制度，而由于民族村寨旅游扶贫人力资源入股制度和民族村寨旅游扶贫人力资源评估制度缺位，从而制约了民族村寨旅游扶贫人力资源顺利转化为资本。

1. 民族村寨特殊无形财产入股制度缺位

除《公司法》之外，其他法律、法规没有对民族村寨特殊无形财产入股进行规定，既没有规定民族村寨特殊无形财产可以入股，也没有规定民族村寨特殊无形财产不可以入股，进而言之，民族村寨特殊无形财产入股并没有法律依据；另外，《公司法》第 27 条第一款只是规定了"知识产权"这无形财产可以入股，其他无形财产不能入股。《公司法》第 27 条第一款规定："股东可以用货币出资，也可以用实物、知识产权、土地使用权等可以用货币估价并可以依法转让的非货币财产作价出资，但是法律、行政法规规定不得作为出资的财产除外。"《公司法》第 27 条第一款所规定的入股财产的类型并不是采用概括法，而是采用列举法，从《公司法》第 27 条第一款的规定看，民族村寨特殊无形财产不在《公司法》第 27 条第一款所规定的范畴内，因此，《公司法》第 27 条第一款并不允许民族村寨特殊无形财产可以入股，但其可以作为股东的财产入股，并可以作为公司的财产。

民族村寨特殊无形财产入股制度缺位，这既不利于民族村寨特殊无形财产的功能充分发挥，又与民族村寨旅游扶贫开发目标相左。民族村寨特殊无形财产是民族村寨、民族村寨居民、民族村寨居民的家庭及其民族村寨旅游扶贫开发组织的重要财产，是参与民族村寨旅游扶贫开发的重要财产。在市场经济背景下，民族村寨特殊无形财产入股是民族村寨特殊无形财产功能充分发挥的必要因子，因此，从此意义上说，民族村寨特殊无形财产入股制度缺位不利于民族村寨特殊无形财产的功能充分发挥。民族村寨旅游扶贫开发目标是通过民族村寨旅游开发，实现"民族村寨真扶贫"和"民族村寨扶真贫"，而要实现"民族村寨真扶贫"和"民族村寨扶真贫"，就必须激发民族村寨、民族村寨居民、民族村寨居民的家庭及其民族村寨旅游扶贫开发组织参与民族村寨旅游扶贫开发的内在动力。民族村寨、民族村寨居民、民族村寨居民的家庭及其民族村寨旅游扶贫开发组织获取可观和持续性的经济收入是影响他们参与民族村寨旅游扶贫开发内在动力根本因素，而民族村寨特殊无形财产能否入股直接影响民族村寨、民族村寨居民、民族村寨居民的家庭及其民族村寨旅游扶贫开发组织参与民族村寨旅游扶贫开发所获取经济收入的多寡。

2. 民族村寨特殊无形财产评估制度缺位

民族村寨特殊无形财产评估制度缺位表现在以下两个方面。一方面，民族村寨特殊无形财产既不同于民族村寨知识产权，又不同于民族村寨有形财产，具有自身的特质，也有自身的使用价值和交换价值，应该对它的评估委托方的权利和义务、评估方法和程序等方面进行特别的规定，然而，很遗憾，现行有关法律、法规并没有对其作出特别的规定；另一方面，《公司法》第 27 条第二款对出资的非货币财产评估范围并没有包括除知识产权之外的其他无形财产。《公司法》第 27 条第二款规定："对作为出资的非货币财产应当评估作价，核实财产，不得高估或低估作价。法律、行政法规对评估作价有规定的，从其规定。"按照《公司法》第 27

条第二款的规定，对民族村寨特殊无形财产只能按照法律、行政法规对其进行评估，但是法律、行政法规并没有对民族村寨特殊无形财产进行规定。

民族村寨特殊无形财产评估制度缺位，这既不利于民族村寨特殊无形财产入股民族村寨旅游合作社、民族村寨农民专业合作社和民族村寨旅游扶贫开发公司，又是民族村寨特殊无形财产入股制度缺位的重要动因。民族村寨传统知识和民族村寨人力资源能否转化为货币，能否自由转让，这是民族村寨传统知识和民族村寨人力资源入股的关键点，而民族村寨传统知识和民族村寨人力资源评估则是民族村寨传统知识和民族村寨人力资源能否转化为货币，能否自由转让的前提条件。民族村寨特殊无形财产评估制度缺位，这既不利于民族村寨特殊无形财产的担保功能的发挥，又不利于民族村寨特殊无形财产权利主体参与民族村寨旅游扶贫开发积极性的提高。对民族村寨特殊无形财产价值的认可度是民族村寨特殊无形财产是否具有担保功能的关键点，而对民族村寨特殊无形财产评估则是影响民族村寨特殊无形财产价值的认可度的重要因素，是影响民族村寨特殊无形财产权利主体参与民族村寨旅游扶贫开发积极性的动因，这是由民族村寨特殊无形财产权利主体参与民族村寨旅游扶贫开发动机所决定的，民族村寨特殊无形财产权利主体参与民族村寨旅游扶贫开发的动机乃是获取可观和可持续性的经济收入。

三 民族村寨特殊无形财产制度瓶颈的破解

（一）建构民族村寨特殊无形财产入股制度

1. 建构民族村寨特殊无形财产入股制度的必然性

建构民族村寨特殊无形财产制度具有必然性，其依据有三。一是建构民族村寨特殊无形财产入股制度很有必要。一方面，合理的民族村寨特殊无形财产入股制度能够确保民族村寨特殊无形财产入股顺利进行，能够确保民族村寨特殊无形财产入股相关主体权责对等；另一方面，合理的民族村寨特殊无形财产入股制度既有主观需求（如民族村寨特殊无形财产权利主体和民族村寨旅游扶贫开发企业就需要合理的民族村寨特殊无形财产入股制度），也有客观需要，如合理的民族村寨特殊无形财产入股制度是民族村寨旅游扶贫开发市场的要素。二是建构民族村寨特殊无形财产入股制度有其理论基础。民族村寨特殊无形财产是否可以入股是建构民族村寨特殊无形财产入股制度的核心问题。从经济学的视角看，民族村寨特殊无形财产可以入股，民族村寨无形财产入股具有正当性。民族村寨无形财产入股可以提高民族村寨旅游扶贫开发的经济效益，可以激发民族村寨特殊无形财产入股权利主体参与民族村寨旅游扶贫开发的积极性，也可以减少民族村寨旅游扶贫开发交易成本。从民族村寨旅游扶贫的目的层面看，民族村寨特殊无形财产入股与民族村寨旅游扶贫的目的相一致，民族村寨特殊无形财产入股具有正当性。民族村寨旅游扶贫的目的是"民族村寨旅游真扶贫"和"民族村寨旅游扶真贫"，而民族村寨特殊无形财产入股可以增加民族村寨的财产量，可以充分提高民族村寨财产利用率，从而解决民族村寨财产贫困问题。"物尽其用"是财产法的一个基本原则，民族村寨特殊无形财产入股实质上就是充分发挥民族村寨特殊无形财产的经济功能和信用保障功能。三是建构民族村寨特殊无形财产入股也有事实依据。在民族村寨旅游扶贫开发中，一方面，有些民族村寨旅游合作社、民族村寨农民专业合作社同意民族村寨特殊无形财产权利主体以民族村寨特殊无形财产入股；另一方面，民族村寨居民与民族村寨居民、民族村寨与民族村寨居民或民族村寨居民的家庭等民事主体共同开发、经营民族村寨旅游扶贫项目，他们相互之间都同意民族村寨特殊无形财产入股。

2. 建构民族村寨特殊无形财产入股制度的几点建议

如何建构民族村寨特殊无形财产入股制度呢？建构民族村寨特殊无形财产入股制度是一个系统工程，在此，仅提三点建议。一是确立建构民族村寨特殊无形财产入股制度的原则。建构民族村寨特殊无形财产入股制度原则的确立应该考虑综合影响民族村寨特殊无形财产入股制度建构和执行效果的因素。例如，民族村寨特殊无形财产入股制度属于民族地区差别化政策范畴吗？此问题要一分为二地看，如果按照规范法学的观点，法律、法规对民族村寨特殊无形财产所规定的制度则不属于民族地区差别化政策；反之，则属于民族地区差别化政策。如果按照美国著名法哲学家德沃金的观点，民族村寨特殊无形财产入股制度则属于民族地区差别化政策。因此，从此意义上说，可以在民族地区差别化政策中对民族村寨特殊无形财产入股作出特别的规定，可以制定民族地区有关民族村寨特殊无形财产差别化政策，从而为民族村寨特殊无形财产入股提供依据。二是不应该以专门法规的形式建构民族村寨特殊无形财产入股制度，而是应该在有关民族村寨特殊无形财产制度中补充规定民族村寨特殊无形财产入股资格、程序、相关主体的权责等问题。一方面，没必要以专门的法规形式建构民族村寨特殊无形财产入股制度；另一方面，以专门的法规形式建构民族村寨特殊无形财产入股制度的成本太高，立法资源是稀缺资源，若以专门的法规形式建构民族村寨特殊无形财产入股制度，则是对立法资源的浪费。三是可以在有关民族村寨旅游扶贫法规、规章或有关民族村寨财产法规、规章或有关民族村寨财产流转法规、规章中对民族村寨特殊无形财产入股进行补充规定，应该对《公司法》第27条第一款进行修改，即扩大非货币出资范围。扩大非货币出资范围的边界是什么呢？笔者认为，界定扩大非货币出资范围的边界应该考虑几个方面的因素。其一，参照国外对非货币出资范围的规定。其二，可以通过资产或价值评估的资产和技术。其三，能够被市场主体认可，并是合法的财产。

（二）完善民族村寨特殊无形财产评估制度

1. 完善民族村寨特殊无形财产评估制度的必然性

完善民族村寨特殊无形财产评估制度具有必然性，其依据有三。一是很有必要完善民族村寨特殊无形财产评估制度。民族村寨特殊无形财产评估制度缺位不但是民族村寨特殊无形财产评估的障碍，而且是影响民族村寨特殊无形财产入股的重要因素。合理而完善的民族村寨特殊无形财产评估制度是评估专业人员对民族村寨特殊无形财产进行合理而科学评估的前提条件，是确保民族村寨特殊无形财产评估结论能够为市场主体所认可的重要因素。二是完善民族村寨特殊无形财产评估制度具有正当性。一方面，合理的民族村寨特殊无形财产评估制度是确保资产评估专业人员和资产评估机构正确评估民族村寨特殊无形财产的制度保障，也是市场主体认可和接受民族村寨特殊无形财产的市场价值的软件指标，更是市场主体避免和化解民族村寨特殊无形财产权变动而引发的法律风险的制度性保障；另一方面，完善民族村寨特殊无形财产评估制度是对民族村寨特殊无形财产资本化的回应。民族村寨特殊无形财产资本化是经济活动，是事实，而民族村寨特殊无形财产制度是规范，顺应从"事实"到"规范"的路径，民族村寨特殊无形财产评估的法治系统应该对民族村寨特殊无形财产资本化作出相应的回应，而完善民族村寨特殊无形财产评估制度则是民族村寨特殊无形财产评估的法治系统应该对民族村寨特殊无形财产资本化作出相应的回应的方式。三是完善民族村寨特殊无形财产评估制度具有事实依据。一方面，完善民族村寨特殊无形财产评估制度实质上是在弥补农村财产评估制度的短板，有些地方正在推行农村财产评估试点改革工作；另一方面，不管是农村"三变"试点改革，还是民族村寨旅游扶贫开发，甚至乡村振兴，农村财产评估都是其配套措施，各地通过不同形式制定了有关农村财产评估制度。

2. 完善民族村寨特殊无形财产评估制度的几点建议

完善民族村寨特殊无形财产评估制度是一个系统工程，就法治实践层面来说，完善民族村寨特殊无形财产评估制度应该注意以下几个方面的问题。一是在有关资产评估法律、法规和政策中规定民族村寨特殊无形财产是资产评估的对象，并对民族村寨特殊无形财产评估方法作出明确的规定。民族村寨特殊无形财产在权利主体确定、权利和义务分配、评估授权主体、评估方法、评估程序及评估的监管等方面存在一些特殊性和难点，需要在民族村寨特殊无形财产相关法律、法规和政策中作出相应的规定，不必要制定有关民族村寨特殊无形财产评估的专门法律和法规，因为制定有关民族村寨特殊无形财产评估的专门法律和法规既要增加立法成本，又需要突破专门法规立法的瓶颈。二是通过激励机制鼓励和促使资产评估专业人员和资产评估机构自觉地参与民族村寨特殊无形财产评估项目。客观地说，若按照现有资产评估收费规范，或资产评估机构与民族村寨特殊无形财产评估委托方约定民族村寨特殊无形财产评估价格，作为理性人，资产评估机构会利用优势地位抬高价格，从而增加民族村寨特殊无形财产评估成本，人为制约了民族村寨特殊无形财产权利人评估其财产的内在动力。为减少民族村寨特殊无形财产权利人评估其财产的成本，同时，又不减少资产评估机构和资产评估专业人员评估民族村寨特殊无形财产的费用，可以通过制定激励机制鼓励和促使资产评估专业人员和资产评估机构自觉地参与民族村寨特殊无形财产评估项目。通过财政补贴资产评估机构评估民族村寨特殊无形财产项目，或减免资产评估机构评估民族村寨特殊无形财产项目的税费。三是对《公司法》第 27 条第二款进行补充规定。《公司法》第 27 条第二款对资产评估对象范围太窄，应该扩大资产评估对象的范围，对《公司法》第 27 条第二款进行补充规定：传统知识、非物质文化遗产及人力资源可以作为公司的财产入股。四是在《资产评估法》中对传统知识、非物质文化遗产等特殊无形财产的评估方法、程序等方面作出特别的规定。

第三章

民族村寨旅游扶贫的金融
制度瓶颈与破解

　　资金缺乏是制约民族村寨旅游扶贫开发的重要障碍，如何解决民族村寨旅游扶贫资金短缺问题呢？固然，国家和各地都加大了对民族村寨旅游扶贫的投入，民族村寨旅游合作社、民族村寨农民专业合作社、民族村寨旅游扶贫开发企业、民族村寨、民族村寨居民、民族村寨居民的家庭及其他社会组织和个人等主体以不同方式投资到民族村寨旅游扶贫开发之中，但是民族村寨旅游扶贫开发是一个可持续性的系统工程，需要升级增效，这就需要大量资金投入，需要激发各主体投资民族村寨旅游扶贫开发的内在动力。然而，虽然国家和各地都制定了有关民族村寨旅游扶贫金融制度，但是一方面，在互联网和大数据时代，民族村寨旅游扶贫融资方式呈现了多元化模式，民族村寨"众筹"旅游扶贫项目已是新的融资方式，民族村寨知识产权入股和评估也是民族村寨旅游扶贫融资中的重要问题，现行有关民族村寨旅游扶贫金融制度对这些问题都进行了规范；另一方面，由于现行民族村寨旅游扶贫金融制度存在一些不合理的规定，或一些民族村寨旅游扶贫金融制度缺位，从而制约了民族村寨旅游扶贫项目的融资。因此，从此意义上说，很有必要探讨民族村寨旅游扶贫金融制度瓶颈问题。下文先后分别探讨了民族村寨旅游扶贫担保制度的瓶颈、民族村寨旅游扶贫融资制度的瓶颈和民族村寨旅游扶贫入股制度的瓶颈，在此基础上，也先后研究了民族村寨旅游扶贫担保制度的瓶颈之破解、民族村寨旅游扶贫融资制度的瓶颈之破解和民族村寨旅游扶贫财产入股制度的瓶颈之破解。

第一节　民族村寨旅游扶贫的担保制度瓶颈与破解

一　民族村寨旅游扶贫担保法律理论

(一)　民族村寨"众筹"旅游扶贫项目担保的法律属性

从理论上和国外实践经验看，"众筹"融资项目是普惠金融的一种模式，是受中小型企业和微型企业欢迎的一种融资方式。互联网上有各种不同类型的"众筹"融资项目，"众筹"项目担保形式多样，尤其是民族村寨旅游扶贫"众筹"项目类型多样和复杂性决定了民族村寨"众筹"旅游扶贫项目担保的多样性和复杂性。从民法理论的角度看，民族村寨"众筹"旅游扶贫项目担保是什么呢？进而言之，民族村寨"众筹"旅游扶贫项目担保属于什么担保呢？换言之，民族村寨"众筹"旅游扶贫项目担保的法律属性如何？为什么要探讨此问题呢？探讨此问题的缘由有三。一是民族村寨"众筹"旅游扶贫项目是民族村寨旅游扶贫开发融资的一种新型方法，而民族村寨"众筹"旅游扶贫项目担保却是民族村寨"众筹"旅游扶贫项目能否顺利推进的重要动因。① 二是从民法理论探讨民族村寨"众筹"旅游扶贫项目担保，既有理论意义，又有实践意义。从民法理论探讨民族村寨"众筹"旅游扶贫项目担保的理论意义和实践表现在以下几个方面。其一，在互联网和大数据发展的背景下，担保法律理论面临一些问题，需要对其进行深入而系统的研究。其二，从民法理论视角诠释民族村寨"众筹"旅游扶贫项目担保，剖析民族村寨"众筹"旅游扶贫项目担保的法律属性，这一方面，丰富和发展了担保法律理论；另一方面，也为民族村寨"众筹"旅游扶贫项目担保制度构建和修订提供理论支撑。其三，从民法理论探讨民族村寨"众筹"旅游扶贫项目担保的理论意义表现在以下两个方面。第一，理性认识民族村寨"众筹"旅游项目担保的法律属性，归纳民族村寨"众筹"旅游项目担保类型，

---

① "淘宝众筹"的投资散户期望有第三方担保和监督投入民族村寨旅游扶贫开发的资金，但是现行国家法律和国家政策一直未给予回应，从而许多"淘宝众筹"的投资散户的资金难以投入民族村寨旅游扶贫开发中。课题组到丽江、安顺市一些民族村寨调研得知：由于民族村寨"众筹"旅游扶贫项目担保存在障碍，从而导致一些民族村寨"众筹"旅游扶贫项目未得以实施。

揭示民族村寨"众筹"旅游项目担保的本质。第二，民族村寨"众筹"旅游项目担保的法律属性和类型仅是担保法律理论中的冰山一角，对其探讨，既可以丰富和发展担保法律理论，又为担保相关法律理论研究扩展视野。三是从现有文献资料看，鲜有学者研究。民族村寨"众筹"旅游项目担保是互联网金融和"惠民金融"所衍生的一种新的金融法律现象，是民法领域中的新的理论问题和实践问题，也是民族法学中一个新的民族经济法制问题，故鲜有法学学者对其探讨。

民族村寨"众筹"旅游扶贫项目担保与一般意义上的担保既有共性，也有独自的特征。它的特征有三。一是担保设定主体特殊性。一般来说，一般意义上的担保设定主体为利益直接人，担保设定人与担保权人之间的关系是权利义务对应关系。而民族村寨"众筹"旅游项目担保设定人具有多元性，即可能是民族村寨、民族村寨旅游合作社、民族村寨专业合作社、民族村寨旅游开发公司、民族村寨所在的行政村、基层政府及帮扶单位和个人等。二是担保设定的目的特别。一般意义上的担保具有融资、信用等方面的功能。"从各国经济发展的实践经验来看，担保物权在经济生活中发挥着极为重要的作用，它具有促进资金融通、财产流转和保护交易安全等诸多作用，所以各国都对其极为重视。"① 而民族村寨"众筹"旅游扶贫项目担保除了以上功能之外，还具有促进社会稳定的功能和监督功能。民族村寨"众筹"旅游扶贫项目设定的目的是对民族村寨进行精准扶贫，是让民族村寨居民"真脱贫"，民族村寨"众筹"旅游扶贫项目担保的目的是使民族村寨"众筹"旅游扶贫项目顺利实施。有效监督是民族村寨"众筹"旅游扶贫项目顺利实施的手段之一。三是担保法律关系复杂。由于民族村寨"众筹"旅游扶贫项目担保设定人呈现多元性的特征，民族村寨"众筹"旅游扶贫项目担保的多功能性特质，民族村寨"众筹"旅游扶贫项目担保设定人与其担保权人的权利与义务复杂，致使民族村寨"众筹"旅游扶贫项目担保法律关系复杂。

民族村寨"众筹"旅游扶贫项目担保的法律属性实质上就是民族村寨"众筹"旅游扶贫项目担保属于什么担保。民族村寨"众筹"旅游扶贫项目担保属于什么担保呢？按照现行主流观点，根据担保的对象不同，

---

① 徐洁：《担保物权功能论》，法律出版社 2006 年版，第 3 页。

担保可以分为财产担保和人的担保；根据担保性质不同，担保可以分为财团担保和浮动担保。民族村寨"众筹"旅游扶贫项目担保属于财产担保，还是人的担保，或两者皆有的担保呢？属于浮动担保，还是属于财团担保呢？或者两者都不是呢？还是不同类型的民族村寨"众筹"旅游项目担保，则属于不同类型的担保呢？笔者认为，不同类型的民族村寨"众筹"旅游项目，则属于不同类型的担保，不同类型的担保，其法律属性应该不同。基于此认识，在分析民族村寨"众筹"旅游扶贫项目担保的法律属性之前，先要探讨民族村寨"众筹"旅游扶贫项目担保的类型。民族村寨"众筹"旅游扶贫项目担保有哪些类型呢？从理论层面看，民族村寨"众筹"旅游扶贫项目担保可以从以下视角分为几种不同的类型。从担保的客体不同，可以分为财产担保和人的担保；从担保对象性质不同，可以分为财团担保和浮动担保；从担保权渊源不同，可以分为意定担保和法定担保。从实践层面看，民族村寨"众筹"旅游扶贫项目担保实践并没有财团担保和浮动担保等类型。

（二）民族村寨财产担保

民族村寨财产担保与民族村寨参与民族村寨旅游扶贫融资能力具有内在关联性。倘若民族村寨财产担保的社会认可度高，则民族村寨参与民族村寨旅游扶贫融资能力强；反之，则民族村寨参与民族村寨旅游扶贫融资能力弱。倘若民族村寨财产担保的司法认可度高，则民族村寨参与民族村寨旅游扶贫融资风险低；反之，则民族村寨参与民族村寨旅游扶贫融资风险高。因此，从此意义上说，探讨民族村寨财产担保具有很强的现实意义。

民族村寨财产担保的涉及三个重要理论问题。一是民族村寨财产担保的类型化。二是民族村寨财产担保的设定。三是民族村寨财产担保的公信力。下面对民族村寨财产担保的三个理论问题逐一诠释。

民族村寨财产担保的类型化包含以下几层含义。第一层含义是民族村寨财产担保类型化的必然性。民族村寨财产担保类型化必然性的根据有三。一是民族村寨财产担保类型化有利于全面认识民族村寨财产担保的法律属性，因为不同的民族村寨财产担保的法律特征略有不同。二是民族村寨财产担保类型化有利于民族村寨财产担保法定化，有利于提高民族村寨财产担保的公信力，从而提高民族村寨财产担保的融资功能、信用功能。

"担保物权的基本功能是保障信用，其方法是创设出新的信用，这种信用具有客观性、确定性，从而使人的信用得以弥补。"[1] 三是民族村寨财产类型化担保类型化是民族村寨财产类型化的内在要求，不同性质的民族村寨财产，则需要不同担保程序，其法律效力也应该有所不同。如民族村寨的物权、知识产权和传统知识权益就属于不同财产，这些财产担保的程序和法律效力则有所不同。第二层含义是民族村寨财产担保类型化的方法论。采用什么方法对民族村寨财产担保进行类型化呢？从理论层面说，可以从不同视角对民族村寨财产担保进行类型化。从财产担保设定主体的维度，可以对民族村寨财产担保进行类型化，此财产担保类型化方法存在两个明显的缺陷。第一，民族村寨财产担保类型繁多。第二，民族村寨财产担保设定主体具有不确定性，这导致民族村寨和民族村寨居民财产担保的不确定，从而影响民族村寨财产担保的公信力。从财产的类型维度，可以对民族村寨财产担保进行类型化，此财产担保类型化方法也存在两个明显缺陷。第一，参与民族村寨旅游扶贫项目时，民族村寨同时把不同财产打包进行担保，若把不同类型财产担保所分类绝对化，这势必把浮动担保拒之千里之外。第二，此财产担保类型化则有可能把财团担保、民族村寨财产担保设定的有些主体排除在外，这必然影响民族村寨参与民族村寨旅游扶贫融资能力和信用度。民族村寨财产担保第三层含义是民族村寨和民族村寨居民财产担保的分类。既然以上两种财产担保类型化方法都存在明显缺陷，就应该秉承"扬长避短"的理念，采取"以财产类型为主，财产担保设定主体为辅"的方法对民族村寨财产担保分类。采取此类财产担保分类的依据有三。其一，发挥以上两种财产担保分类的优势，避免了以上两种财产担保分类的劣势。其二，遵循了财产担保法定化的基本原则。财产担保法定化是财产担保法律的一个基本原则，尤其是物权担保法定化尤为突出。其三，此财产担保分类方法与我国现行担保法规制定原则和理念相吻合，与财产担保习惯法相趋同。

　　民族村寨财产担保设定包含以下几层含义。第一层含义是民族村寨财产担保设定的主体。民族村寨财产担保设定的主体应该包括哪些呢？从财产权取得理论看，财产所有权是财产担保设定的基础，实质上，财产担保

---

① 徐洁：《担保物权功能论》，法律出版社 2006 年版，第 3 页。

设定是创设新的财产权,是属于财产权的原始取得,从此逻辑推演可以得知:财产所有权主体是财产担保设定的主体,物的所有权主体和用益物权主体是财产担保设定的主体。民族村寨财产担保除了具有融资功能和信用功能之外,还有脱贫和促进社会稳定的功能,因此民族村寨旅游扶贫相关主体有可能是民族村寨财产担保设定的主体。第二层含义是民族村寨和民族村寨财产担保设定的程序。民族村寨财产担保设定的程序与一般意义财产担保设定程序大同小异,就整体而言,民族村寨财产担保比一般意义的财产担保程序更为复杂,特别是民族村寨旅游扶贫相关主体设定民族村寨财产担保的程序较为烦琐,因为一方面,民族村寨旅游扶贫相关主体设定民族村寨财产担保所涉及主体多;另一方面,民族村寨旅游扶贫相关主体设定民族村寨财产担保的风险比一般意义的财产担保风险大,现行法规的缺位、司法不认可等原因都是造成民族村寨旅游扶贫相关主体设定民族村寨财产担保存在风险的动因。第三层含义是民族村寨财产担保设定的法律关系。民族村寨在设定民族村寨旅游扶贫财产担保过程中涉及不同法律主体之间的权利和义务关系。不同财产担保类型,民族村寨财产担保设定的权利义务不同,其主要表现以下几个方面。一是不同财产担保类型,其财产担保设定的主体不同,主体不同,自然而言,不同类型的民族村寨财产担保的权利和义务内容不同。二是不同类型的民族村寨财产担保,其设定程序不同,其对双方的法定义务和约定义务则也不同。三是绝大多数类型的民族村寨财产担保的权利和义务是法定的,而有些类型的民族村寨财产担保是遵循民商事的习惯或按照约定的。

民族村寨财产担保的公信力包含了以下两层含义。第一层含义是民族村寨财产担保的公示。虽说不同类型的民族村寨财产担保的公示不同,但是像其他财产担保公示一样,通过占有和登记两种不同的公示。民族村寨的动产是以占有作为公示方式,民族村寨的不动产和特殊的动产是以登记作为公示方式,民族村寨的一些无形财产也是以登记作为公示方式,如民族村寨的知识产权等。第二层含义是民族村寨和民族村寨居民财产担保的公信力。民族村寨财产担保的公示与民族村寨财产担保的公信力之间有内在关联性。采取占有方式公示的民族村寨财产担保的公信力比采取登记方式公示的民族村寨财产担保的公信力弱;反之,采取登记方式公示的民族村寨财产担保的公信力比采取占有方式公示的民族村寨财产担保的公信力强。随着社会的发展，信息技术的提高，通过登记方式公示的财产类型越来越多，对财产登记既有利于义务主体了解财产权属变动情况，解决财产权属信息不对称问题，又利于国家了解财产权属变动情况，从而为宏观经济调控提供依据，更有利于国家征收财产权属变动税费。

（三）民族村寨旅游扶贫项目的信用担保

众所周知，民族村寨旅游扶贫项目的信用担保度低，其原因是多方面的，在依法治国的语境下，民族村寨旅游扶贫项目的信用担保制度及其相关金融制度的缺位或不合理则是根本原因，而从法学理论角度对其研究不够，却是有关民族村寨旅游扶贫项目的信用担保制度及相关金融制度缺位或不合理的重要原因，因此，从此意义上说，很有必要从法学理论视角反思和检讨民族村寨旅游扶贫项目信用担保。从历时维度看，我国金融机制体制改革之前，民族村寨、民族村寨居民及相关主体的人格担保的公信力强，而我国金融机制体制改革之后，民族村寨、民族村寨居民及相关主体的人格担保的公信力变弱。我国金融机构改革之前，一方面，农业银行和信用社等金融机构服务于"三农"问题的资金贷款，进而言之，农业银行和信用社等金融机构贷款给民族村寨和民族村寨居民旅游扶贫项目相关主体，这是他们的政策义务，即"三农"问题政策要求农业银行和信用等金融机构必须贷款给符合政策的民族村寨旅游扶贫项目相关主体；另一方面，信用担保贷款是常态，财产担保贷款则是例外。另外，不信守承诺的机会成本高。我国金融机制体制改革之后，一方面，金融政策和制度并没有规定农业银行和信用社等金融机构必须全面服务于"三农"问题，可以贷款给工业和服务业的个体工商户和企业；另一方面，财产担保贷款是常态，而信用担保贷款是例外。

根据担保标的不同，可以分为财产担保和信用担保（人格担保）。民族村寨旅游扶贫项目的信用担保实质上就是民族村寨、民族村寨居民及相关主体的人格担保①。民族村寨旅游扶贫项目信用担保的根基还是财产担保。德国著名法哲学家黑格尔有一句经典名言"无财产就无人格"，此名言道出了财产对人格的重要意义。与合伙企业比较而言，公司的人格健

---

① 民族村寨和民族村寨居民旅游扶贫项目相关主体范围广，如民族村寨旅游合作社、民族村寨农民专业合作社、民族村寨旅游开发公司、民族村寨所在的行政村、基层政府及旅游扶贫开发主管部门。

全，而合伙企业的人格不健全，究其原因，公司成立资本要求比合伙企业成立资本要求高，并对公司治理结构有特别要求。对公司治理结构特别要求的原因之一是以便于债权人和第三人了解公司资本运行状况，以利于他们对公司信用度的评价，从而决定是否与该公司交易，或及时追讨此公司债务，甚至通过申请破产的自救方式。财产的来源和形式具有多元性。由于劳动和不动产是财产的主要来源，因此保护劳动力和劳动权不仅是各国《宪法》的重要内容，还是劳动与社会保障法律的核心问题，各国法律要求登记是不动产的权利变动的生效要件或对抗第三人的要件。一方面，劳动不是现实的权利，而是期待的财产权；另一方面，劳动衍生了一些财产权，如知识产权、传统知识等。信用担保是以法律意义上的人的诚信和未来财产权为担保基础，是以第三人为担保基础，而这些担保基础具有主观性或不确定性，而作为经济意义上的人，都是有限理性的，需要担保基础具有客观性和确定性，因此，基于满足经济意义上的人的心理需求，就需要对信用担保人的诚信度和未来财产权进行考察，需要了解信用担保人劳动价值或信用担保人所代理的法律人的劳动价值，需要对信用担保人进行综合评估，以决定是否为其提供金融服务，或是否发生经济交易。

二　民族村寨旅游扶贫担保制度的瓶颈

（一）民族村寨旅游扶贫"众筹"融资担保制度缺位

民族村寨旅游扶贫"众筹"融资担保制度缺位，这是民族村寨旅游扶贫担保制度的重要瓶颈之一。民族村寨旅游扶贫"众筹"融资担保制度缺位影响了民族村寨旅游扶贫"众筹"融资项目的顺利推进，从而制约了民族村寨旅游扶贫融资。未制定民族村寨旅游扶贫"众筹"融资担保制度的原因极为复杂，既有主观原因，又有客观原因，归纳起来，有三个方面的主要原因。一是对民族村寨"众筹"融资担保制度理论研究不够。"众筹"融资担保是"众筹"融资的一个环节，是确保"众筹"融资项目的投资人的资金安全的制度性保障。虽说有些学者从经济学和管理学等视角探讨了"众筹"融资问题，但是鲜有学者对"众筹"融资担保进行深入而系统的研究，"众筹"融资担保理论尚未形成，"众筹"融资担保制度制定的理论准备不足。二是"众筹"融资制度仍不健全。虽说国家也制定了有关"众筹"融资制度，如有关"互联网普惠金融"方面的政策就属于有关"众筹"融资制度，但时至今日，仍没有专门的"众筹"融资制度，"众筹"融资项目投资人与管理人的权利和义务关系，"众筹"融资项目管理人的权责等问题都悬而未决，一言以蔽之，"众筹"融资制度仍不健全，这势必影响"众筹"融资担保制度的建构，因为"众筹"融资与"众筹"融资担保是主从关系，"众筹"融资可以独立存在，而"众筹"融资担保存在的基础是"众筹"融资，没有"众筹"融资，就没有"众筹"融资担保，"众筹"融资担保的目的乃是促使"众筹"融资项目顺利实施。三是民族村寨旅游吸引物的类型化、法定化、评估、担保主体资格，民族村寨无形财产的评估、担保主体资格等法律理论存在痛点，而这些痛点则与民族村寨"众筹"融资担保制度的建构密不可分。"众筹"融资担保有两种不同类型：财产担保和信用担保。民族村寨旅游吸引物和民族村寨无形财产的担保属于财产担保；民族村寨、民族村寨旅游合作社、民族村寨农民专业合作社、民族村寨居民、民族村寨居民的家庭、民族村寨旅游扶贫开发企业等主体为"众筹"融资担保客体，这属于信用担保。民族村寨旅游吸引物的类型化、法定化、评估、担保主体资格等，民族村寨无形财产的评估、担保主体资格等理论和制度上的障碍势必影响"众筹"融资担保制度的建构。

（二）民族村寨农村土地抵押权难以实现，农村土地承包经营权权能残缺

农村土地抵押权是民族村寨和民族村寨居民极为重要的担保物权，是其融资的极为重要的财产权，然而，民族村寨农村土地抵押权在民族村寨旅游扶贫开发中的作用并未得以发挥，其根本原因是农村土地抵押权缺失或难以实现。一方面，虽说各地对农村土地抵押担保进行试点改革，尤其为鼓励和支持美丽乡村旅游，为打赢扶贫攻坚战，制定了有关农村土地抵押担保方面的政策，但是现行法规对农村土地抵押担保并不持肯定态度，甚至有些法规还持否定态度。《担保法》、《物权法》、最高人民法院的《土地承包解释》等法规都规定了"土地所有权、耕地、宅基地、自留地、自留山等集体所有的土地使用权"等农村土地权利不能抵押。另一方面，由于农村土地权利流转制度、农村土地交易制度及农村社会保障制度不完善，金融机构实现农村土地抵押权的权限受到严格的限制，因此农村土地的抵押权难以实现。虽然从政策层面看，民族村寨和民族村寨居民

可以农村土地进行抵押融资，从而成为解决民族村寨旅游扶贫融资难的一条渠道，但是受制于现行法律制度的障碍和现行司法裁判效力影响，融资机构对民族村寨农村土地抵押权难以实现，对其民族村寨农村土地进行抵押贷款存在较大的法律风险，因此，民族村寨农村土地抵押权难以达到融资之目的。刘圻等（2013）从商业银行信贷风险管理视角进行研究，发现"林权抵押贷款不仅存在抵押物价值保全风险、处置风险、操作风险，还面临政策风险"①。

从物权法权能理论的角度看，民族村寨农村土地承包经营权具有占有、使用、收益和处分权能等权能，但是受制于现行法规的制约，民族村寨农村土地承包经营权权能残缺，其表现在以下两个方面。一是现行法规对农村土地承包经营权的规定。如《农村土地承包法》第37条和第48条的规定，《贵州省森林林木林地流转条例》第11条、第13条及第25条的规定。这些法规的规定限制了民族村寨农村土地承包经营权权能的功能之发挥，尤其是民族村寨农村土地承包经营权的处分权能受到一定的限制，而民族村寨农村土地承包经营权的处分权能是体现其作为物权法律属性的表征，支配性、排他性和对世性是物权的重要的法律属性，而民族村寨农村土地承包经营权处分权能则具有支配性、排他性和对世性。二是民族村寨农村土地承包经营权的确认是由有关行政部门进行，而有关行政部门对民族村寨农村土地承包经营权监管权则是与民族村寨农村土地承包经营权存在博弈关系。一方面，从现行的法规对民族村寨农村土地承包经营权权能的实现的程序作了严格的规定，从而增加民族村寨土地承包经营权权能的实现成本；另一方面，现行法规赋予了有关部门监管民族村寨农村土地承包经营权的权力，这使有关部门对民族村寨土地承包经营权权能的实现增加交易成本。

（三）民族村寨旅游扶贫信用担保试点制度不健全

各民族贫困省份（自治区）都在进行有关民族村寨旅游扶贫信用担保试点制度改革，贵州省是有关民族村寨旅游扶贫信用担保试点改革的典范，对有关民族村寨旅游扶贫信用担保试点改革先行先试，制定了一些相关政策，如《贵州省人民政府办公厅关于印发贵州省发展

---

① 刘圻等：《林权抵押贷款：银行信贷现状与证券化模式研究》，《农业经济问题》2013年第5期。

旅游助推脱贫攻坚三年行动方案（2017—2019 年）的通知》黔府办发〔2017〕44 号规定：鼓励和引导民间通过 PPP、公建民营等方式参与旅游基础，设施建设和运营。推动普惠金融发展，引导金融机构面向旅游项目和企业创新，开展"旅游贷"等信贷业务，鼓励融资担保公司开展适应旅游特点的融资担保业务，建立健全旅游带动信用评级。民族村寨旅游扶贫信用担保试点现行制度对民族村寨旅游扶贫信用担保具有正面作用，推进了民族村寨旅游扶贫信用担保。然而，民族村寨旅游扶贫信用担保制度仍不健全，其表现在以下两个方面。一是民族村寨旅游扶贫信用担保程序和权责分配制度不健全。民族村寨旅游扶贫信用担保程序和权责分配制度不健全表现为二。其一，有关民族村寨旅游扶贫信用担保制度中并没有规定民族村寨旅游扶贫信用担保程序。民族村寨、民族村寨居民、民族村寨旅游合作社到金融机构以信用担保融资应该包括哪些程序，除了金融机构对其以信用担保进行融资的主体进行审查之外，还有哪些部门应该对其信用担保进行审查，或是委托第三方对其信用担保进行审查。为了确保民族村寨旅游扶贫信用担保的有效性和真实性，应该对民族村寨旅游扶贫信用担保程序作出明确的规定。其二，有关民族村寨旅游扶贫信用担保制度中并没有规定民族村寨旅游扶贫信用担保权责分配问题。民族村寨旅游扶贫信用担保权责分配的对象和主体有哪些？民族村寨旅游扶贫信用担保权责分配原则有哪些？民族村寨旅游扶贫信用担保当事人和相关当事人应该承担履行哪些义务和责任等，都理应对其进行明确规定。二是民族村寨旅游扶贫征信制度不健全。民族村寨旅游扶贫征信制度不健全表现为二。其一，民族村寨旅游扶贫项目信息和参与民族村寨旅游扶贫主体的信息不对称。信息对称是制定民族村寨旅游扶贫征信制度的目标，民族村寨旅游扶贫项目信息和参与民族村寨旅游扶贫主体的信息不对称，这显然与制定民族村寨旅游扶贫征信目标相左。其二，民族村寨旅游扶贫征信登记机制不健全。虽说各地都建构了有关民族村寨旅游扶贫征信登记机制，但是仍存在一些缺陷：没有专门制定民族村寨旅游扶贫征信登记制度，没有结合精准产业扶贫和精准扶贫识别等方面的信息对民族村寨旅游扶贫征信进行登记，与民族村寨旅游扶贫有关的一些信息并没有进行登记，金融机构查阅民族村寨旅游扶贫登记情况的制度不健全等。

三 民族村寨旅游扶贫担保制度瓶颈的破解

（一）民族村寨旅游扶贫"众筹"项目制度瓶颈的破解

1. 民族村寨旅游扶贫"众筹"融资项目担保制度制定的必然性

民族村寨旅游扶贫"众筹"融资项目制度制定具有必然性，其理由有三。一是从本体论维度看，很有必要制定民族村寨旅游扶贫"众筹"融资项目担保制度。一方面，民族村寨旅游扶贫"众筹"融资项目是解决民族村寨旅游扶贫开发项目资金短缺的一种渠道，尤其是民族村寨社区主导型的民族村寨旅游开发对其极为需要；另一方面，由于民族村寨旅游扶贫"众筹"融资项目担保制度缺位，致使民族村寨旅游扶贫开发项目难以通过民族村寨旅游扶贫"众筹"融资项目的方式进行融资。二是政府有关部门和立法部门理应制定民族村寨旅游扶贫"众筹"融资项目担保制度。从制度经济学维度看，民族村寨旅游扶贫"众筹"是稀缺资源，属于公共产品，公共产品是由政府有关部门和立法部门提供，进而言之，提供公共产品既是政府有关部门和立法部门的义务，又是赋予政府有关部门和立法部门的权力。因此，为了推进民族村寨旅游扶贫开发，政府有关部门和立法部门理应制定民族村寨旅游扶贫"众筹"融资项目担保制度。三是民族村寨旅游扶贫"众筹"融资项目担保制度的制定是民法系统对民族村寨旅游扶贫的经济系统和社会系统的回应，也是民法系统自身的反省。在依法治国的语境下，法治思维是解决民族经济问题和社会问题的举措，法律系统理应对经济系统和社会系统作出相应的回应，而民族村寨旅游扶贫"众筹"融资项目担保属于民族经济问题和民族社会问题。

2. 制定民族村寨旅游扶贫"众筹"融资项目担保制度的一些构想

（1）扩展民族村寨旅游扶贫"众筹"融资项目担保人资格

担保人资格是民族村寨旅游扶贫"众筹"融资项目担保的主体性要素，为了推动民族村寨旅游扶贫"众筹"融资项目担保落到实处，需要扩展民族村寨旅游扶贫"众筹"融资项目担保人资格。民族村寨旅游扶贫"众筹"融资项目担保人资格确定的根据则是合同约定和有关法律的规定，由于民族村寨旅游扶贫"众筹"融资项目担保属于私法行为，而不是公法行为，因此其需要遵循私法原则，如"契约自由原则"和"法无禁止即可为"原则，根据此两个原则，确定民族村寨旅游扶贫"众筹"融资项目担保人资格的标准则是：只要不是法规所明确禁止担保的法律主体①，而又愿意为民族村寨旅游扶贫"众筹"融资项目担保的法律主体都可以作为民族村寨旅游扶贫"众筹"融资项目担保人。民族村寨旅游扶贫"众筹"融资项目担保人不仅应该包括民族村寨、民族村寨居民、民族村寨居民的家庭、民族村寨旅游合作社、民族村寨旅游合作联社、民族村寨农民专业合作社、民族村寨旅游扶贫开发企业，还应该包括参与民族村寨旅游扶贫的企业、社会组织和个人。

（2）鼓励和支持担保公司参与民族村寨旅游扶贫"众筹"融资项目担保

担保公司在金融担保市场中发挥了极为重要的作用，而并没有参与民族村寨旅游扶贫"众筹"融资项目担保，这是不合理的，其表现在两个方面：一方面，担保公司的担保业务受到限制，不利于担保公司扩展业务，不利于担保公司扩大规模，从不利于担保公司可持续性发展；另一方面，降低了民族村寨旅游扶贫"众筹"融资项目推行的信用度，从而影响民族村寨旅游扶贫"众筹"融资项目顺利实施。从制度层面看，担保公司没有参与民族村寨旅游扶贫"众筹"融资项目担保其根本原因则是担保公司参与民族村寨旅游扶贫"众筹"融资项目担保制度缺位。为了鼓励和支持担保公司积极参与民族村寨旅游扶贫"众筹"融资项目担保，应该制定一些鼓励和支持担保公司参与民族村寨旅游扶贫"众筹"融资项目担保制度，即通过财政补贴或减免税费等优惠政策激发担保公司参与民族村寨旅游扶贫"众筹"融资项目担保的积极性，从而推动民族村寨旅游扶贫"众筹"融资项目的顺利实施。

（3）扩展民族村寨旅游扶贫"众筹"融资项目财产担保的范畴

由于有关民族村寨旅游扶贫财产制度的瓶颈，所以有些民族村寨旅游扶贫财产的范畴太窄，有些民族村寨旅游扶贫财产并未得到法定化，从而影响了其市场认可度，制约了其担保功能的发挥。对于民族村寨旅游扶贫财产制度瓶颈的破解之道已在第二章中加以论述了，在此不再重述。民族村寨旅游扶贫财产制度瓶颈的破解之道已为扩展民族村寨旅游扶贫"众

---

① 在此所指的法律主体是指具有权利能力的主体。

筹"融资项目财产担保的范畴提供了支撑。民族村寨旅游扶贫"众筹"融资项目财产不仅应该包括民族村寨有形财产和无形财产,还应该包括政府、企业、社会组织和个人资助的款项和财产,从而一方面,提高民族村寨旅游扶贫"众筹"融资项目担保信用度;另一方面,促使民族村寨旅游扶贫"众筹"融资项目投资民族村寨旅游扶贫开发项目的安全性。另外,也可以更好地保护民族村寨旅游扶贫"众筹"融资项目的债权人的利益。

(4) 运用大数据强化民族村寨旅游扶贫"众筹"融资项目担保的监管

信息不对称是民族村寨旅游扶贫"众筹"融资项目担保监管的难点,而运用大数据就可以有效地解决信息不对称的这一问题,强化对民族村寨旅游扶贫"众筹"融资项目担保的监管。可以从以下几个方面运用大数据强化对民族村寨旅游扶贫"众筹"融资项目担保的监管。一是运用大数据加强诚信监管。各地都相继推行了征信制度,都加强了市场主体的诚信监管,而大数据则可以把民族村寨旅游扶贫"众筹"融资项目担保信息和民族村寨旅游扶贫"众筹"融资项目担保人的诚信信息及民族村寨旅游扶贫"众筹"融资项目担保财产信息有机链接,从而对主管部门监管民族村寨旅游扶贫"众筹"融资项目担保提供真实而有效的信息。二是运用大数据加强对民族村寨旅游扶贫"众筹"融资项目担保人的行为监管。由于民族村寨旅游扶贫"众筹"融资项目担保人的行为直接影响到民族村寨旅游扶贫"众筹"融资项目担保权益实现,所以为保护其担保权益,很有必要加强对担保人行为的监管。近年来,一方面,大数据民用和大数据商用的领域越来越广泛;另一方面,国家和各地立法部门也制定了有关数据开发、共享及监管的法规和规章,这为运用大数据加强监管民族村寨旅游扶贫"众筹"融资项目担保人行为提供条件。

(二) 完善民族村寨和民族村寨居民旅游扶贫财产抵押权制度

民族村寨参与式旅游扶贫财产抵押权制度的缺位或缺陷已严重影响了民族村寨参与式旅游扶贫开发项目的融资能力和信用度,民族村寨参与式旅游扶贫财产抵押权设定及其抵押权的实现等方面存在制度瓶颈。基于以上的认识,应该从以下几个方面加以破解民族村寨参与式旅游扶贫财产抵押权制度的瓶颈。

1. 结合农村土地"三权分置"和农村"三变"试点改革，各地应该把试点改革成果纳入地方法规

贵州、云南、广西等少数民族省份（自治区）都在推行农村土地"三权分置"和农村"三变"试点改革，而农村土地"三权分置"和农村"三变"试点改革的重要目的是释放农村财产动能，提高农民和农村集体组织融资能力，提高农村财产利用率。农村土地及其他财产抵押则是农村土地"三权分置"和农村"三变"试点改革中的重要内容，各地都制定了农村土地"三权分置"和农村"三变"试点改革方案，都取得了相应的改革成果，尤其是贵州省在推行农村土地"三权分置"和农村"三变"试点改革中所取得成果较大。"贵州省盘州市以土地股份合作社为改革的抓手，以'农民变股东'的方式将原农户的土地承包经营权变为股权；土地股份合作社再以农地经营权作价入股现代农业经营主体，通过'农地变资本'实现了农地权利的双重置换，真正实现了农地'三权分置'改革的设想。与此相应，应出台配套法律制度，真正释放制度变革的巨大红利。"① 农村土地"三权分置"和农村"三变"试点改革中所取得的农村财产抵押方面的成果应该纳入地方法规中。进而言之，在有关农村土地和农村经济的地方法规中变通规定农村财产抵押问题。

2. 民族村寨集中的民族自治地方可以因地制宜地制定民族村寨和民族村寨居民财产抵押方面的专门条例

民族村寨集中的民族自治地方可以因地制宜地制定民族村寨和民族村寨居民财产抵押方面的专门条例，其理由有二。一是民族村寨和民族村寨居民财产抵押已成了民族村寨旅游扶贫开发融资的突出问题，通过立法方式加以解决民族村寨和民族村寨居民财产抵押问题，这是一个亟须破解的难题。民族村寨文化公益林、民族村寨文化旅游吸引物、民族村寨居民宅基地、民族村寨居民传统建筑等财产已成为民族村寨和民族村寨居民参与民族村寨旅游扶贫开发的重要财产，在实践中，这些财产已成为抵押的对象，只是需要国家法规加以认可，以得到法律的保驾护航。二是民族村寨集中的民族自治地方具有对有关民族村寨和民族村寨居民财产抵押进行立法的权力。按照现有的《立法法》和《民族区域自治法》等法律的有关

---

① 吴越、韩仁哲：《"三权分置"中农地资本化流转的双层权利置换模式构建——以贵州省盘州市农地"三权分置"改革试点调研为例》，《农村经济》2018 年第 6 期。

规定，民族村寨集中的自治州、自治县具有对有关民族村寨和民族村寨居民财产抵押进行立法的权力。民族村寨和民族村寨居民财产抵押属于民族经济问题，而民族经济问题则是民族自治州、民族自治县变通立法的权限，加强民族自治州、民族自治县变通立法也是我国地方立法发展的趋势之一。

3. 《土地管理法》《物权法》《担保法》等法律中补充规定民族村寨和民族村寨居民旅游扶贫财产抵押，完善民族村寨和民族村寨居民财产担保制度

民族村寨和民族村寨居民的财产抵押权难以实现，这是民族村寨和民族村寨居民财产担保制度的瓶颈。例如，作为少数民族省份，作为民族村寨较多的省份，贵州省既是集体林权制度改革试点区，又是生态文明建设改革试点区，而公益林划分则是集体林权制度改革和生态文明建设的重要内容。公益林划分所涉及的问题诸多，如公益林的类型、公益林划分范畴和依据、公益林的经营开发、保护及登记等，尤其是公益林可否担保呢？虽说《物权法》《担保法》《土地管理法》《农村土地承包法》《森林法》《草原法》《农村土地》及地方法规对民族村寨和民族村寨居民旅游扶贫财产担保设定的主体、范围及程序作了相应的规定，但是对其规定不合理，或对其规定不具体，或对其规定存在漏洞等。若要破解民族村寨和民族村寨居民财产担保制度的瓶颈，一方面，就应该在《土地管理法》《物权法》《担保法》等法律中补充规定民族村寨和民族村寨居民旅游扶贫财产抵押；另一方面，就必须从三个方面完善民族村寨和民族村寨居民旅游扶贫财产担保制度。即完善民族村寨和民族村寨居民旅游扶贫财产担保设定范围、完善民族村寨和民族村寨居民旅游扶贫财产担保公示制度与完善民族村寨和民族村寨居民旅游扶贫财产担保公信力制度。

（三）民族村寨旅游扶贫信用担保制度瓶颈的破解

针对民族村寨旅游扶贫信用担保制度所存在的两点瓶颈，理应从以下两个方面破解民族村寨旅游扶贫信用担保制度瓶颈。一是完善民族村寨旅游扶贫信用担保程序和权责分配。虽说民族村寨旅游扶贫项目都可以向农村信用社、农商银行、农业银行、乡镇银行等金融企业贷款，可以提供信用担保，但是由于民族村寨旅游扶贫信用担保程序和权责分配等方面的制度缺位，从而导致金融企业担心民族村寨旅游扶贫项目融资方的信用缺

失，所以势必影响民族村寨旅游扶贫项目融资，因此很有必要完善民族村寨旅游扶贫信用担保程序和权责分配。二是完善民族村寨旅游扶贫信用担保相关配套制度。其一，完善民族村寨旅游合作社治理结构既可以提升民族村寨旅游合作社的市场信用度，又可以提升内部治理能力，而市场信用度和内部治理能力则是信用担保能否实施的重要影响要素。其二，完善有关民族村寨旅游扶贫征信制度。民族村寨旅游扶贫的独特性就决定了民族村寨旅游扶贫征信的特殊性，决定了有必要完善民族村寨旅游扶贫征信制度。民族村寨旅游扶贫征信制度完善的关键点是民族村寨旅游扶贫项目和参与人的信用状况的互联互通，尤其是让金融企业更全面地了解民族村寨旅游扶贫项目和参与人的信用状况，以便加强对民族村寨旅游扶贫融资担保过程进行监管，从而保护债权人的利益。其三，完善有关民族村寨旅游扶贫信用担保信息共享制度。民族村寨旅游扶贫信用担保信息共享制度完善的关键点则是运用大数据打通民族村寨旅游扶贫信用担保信息共享渠道，尤其是要打通不同金融企业对民族村寨旅游扶贫信用担保信息共享的障碍。

第二节 民族村寨旅游扶贫融资制度的瓶颈与破解

一 问题之提出

固然，有些民族村寨旅游扶贫项目吸收了一些企业参与，这些企业对民族村寨旅游扶贫项目进行投资。为了解决民族村寨社区参与式旅游扶贫开发融资问题，民族村寨旅游扶贫主管部门和地方政府制定有关旅游扶贫开发融资政策和制度。国家和各地制定了相应的规定。不同民族地区的民族村寨旅游扶贫项目的资金来源略有不同，民族村寨旅游扶贫开发参与模式不同，民族村寨旅游扶贫项目资金来源渠道不同，民族村寨旅游扶贫项目款项制度也不同。根据参与主体在民族村寨旅游扶贫开发中地位不同和投资不同，可以分为政府主导型的民族村寨旅游扶贫开发模式、民族村寨社区主导型的民族村寨旅游扶贫开发模式和企业主导型的民族村寨旅游扶贫开发模式。政府主导型的民族村寨旅游扶贫开发模式的款项来源主要渠道是以政府财政拨款或国有旅游开发公司投资为主，企业主导型的民族村寨旅游扶贫开发模式的款项来源渠道主要是企业投资。不过，近年来，民族村寨旅游扶贫开发的款项来源也呈现"混合型"的特点，都是采用项目制，这是民族村寨旅游扶贫的本性所决定的。在民族村寨旅游扶贫实践中，民族村寨旅游扶贫融资制度主要存在三个方面的瓶颈：扶贫部门没有设定"民族村寨旅游扶贫专项基金项目"，民族村寨旅游扶贫项目拨款配套制度不健全。

二　民族村寨旅游扶贫融资制度的瓶颈

（一）民族村寨旅游扶贫项目款项制度的瓶颈

1. 扶贫部门没有设定"民族村寨旅游扶贫专项基金项目"

笔者到云南省和贵州省的扶贫部门和民族村寨田野调查，通过调研发现，虽近几年设立"深度"民族省份（自治区）扶贫部门的扶贫项目，但是各地扶贫部门并没有设定"民族村寨旅游扶贫专项基金项目"，这不利于民族村寨旅游扶贫开发，其表现在以下几个方面。一是不利于民族村寨旅游扶贫资金集中使用。按照项目制，对于项目是实行专款专用。由于各地扶贫部门并没有设定"民族村寨旅游扶贫专项基金项目"，所以只能通过有关民族村寨旅游扶贫项目进行拨款，这不利于有关部门把有关民族村寨旅游扶贫项目的资金集中使用。二是增加了民族村寨旅游扶贫项目监管成本。由于扶贫部门没有设定"民族村寨旅游扶贫专项基金项目"，有关民族村寨旅游扶贫项目的资金来自不同的有关民族村寨旅游扶贫主管部门，这意味着有关民族村寨旅游扶贫项目主管部门都要对民族村寨旅游扶贫项目进行监管，这势必增加民族村寨旅游扶贫项目监管成本。三是不利于民族村寨旅游扶贫项目监管。倘若各地扶贫部门设定了"民族村寨旅游扶贫专项基金项目"，则就只需要扶贫部门对其监管即可；反之，则需要不同的民族村寨旅游扶贫项目主管部门共同监管，监管部门越多，则越易存在监管交叉或监管真空地带，则势必影响监管效果。

2. 民族村寨旅游扶贫项目拨款配套制度不健全

民族村寨旅游扶贫项目拨款配套制度不健全，其主要表现在以下几个方面。一是国家财政、地方财政按照比例拨款给民族村寨旅游扶贫开发项目。此拨款制具有一定的合理性，如促使地方政府对民族村寨旅游扶贫开发的重视，减轻国家财政负担，促使地方政府自觉地监管民族村寨旅游扶贫开发。然而，此拨款制也有不合理性的一面，如管辖民族村寨的基层政府财政困难，配套资金难以到位，结果是由于有些民族村寨旅游扶贫开发项目资金短缺，从而导致民族村寨旅游扶贫开发项目难以推进，或民族村寨旅游扶贫项目难以达到应有的规模或应有的标准。二是帮扶企业、帮扶社会组织和帮扶个人拨款于民族村寨旅游扶贫开发项目制度不健全。一些帮扶企业、帮扶社会组织和帮扶个人很愿意拨款给民族村寨旅游扶贫开发项目，由于没有制定有关拨款的权责制度，所以帮扶企业、帮扶社会组织和帮扶个人可持续性拨款给民族村寨旅游扶贫开发项目的内在动力不足，从而影响他们拨款给民族村寨旅游扶贫开发项目的积极性。三是有关民族村寨旅游扶贫开发项目帮扶和投资激励制度不健全。激励制度是激发不同主体帮扶和投资民族村寨旅游扶贫开发项目的制度，而由于现行有关民族村寨旅游扶贫开发项目帮扶和激励制度不健全，所以帮扶和投资民族村寨旅游扶贫开发项目的主体的积极性不高，从而影响民族村寨旅游扶贫开发项目的拨款和投资。

（二）民族村寨旅游扶贫融资的信用制度瓶颈

民族村寨旅游扶贫融资的信用度低的重要原因之一则是民族村寨和民族村寨居民的社会资本少，究其原因，民族村寨旅游扶贫融资的信用制度瓶颈却是民族村寨和民族村寨居民的社会资本少的重要原因，因为社会资本与减贫的关系为因果关系。"社会资本有助于缓解贫困和提升社会发展质量。这一点已经成为国内外学术界以及联合国教科文组织、世界银行等国际组织的广泛共识。"[1] 因此，很有必要从社会资本的视角探讨民族村寨旅游扶贫融资的信用制度瓶颈。民族村寨旅游扶贫融资的信用制度瓶颈有四。一是民族村寨和民族村寨居民的社会资本转化制度缺位。民族村寨和民族村寨居民的社会资本转化制度缺位包含两层含义。第一层含义是指民族村寨和民族村寨居民的象征资本和经济资本化转化为社会资本的制度缺位，农村土地权属就是民族村寨和民族村寨居民的象征资本和经济资本化，但是这些象征资本和经济资本难以转化为他们的社会资本。第二层含义是指民族村寨和民族村寨居民的社会资本转化为象征资本和经济资本的制度缺位。民族村寨和民族村寨居民的传承非物质文化遗产的能力、获取

---

① 刘敏：《社会资本与多元化贫困治理——来自逢街的研究》，社会科学文献出版社 2013 年版，第 169 页。

传统知识能力、获取和传播民族文化能力等就是民族村寨和民族村寨居民的社会资本，但是这些社会资本难以转化为象征资本和经济资本。二是民族村寨权利质权制度缺位。权利质押范围不断扩展，作为权利质押的特殊类型，民族村寨权利抵押也逐渐增多，如民族村寨土地权属确证以后，民族村寨农民专业合作社和民族村寨旅游合作社会员入会的权属证等。然而，由于现行法规并没有对其质押作出明确规定，所以民族村寨的一些权利质押成立空中楼阁，民族村寨的一些权利质押权难以实现。三是民族村寨旅游扶贫融资的信用登记制度缺位。上文已论述了民族村寨旅游扶贫融资的信用登记制度缺位，在此不再重述。四是民族村寨旅游扶贫融资的征信制度不健全。上文也论述了民族村寨旅游扶贫融资的征信制度不健全之问题，在此也不再重述。

三　民族村寨旅游扶贫融资制度瓶颈的破解

（一）民族村寨旅游扶贫项目款项制度瓶颈的破解

1. 扶贫部门专门设立"民族村寨旅游扶贫专项基金项目"

扶贫部门很有必要专门设立"民族村寨旅游扶贫专项基金项目"，其理由有四。一是没有专门设立"民族村寨旅游扶贫专项基金项目"具有两个方面的弊端，上文已阐述，在此不再重述。二是有利于民族村寨旅游扶贫融资。如果扶贫部门专门设立"民族村寨旅游扶贫专项基金项目"，对于民族村寨旅游融资方来说，有一个明确的民族村寨旅游扶贫资金来源的渠道，又可以"民族村寨旅游扶贫专项基金项目"作为民族村寨旅游扶贫融资的信用担保，金融企业也可以放心地信贷一部分款项给民族村寨旅游扶贫开发项目。三是有利于民族村寨旅游扶贫项目的监管。一方面，对"民族村寨旅游扶贫专项基金项目"所需要监管机构和监管人员少，可以节约监管成本；另一方面，不管是项目审计监管，还是对"民族村寨旅游扶贫专项基金项目"运行行为的监管，都相对简单，监管难度相对小。四是有助于减少民族村寨旅游扶贫交易成本。民族村寨旅游扶贫开发是一个系统工程，涉及诸多环节，在政府拨付资金之前，民族村寨旅游扶贫开发的相关参与人需要投入一定的资金，需要与相关人签订有关民族村寨旅游扶贫开发方面的契约，需要与相关人谈判，这就需要交易成本。如果扶贫部门专门设立"民族村寨旅游扶贫专项基金项目"，民族村寨旅游扶贫开发的参与人既可以放心与相关方签订相关契约，又可以放心地投入民族村寨旅游扶贫资金，并不会因签订有关民族村寨旅游扶贫开发承担违约的风险，从而减少交易成本。

2. 健全民族村寨旅游扶贫项目拨款配套制度

可以从以下几个方面健全民族村寨旅游扶贫项目拨款配套制度。一是对于深度贫困民族村寨旅游扶贫项目，上一级政府并不要求基层政府给予配套款项。一方面，深度贫困民族村寨旅游扶贫是打赢产业扶贫攻坚战的最后一个堡垒，推动深度贫困民族村寨旅游扶贫项目具有很强时效性；另一方面，深度贫困民族村寨所在的基层政府的财产非常困难，有些深度贫困民族村寨所在的县、乡镇是属于国家级贫困县、国家级贫困乡镇，他们难以给予深度贫困民族村寨旅游扶贫项目配套资金。二是与帮扶企业、帮扶社会组织和帮扶个人及民族村寨旅游扶贫项目开发方签订民族村寨旅游扶贫项目拨款与帮扶契约。固然，对民族村寨旅游扶贫是帮扶企业、帮扶社会组织和帮扶个人的社会责任，但是对民族村寨旅游扶贫开发的投资是长期的、可持续的，尤其是要使民族村寨旅游扶贫升级和增效，就需要更多的资金投入，仅依靠政府拨款和民族村寨自筹资金远远不够，需要融资，而由于民族村寨的财产信用度低，金融企业也不愿意贷款给民族村寨旅游扶贫项目，因此不少民族村寨旅游扶贫项目融资存在瓶颈，通过与帮扶企业、帮扶社会组织和帮扶个人及民族村寨旅游扶贫项目开发方签订民族村寨旅游扶贫项目拨款与帮扶契约，约定各方的权利和义务，尤其约定帮扶企业、帮扶社会组织和帮扶个人帮扶民族村寨旅游扶贫项目开发的权责，这不妨是一个解决民族村寨旅游扶贫项目融资瓶颈的方法。三是健全有关民族村寨旅游扶贫项目帮扶和投资激励制度。现行有关民族村寨旅游扶贫项目帮扶激励制度的所激励的对象主要是帮扶单位和帮扶单位的个人，激励的方法主要是表彰、提升职务、评优等，对于帮扶企业、帮扶社会组织和帮扶个人而言，他们所需要的激励主要是优惠政策和获取更多的社会资源和机会。为了激发帮扶企业、帮扶社会组织和帮扶个人帮扶民族村寨旅游扶贫项目开发的内在动力，应该扩展激励对象的范围，因帮扶主体不同设定相应的激励方法。

3. 建构民族村寨旅游扶贫拨款整合制度

很有必要建构民族村寨旅游扶贫拨款整合制度，其理由有三。一是有利于提高民族村寨旅游扶贫资金利用效率。从纸面上看，确实给予民族村寨旅游扶贫不少资金，但是由于款项来自不同部门，款项用途和监管也不同，存在重复建设或未达到发展旅游业的基本要求等。若建构了民族村寨旅游扶贫拨款整合制度，则可以提高民族村寨旅游扶贫资金利用效率。二是有利于降低民族村寨旅游扶贫拨款监管成本。委托第三方评估和监管有关民族村寨旅游扶贫开发和款项使用情况，由于有关民族村寨旅游扶贫拨款部门不同，所以不同拨款部门都需要分别委托第三方评估和监管有关民族村寨旅游扶贫项目开发和款项使用情况，这比共同委托第三方评估和监管有关民族村寨旅游扶贫项目开发和款项使用情况所需要成本高。三是有利于民族村寨旅游扶贫开发升级和增效。民族村寨旅游扶贫开发升级和增效需要一套组合拳，需要整合不同部门拨付给民族村寨旅游扶贫项目的资金集中打造民族村寨旅游亮点和民族村寨旅游名牌，需要各方通力合作，需要不同部门给予拨款和政策支持，如需要大力宣传民族村寨旅游景点，需要举行不同的民族村寨旅游推广活动。

可以从以下几个方面健全民族村寨旅游扶贫拨款整合制度，一是成立有关民族村寨旅游扶贫联动拨款领导机构，尤其是要因地制宜设立有关深度贫困民族村寨旅游扶贫拨款链接办公室，为深度贫困民族村寨旅游扶贫开发提供强有力的支撑。二是因地制宜地确定民族村寨旅游扶贫拨款管理和监管的牵头部门，明确民族村寨旅游扶贫拨款管理和监管牵头部门和相关部门的权责。三是运用大数据建构民族村寨旅游扶贫项目开发、款项使用情况及第三方监管民族村寨旅游扶贫开发和款项使用情况等诸方面的信息互联互通和共享，以便更有效地监管民族村寨旅游扶贫开发和款项使用情况。

（二）民族村寨旅游扶贫融资信用制度瓶颈的破解

民族村寨旅游扶贫融资信用制度瓶颈的破解之道有四。一是建构民族村寨和民族村寨居民的社会资本转化制度。建构民族村寨和民族村寨居民的社会资本转化制度要从两个方面入手。一方面，想方设法增加社会资本；另一方面，架构社会资本转化为经济资本和象征资本的程序制度。"在控制其他变量时，人力资本、物质资本、金融资本、社会资本的改善对农户选择以旅游业为主的生计策略具有显著的正向影响，正向驱动农户选择'参与旅游'的生计策略，而自然资本的提高对农户参与旅游业具有显著的负向影响。"① 二是建构民族村寨权利质权制度。权利质押范围不断扩展，作为权利质押的特殊类型，民族村寨权利抵押也逐渐增多，如民族村寨土地权属确证以后，民族村寨农民专业合作社和民族村寨旅游合作社会员入会的权属证。然而，由于现行法规并没有对其质押作明确规定，所以民族村寨的一些权利质押成为空中楼阁，民族村寨的一些权利质押权难以实现。为了提高民族村寨旅游扶贫融资信用度，应该对民族村寨权利质押作明确规定，鼓励和允许民族村寨的权利质押主体对其进行质押。三是制定民族村寨旅游扶贫融资的信用登记制度。上文已论述了民族村寨旅游扶贫融资的信用登记制度制定，在此不再重述。四是健全民族村寨旅游扶贫融资的征信制度。上文也论述了民族村寨旅游扶贫融资的征信制度不健全之问题，在此也不再重述。

（三）健全民族村寨旅游扶贫的利益链接制度，赋予帮扶单位参与民族村寨旅游扶贫自主权

不管是从国外旅游扶贫的利益联合机制的建构和经验看，还是从民族村寨社区参与民族村寨旅游扶贫开发的内在需要说，都应该建构民族村寨社区参与旅游扶贫的利益链接制度，这既有利于民族村寨社区参与民族村寨旅游扶贫开发中主动融资，也有利于参与民族村寨旅游扶贫的相关主体投资民族村寨旅游扶贫开发项目，从而有利于解决民族村寨旅游扶贫开发的资金短缺问题。固然，国家有关部门和各地民族省份（自治区）都制定了有关民族村寨旅游扶贫的利益链接制度，各民族地区都因地制宜地制定了有关民族村寨旅游扶贫的利益链接制度，但是现行有关民族村寨旅游扶贫的利益链接制度存在一个缺位：给予帮扶单位参与民族村寨旅游扶贫自主权不够，帮扶单位参与民族村寨旅游扶贫的利益考虑不够，仅是规定帮扶单位参与民族村寨旅游扶贫的义务，而事实上，给予帮扶单位参与民族村寨旅游扶贫自主权是符合双方的需求。在访谈贵州省和云南省的民族村寨旅游扶贫帮扶单位负责人和工作人员时，他们也期望能够有更大的自主权。作为民族村寨旅游扶贫开发的参与主体，按照"权责利相对应"原则，理应建构民族村寨社区参与旅游扶贫的利益链接制度，赋予帮扶单

① 何昭丽、米雪、喻凯睿等：《农户生计资本与旅游生计策略关系研究：以西北 A 区为例》，《广西民族大学学报》（哲学社会科学版）2017 年第 6 期。

位参与民族村寨旅游扶贫自主权，从而激发帮扶单位主动融入民族村寨旅游扶贫开发。民族村寨社区参与旅游扶贫的利益链接制度既可以以专门制度的形式加以规定，也可以在其他有关民族村寨旅游扶贫开发制度中对其进行规定。

第三节　民族村寨旅游扶贫财产
入股制度的瓶颈与破解

一　问题之提出

为了释放农村财产增值动能，激发农民参与农村产业升级增效，打赢扶贫攻坚战，推动农村产业振兴，2014 年，贵州省六盘水率先推行了农村"三变"试点改革①，2016 年，贵州省出台了《贵州省关于在全省开展农村资源变资产资金变股金农民变股东改革试点工作方案（试行）》，全国各地都先后推行了农村"三变"试点改革，如 2017 年甘肃省出台了农村"三变"试点改革指导意见。进而言之，全国农村都先后推行了"三变"试点改革。作为农村的缩影，民族村寨也正在推行"三变"试点改革，也正在推行旅游扶贫"三变"试点改革②，并取得了一定的成效。不少民族村寨居民已成为民族村寨旅游合作社的会员，或成为民族村寨农民专业合作社的成员，或成为民族村寨旅游开发公司的股东。然而，在实践中，财产形态呈现多元化趋势。"财产有实物形态、资源形态、权利形

---

① 《贵州省关于在全省开展农村资源变资产资金变股金农民变股东改革试点工作方案（试行）》中规定农村"三变"试点改革内容。"资源变资产"是指将合法的集体土地、林地、林木、水域、湿地和闲置的房屋、设备等资源的使用权，通过一定的形式入股到新型经营主体，取得股份权利；"资金变股金"是指将各级各部门投入农村的发展生产和扶持类财政资金（财政直补、社会保障、优待抚恤、救济救灾、应急类等资金除外），按照各自使用管理规定和贫困县统筹整合使用财政支农资金、资产收益扶贫等国家政策要求，量化为村集体或农户持有的股金，集中投入各类经营主体，享受股份权利，按股比获得收益；"农民变股东"是指农民自愿以土地（林地）承包经营权、林木所有权、集体资产股权、住房财产权（包括宅基使用权），以及自有生产经营设施、大中型农机具、资金、技术、技艺、劳动力、无形资产等各种生产要素，通过协商或评估折价后，投资入股经营主体，享有股份权利。

② 民族村寨旅游扶贫"三变"试点改革是指在旅游扶贫开放中，旅游扶贫资源变为旅游扶贫开放的资产，旅游扶贫资金变为旅游扶贫组织的股金，民族村寨的居民变为民族村寨旅游扶贫开发组织的股东。

态、货币形态、知识形态、信息形态及资信形态。"① 民族村寨旅游扶贫财产入股存在一些突出问题,其表现在以下几个方面。一是民族村寨旅游吸引物入股主体不明确,民族村寨旅游吸引物难以评估。二是民族村寨知识产权入股主体不明确,民族村寨知识产权难以评估。三是民族村寨非物质文化遗产入股主体不明确,民族村寨非物质文化遗产难以评估。从制度层面看,民族村寨旅游扶贫入股制度的瓶颈是导致民族村寨旅游财产入股存在一些突出问题的根本原因。民族村寨旅游扶贫入股制度的瓶颈包括了民族村寨旅游吸引物入股制度的瓶颈、民族村寨知识产权入股制度的瓶颈和民族村寨土地权益入股制度的瓶颈等。

二　民族村寨旅游扶贫财产入股制度的瓶颈

《公司法》《农民专业合作社法》《资产评估法》等法律对资产入股主体、资产评估对象和方法等方面作了规定。《公司法》第 27 条规定:"股东可以用货币出资,也可以用实物、知识产权、土地使用权等可以用货币估价并可以依法转让的非货币财产作价出资;但是,法律、行政法规规定不得作为出资的财产除外。"第 28 条规定:"股东应当按期足额缴纳公司章程中规定的各自所认缴的出资额。股东以货币出资的,应当将货币出资足额存入有限责任公司在银行开设的账户;以非货币财产出资的,应当依法办理其财产权的转移手续。"《农民专业合作社》第 5 条规定:"农民专业合作社依照本法登记,取得法人资格。农民专业合作社对由成员出资、公积金、国家财政直接补助、他人捐赠以及合法取得的其他资产所形成的财产,享有占有、使用和处分的权利,并以上述财产对债务承担责任。"第 6 条规定:"农民专业合作社成员以其账户内记载的出资额和公积金份额为限对农民专业合作社承担责任。"《资产评估法》第 2 条规定:"本法所称资产评估(以下称评估),是指评估机构及其评估专业人员根据委托对不动产、动产、无形资产、企业价值、资产损失或者其他经济权益进行评定、估算,并出具评估报告的专业服务行为。"然而,一方面,民族村寨旅游扶贫财产具有特殊性,其

---

① 陆小华:《信息财产权——民法视角中的新财富保护模式》,法律出版社 2009 年版,第 145—161 页。

表现在三个方面。一是民族村寨旅游扶贫财产的类型多，民族村寨旅游扶贫财产包括了民族村寨旅游吸引物、民族村寨知识产权、民族村寨非物质文化遗产、民族村寨土地权益、民族村寨旅游扶贫资金、社会组织和个人捐献给民族村寨的扶贫资金等，而民族村寨旅游吸引物的类型就极为繁多，有些民族村寨旅游扶贫财产类型化存在障碍。二是民族村寨旅游扶贫财产的性质极为复杂。民族村寨旅游扶贫财产既有有形物，又有无形物、知识产权、非物质文化遗产及传统知识等，也有民族文化旅游资源。三是有些民族村寨旅游扶贫财产的权属并未法定化。民族村寨文化公益林和民族文化旅游资源等民族村寨旅游扶贫财产的种类和内容并未法定化。另外，民族村寨旅游扶贫财产主体也具有特殊性，其表现在两个方面。一是民族村寨旅游扶贫财产主体复杂。民族村寨旅游扶贫财产主体既有民族村寨居民、民族村寨居民的家庭等，也有民族村寨农民专业合作社、民族村寨农民专业合作联社、民族村寨旅游合作社及民族村寨旅游开发公司等。二是民族村寨旅游扶贫财产的主体特别。民族村寨旅游扶贫财产的主体既有具有独立完整法律人格的民事主体，又有法律人格缺失的民事主体；既有自然人、合伙组织，又有法人。

由于民族村寨旅游扶贫财产的特殊性和民族村寨旅游扶贫财产主体的特殊性，所以民族村寨旅游扶贫财产的入股也具有相应的特殊性，从规则的技术性的层面看，应该有民族村寨旅游扶贫财产入股的特别法，或应该在相应的法规中对其作出特别的规定。然而，实际上，既没有民族村寨旅游扶贫财产入股特别法，也没有在相应的法规中对其民族村寨旅游扶贫财产入股进行特别规定，这是民族村寨旅游扶贫财产入股制度的瓶颈。民族村寨旅游扶贫财产入股制度瓶颈较多，在此仅对民族村寨旅游吸引物入股制度的瓶颈、民族村寨知识产权入股制度的瓶颈及民族村寨土地权益入股制度的瓶颈进行探讨。

（一）民族村寨旅游吸引物入股制度的瓶颈

民族村寨旅游吸引物入股制度存在哪些瓶颈呢？民族村寨旅游吸引物入股制度瓶颈包括了民族村寨旅游吸引物评估制度瓶颈和民族村寨旅游吸引物入股主体界定制度瓶颈。首先，探讨民族旅游吸引物评估制度瓶颈，然后再分析民族村寨旅游吸引物入股主体制度的瓶颈。

1. 民族村寨旅游吸引物评估制度的瓶颈

民族村寨旅游吸引物评估制度的瓶颈表现为三个方面。一是民族村寨旅游吸引物评估范畴难以确定。二是民族村寨旅游吸引物评估方法的确定。三是民族村寨旅游吸引物评估主体的确定和权责。

而旅游吸引物权，是指由土地及其附属物的旅游吸引价值转化而来的土地极差收益及其权利①。通过对旅游吸引物及旅游吸引物权概念的阐述，我们可以得知，旅游吸引物属于民法的调整范围，旅游吸引物属于财产，而不属于人身关系。通过对"旅游吸引物"概念的剖析可以得出②，旅游吸引物的价值与土地及其附属物息息相关，土地是承载一切旅游吸引物的基础。正因如此，旅游吸引物的范围是很难以界定的，它与旅游景区、游客的心理等众多因素有关。由此看来，对旅游吸引物的价值进行评估显得更为重要，而对旅游吸引物的评估却不能单纯地以土地或物的现行功能为主要依据。而民族村寨旅游吸引物则是旅游吸引物的下位概念，是旅游吸引物的子系统，因此，旅游吸引物进行评估制度缺陷也是民族村寨旅游吸引物评估的缺陷。

（1）民族村寨旅游吸引物评估的范围难以界定

民族村寨旅游吸引物从概念上来讲，是属于集合概念，从其形态上看也并没有具体的范围；民族村寨旅游吸引物是一种吸引游客前往参观游览的诱发因素，游客的认知能力、心理状态等都有所区别，也会导致每位游客都会有对自己有吸引力的民族村寨旅游吸引物；民族村寨旅游吸引物是一种集合概念，而法律并不能对集合概念作出定义，这就导致无法从法律层面对旅游吸引物进行具体的界定。资产的类型化和特定化是资产评估的前提条件，由于现行法规并没有对民族村寨旅游吸引物的类型化和特定化进行规定，即民族村寨旅游吸引物的范围难以确定，从而导致民族村寨旅游吸引物的评估范围难以界定。民族村寨旅游吸引物评估范围难以界定存在着几个方面的弊端。一是难以评估不同民族村寨旅游吸引物的价值。不同的民族村寨旅游吸引物的价值不同，对民族村寨旅游吸引物评估的目的则是尽可能评估出不同民族村寨旅游吸引物的真实价值，而由于民族村寨

---

①　保继刚、左冰：《为旅游吸引物权立法》，《旅游学刊》2012年第7期。
②　本研究的第二章第一节已对"旅游吸引物"概念和法律本质属性进行了剖析，在此不再重述。

旅游吸引物评估范围难以界定，所以难以评估不同的民族村寨旅游吸引物的真实价值。二是民族村寨旅游吸引物评估方法难以确定。不同的民族村寨旅游吸引物也应该采用不同的评估方法，而由于现行法规并没有对民族村寨旅游吸引物进行类型化和特定化，所以民族村寨旅游吸引物评估方法难以确定。三是民族村寨旅游吸引物评估主体及其权责难以界定。按照现行资产评估法规的规定，不同的资产，其评估主体及其权责也应该略有不同，而民族村寨旅游吸引物评估范围难以界定，其结果则是民族村寨旅游吸引物评估主体及其权责难以界定。

（2）民族村寨旅游吸引物评估主体及其权责难以界定

民族村寨旅游吸引物评估主体及其权责难以界定，这是民族村寨旅游吸引物评估制度的一个重要缺陷。对民族村寨旅游吸引物进行财产评估，应该要明确民族村寨旅游吸引物权利主体。按照现行的《民法总则》，我国民族村寨地区的旅游公司、民族村寨社区、民族村寨家庭、民族村寨的民族非物质文化传承人等民事主体的民事地位在民族村寨的发展过程中权利义务相互交叉，各民事主体之间的民事地位具有模糊性和边缘性等特质。《中华人民共和国资产评估法》第 1 条规定："为了规范资产行为，保护资产评估当事人合法权益和公共利益，促进资产评估行业健康发展，维护社会主义市场经济秩序，制定本法。"由此可以得知，进行资产评估的目的就是保护资产评估当事人的合法权益。而在此的当事人却是指民族村寨旅游吸引物权利人，民族村寨旅游吸引物评估人的确定则是由民族村寨旅游吸引物权利人和民族村寨旅游吸引物权利人入股的民族村寨农民专业合作社或民族村寨旅游合作社或民族村寨旅游开发公司共同确定，民族村寨旅游吸引物评估人的权责渊源有二。一是由民族村寨旅游吸引物权利人或民族村寨旅游吸引物权利人和民族村寨旅游吸引物权利人入股的民族村寨农民专业合作社或民族村寨旅游合作社或民族村寨旅游开发公司与民族村寨旅游吸引物评估人约定。二是由有关民族村寨旅游吸引物评估法规规定。民族村寨旅游吸引物权利人或民族村寨旅游吸引物权利人和民族村寨旅游吸引物权利人入股的民族村寨农民专业合作社或民族村寨旅游合作社或民族村寨旅游开发公司与民族村寨旅游吸引物评估人约定民族村寨旅游吸引物评估人权责存在一定的局限性，其局限性需要有关民族村寨旅游吸引物评估法规的规定加以弥补。因此，从此意义上说，有关民族村寨旅游吸引物评估法规的缺位是民族村寨旅游吸引物评估主体及其权责难以确定的动因。

（3）民族村寨旅游吸引物评估方法难以确定

按照资产评估准则的规定，资产评估有三种不同的评估基本方法及衍生的评估方法。《资产评估基本准则》第 16 条规定："确定资产价值的评估方法包括市场法、收益法和成本法三种基本方法及其衍生方法。资产评估专业人员应当根据评估目的、评估对象、价值类型、资料收集等情况，分析上述三种基本方法的适用性，依法选择评估方法。"《资产评估法》第 26 条规定："评估专业人员应当恰当选择评估方法，除依据评估执业准则只能选择一种评估方法外，应当选择两种以上评估方法，经综合分析，形成评估结论，编制评估报告。"从理论上说，不同的民族由于民族村寨旅游吸引物的类型化和性质极为复杂，所以民族村寨旅游吸引物评估方法难以确定。虽然说民族村寨旅游吸引物评估方法是由民族村寨旅游吸引物评估主体或民族村寨旅游吸引物权利人或民族村寨旅游吸引物权利人和民族村寨旅游吸引物权利人入股的民族村寨农民专业合作社或民族村寨旅游合作社或民族村寨旅游开发公司与民族村寨旅游吸引物评估人约定，但是在一定情况下，他们对民族村寨旅游吸引物评估方法的确定难以形成共识，或得不到市场的认可，因此，这就需要对不同类型的民族村寨旅游吸引物评估方法及其认可度进行调研，条件成熟时，把其上升为地方法规，从而为民族村寨不同类型的旅游吸引物评估提供科学而合理的方法。

2. 民族村寨旅游吸引物入股主体制度的瓶颈

民族村寨旅游吸引物入股主体有哪些呢？民族村寨旅游吸引物入股主体有哪些权利和义务呢？如何保护民族村寨旅游吸引物入股主体的权益呢？虽说《公司法》《农民专业合作社法》等法律对入股主体范畴作了规定，对入股主体的权利和义务作了一些规定，但是在实践中，入股主体的权利和义务具有意定性，即由当事人双方约定，入股主体权益保护的主要方式是自助。而就民族村寨旅游吸引物入股主体而言，《公司法》《农民专业合作社法》仅是一般法，而不是特别法。从法律效力的角度看，特别法优先于一般法。由于民族村寨旅游吸引物入股主体没有特别法，只有一般法，所以只能适用《公司法》《农民专业合作社法》等法律。然而，一方面，民族村寨旅游吸引物的主体极为复杂，有些民族村寨旅游吸引物的权属主体是民族村寨，如民族村寨的文化公益林，有些民族村寨旅游吸引物的权属主体是民族村寨居民的家庭，甚至其权属主体是几个家庭或一个家族，如民族村寨居民的民宿、民族村寨居民的梯田等，有些民族村寨旅游吸引物的权属主体属于共有，如自然景观。民族村寨旅游吸引物的主体复杂性势必影响民族村寨旅游吸引物资本化和入股，制约了民族村寨旅游吸引物入股主体权益和义务的确定。另一方面，民族村寨居民家庭仍然是参与民族村寨旅游扶贫开发的重要主体，而不管是民族村寨旅游开发公司的股东，还是民族村寨专业合作社成员或民族村寨旅游合作社成员或民族村寨农民专业合作联社的成员①都是以个人或法人或单位的名义出现，而并没有以家庭或几个家庭或一个家族的名义出现。民族村寨居民的家庭或几个家庭或一个家族是否应该成为民族村寨旅游吸引物入股主体呢？民商法理论界并没有对其进行研究，现行法规并没有对其进行回应。这就是民族村寨旅游吸引物入股主体制度的缺陷。

（二）民族村寨知识产权入股制度的瓶颈

1. 民族村寨知识产权②入股制度缺位

知识产权评估的本质属性是"客体的非物质性"。从财产的性质分类看，知识产权属于无形财产，无形财产的评估存在技术和伦理的一些难点，而民族村寨知识产权是知识产权一种特殊类型。民族村寨地区的民族商标、地理标志及字号等知识产权主体制度、民族村寨的民族工艺品的发明和外观设计、民族商标、地理标志及字号等具有民族村寨地区本身特色的知识产权都有进行资产评估的必要。民族村寨中具有特色的知识产品是民族村寨地区的无形资产，也是社会财富的一种表现形式。不管是《公司法》还是《农民专业合作社法》，都规定了知识产权可以入股。我国《公司法》第 27 条规定："股东可以用货币出资，也可以用实物、知识产权、土地使用权等可以用货币估价并可以依法转让的非货币财产作价出资。"从本条规定可以看出两点。（1）股东可以用知识产权进行出资。民族村寨在发展过程中，以民族村寨社区的形式参与经

---

① 民族村寨农民专业合作社成员或民族村寨旅游合作社成员或民族村寨农民专业联合社成员可能就是民族村寨旅游吸引物入股主体。

② 民族村寨知识产权包括了民族村寨传统知识的消极知识产权利益和衍生知识产权利益，其依据是吸收了严永和教授对传统知识的知识产权保护的研究成果。

济发展，可以用知识产权出资。（2）知识产权作为"非货币财产"进行出资必须进行资产评估。而作为知识产权的特殊类型，民族村寨知识产权评估制度缺位，其表现在以下几个方面。一是民族村寨知识产权评估体系制度缺位。按照性质不同，规则分为伦理规则和技术规则，合理的制度既包含伦理规则，又包括技术规则。因此，作为资产评估制度的子系统，民族村寨知识产权评估体系制度应该也包括民族村寨知识产权评估体系的伦理规则，又包含民族村寨知识产权技术规则。从此意义上说，为了促使民族村寨知识产权评估达到公平和公正的价值目标，应该因地制宜地制定民族村寨知识产权评估体系制度，而实际上，并没有制定民族村寨知识产权评估体系制度。二是民族村寨知识产权评估激励制度缺失。作为"经济人"，资产评估机构和资产评估人员是理性的，追求经济利益最大化是他们参与资产评估的动力，而由于诸方面的原因①，参与民族村寨知识产权评估的经济利益不能达到预期，并还要承担评估风险，因此资产评估机构和资产评估人员不愿意参与民族村寨知识产权评估。就整体而言，民族村寨是精准扶贫的对象，民族村寨产业发展是解决民族村寨精准扶贫的根本之道，而民族村寨知识产权资本化则是民族村寨产业发展的重要物质条件。三是民族村寨知识产权评估人员专门培训制度缺失。民族村寨知识产权评估专业人员是确保现阶段我国的资产评估师知识结构欠缺合理性，通过统一的考试获得的职业资格证书并不能满足资产评估多样性的要求。在这种情形下，很难保证评估专业人员有充足的经验和技巧从事专业性较强的资产评估工作。民族村寨地区的知识产品评估不仅是对知识产权的评估，而且涉及很多与民族村寨地区的发展模式、现实状况相结合的方面。一般的评估人员很难综合地对其进行综合评价。四是民族村寨知识产权入股主体的权益民族村寨地区拥有众多享有知识产权的民族特色，但由于民族村寨地区认识不到其享有的民族商标或者地理标志的价值，不够重视知识产品的评估，对知识产品的评估缺乏主动性，导致民族村寨的知识产品得不到充分利用。

---

① 诸方面的原因包括以下四个方面的原因：一是对知识产权评估的交易成本高；二是不少民族村寨知识产权的归属存在争议；三是评估民族村寨知识产权的市场价值的不确定性因素多；四是不少民族村寨知识产权主体不具有独立性。

2. 民族村寨知识产权入股主体制度的缺陷

民族村寨知识产权入股实质上就是民族村寨知识产权资本化问题，而根据学者刘春霖的研究，知识产权资本化涉及几个重要问题的法律规制，进而言之，知识产权资本化需要从法律视角对其几个要素进行规制。"本书第三章至第七章，分别从知识产权出资主体资格、客体条件、方式选择、评估过程和责任承担五个方面对知识产权资本化进行法律规制。"①作为知识产权的特殊类型，民族村寨知识产权资本化也应该进行法律规制。民族村寨知识产权资本化所要进行法律规制的对象较多，民族村寨知识产权入股只是民族村寨知识产权资本化的一种方式，而民族村寨知识产权入股主体制度却是民族村寨知识产权入股法律规制的一种表现而已。民族村寨知识产权入股主体制度存在缺陷，其表现在几个方面。一是民族村寨知识产权入股主体制度理论上的障碍。民族村寨知识产权主体的独立性是其入股的必要条件，主体的独立性是从事市场交易的基础，是具有完整法律人格的表征，是以知识产权作为资产入股民族村寨农民专业合作社或民族村寨旅游合作社或民族村寨旅游开发公司主体性要素。然而，不少民族村寨知识产权主体不具有独立性②，这是民族村寨知识产权入股主体制度理论上的障碍。二是民族村寨知识产权入股主体权益制度缺位。民族村寨知识产权入股主体具有哪些权益呢？民族村寨知识产权主体种类多而复杂，不同的民族村寨知识产权主体参与不同旅游扶贫开发组织的权益应该不同。从理论上说，应该对不同民族村寨知识产权主体入股不同旅游扶贫开发组织的权益进行规定，以助于民族村寨知识产权入股主体参与旅游扶贫开发组织运行和管理，从而激发民族村寨知识产权入股主体参与民族村寨旅游扶贫开发的内在动力。然而，实际上，虽说知识产权有关法规规定一些知识产权入股主体的权益，但是现行法规并没有对不同的民族村寨知识产权入股主体权益进行规定，尤其没有对民族村寨传统知识产权入股权益加以法定。一言以蔽之，民族村寨知识产权入股主体权益制度缺位。三是民族村寨知识产权入股主体权益保护制度缺位。如何保护民族村寨知识产权入股主体权益呢？民族村寨知识产权入股主体权益保护制度是保护民

---

① 刘春霖：《知识产权资本化研究》，法律出版社 2010 年版，第 1 页。

② 不少民族村寨知识产权主体不独立，这种现象是民族村寨知识产权的一个特点，也是民族村寨知识产权的一个缺陷，因为这一特点制约了民族村寨知识产权的市场交易价值。

族村寨知识产权入股主体权益的根本保证。虽说自助、多元调解和行政救济等方式都是保护民族村寨知识产权入股主体权益的重要方式，但是一方面，民族村寨知识产权入股主体权益保护制度是以上这些方式保护民族村寨知识产权入股主体权益的基础；另一方面，以上这些方式保护民族村寨知识产权入股主体权益存在局限性。因此，从此意义上说，民族村寨知识产权入股主体权益保护制度则是保护民族村寨知识产权入股的根本保证。然而，由于诸方面的原因，所以民族村寨知识产权入股主体权益保护制度缺位。

（三）民族村寨土地权益入股制度的瓶颈

民族村寨土地权益范围较广，既包括了民族村寨农用土地所有权、民族村寨林权、民族村寨集体建设用地使用权，又包括民族村寨农用地承包经营权、民族村寨农用地承包权、民族村寨农用地经营权、民族村寨宅基地使用权等。如何充分实现民族村寨土地权益资本化，这是推动民族村寨旅游扶贫的物质性条件，民族村寨土地权益入股则是推动民族村寨土地权益资本化的渠道。民族村寨正在推行农村土地"三权分置"试点改革则是扩展民族村寨土地权益范围的有效方式，所实施的"三变"试点改革既推动民族村寨土地权益入股，又是民族村寨土地权益入股的重要方法。固然，一方面，我国制定了有关民族村寨土地权益入股制度；另一方面，结合实际情况，各地制定了有关民族村寨土地权益入股制度。然而，在实践中，民族村寨土地权益入股制度存在一些瓶颈。如民族村寨土地权益评估制度存在缺陷，民族村寨土地权益入股主体制度也存在缺陷。

1. 民族村寨土地权益评估制度的缺陷

《资产评估法》《土地估价管理办法》等法规和规章对土地权益评估作了相应的规定，尤其是对土地权益评估主体和方法作了具体的规定，这为土地权益评估提供依据。《土地估价管理办法（草案）》第 3 条规定："市场法是最常用到的方法之一，市场法也称市场比较法，是将待估土地与近期已经进行交易的类似土地加以比较，从已进行交易的类似土地的价格，修正得出待估土地价格的一种评估方法。"从市场法的概念可以得出，利用市场法进行土地估价最基本的就是与"近期已经交易的类似土地加以比较"，而民族村寨作为新兴的旅游产业之一，进行交易的次数屈指可数，因此在进行土地权益评估时可参考的评估案例较少。然而，在实践中，资产评估机构参与民族村寨土地权益评估项目的内在动力不足，不愿意参与民族村寨土地权益评估项目，其主要原因有二。一是资产评估机构参与民族村寨土地权益评估存在一些风险，资产评估对象、资产评估方法、资产评估认知度和接受度等因素都会影响资产评估效果，只是对资产评估效果影响系数不同而已。而资产评估效果与资产评估风险存在相关性。一方面，民族村寨土地权益不明确①，民族村寨、民族村寨居民和民族村寨旅游开发相关人对民族村寨土地权益评估认知度和接受度低，这是民族村寨土地权益评估的一个风险点。民族村寨土地权益不明确势必影响评估效果，而资产评估效果与资产评估风险存在相关性，所以民族村寨土地权益不明确是民族村寨土地权益评估的一个风险点。另一方面，民族村寨土地权益评估方法难以确定，这也是民族村寨土地权益评估的一个风险。虽说有关资产评估法规对资产评估方法作了规定，但是民族村寨土地权益主体和民族村寨旅游扶贫开发主体对民族村寨土地权益评估方法约定却是民族村寨土地权益评估方法确定的重要根据，但是由于民族村寨土地权益的复杂性，民族村寨土地权益主体和民族村寨旅游开发主体对民族村寨土地权益评估方法认知的分歧，民族村寨土地权益评估相关人之间信息不对称等，致使民族村寨土地权益评估方法难以确定。二是资产评估机构参与民族村寨土地权益评估项目的经济收入不一定可观。作为理性人，资产评估机构参与民族村寨土地权益评估项目的则是追求经济利益最大化。一方面，资产评估机构参与民族村寨土地权益评估项目的机会成本高。另一方面，民族村寨土地权益评估项目少，民族村寨土地权益评估项目小。

　　从制度经济学维度看，资产评估机构参与民族村寨土地权益评估项目动力不足的深层次原因是民族村寨土地权益评估制度存在缺陷，其表现在以下几个方面。一是现行法规并没有对有些民族村寨土地权益的主体、类型和内容等方面作明确的规定。二是没有根据民族村寨土地权益评估的特殊性制定民族村寨土地权益评估激励制度，鼓励资产评估机构参与民族村寨土地权益评估项目。三是没有因地制宜地制定民族村寨土地权益评估权责和监管制度。

---

　　①　民族村寨土地权益不明确包含三层含义。第一层含义是指民族村寨土地权益主体不明确。第二层含义是指民族村寨土地权益内容不明确。第三层含义是指民族村寨土地权益类法定类型不明确。

2. 民族村寨土地权益入股主体制度的缺陷

民族村寨土地权益入股主体制度存在三个方面的缺陷。一是民族村寨土地权益入股的主体为个人、法人或其他组织，而民族村寨土地权益的主体则为民族村寨、民族村寨居民和民族村寨居民的家庭，民族村寨居民的家庭则是民族村寨土地权益的重要主体，民族村寨居民的家庭作为民族村寨土地权益入股主体存在法律制度上的漏洞，即现行法规并没有明确规定民族村寨居民的家庭是否可以作为民族村寨土地权益入股主体。民族村寨土地承包权与其土地经营权分离时，民族村寨土地承包权人是否还具有入股资格呢？虽说刘云生从物权变动的维度对其进行了研究，"农村土地承包权人与农村土地经营权分离时，农村土地承包权人是否还可以拥有入股权利和股份呢？应该分两种情况进行讨论"①，但是现有法规并没有对其作出明确规定。二是民族村寨土地权益入股主体的权益不确定。虽说民族村寨土地权益入股契约是确定民族村寨土地权益入股主体权益的根据，但是通过相关法规明确规定民族村寨土地权益入股主体权益也是确定民族村寨土地权益入股主体权益的依据，法规对其明确规定有助于减少因明确民族村寨土地权益入股主体权益的机会成本，有助于预防和解决因民族村寨土地权益入股主体权益而产生的纠纷。三是民族村寨土地权益入股主体权益保护制度缺失。如何保护民族村寨土地权益入股主体权益呢？民族村寨土地权益入股主体权益保护涉及几个重要问题。其一，民族村寨土地权益入股主体权益自助保护其权益。其二，民族村寨土地权益入股主体权益保护程序。其三，侵害民族村寨土地权益入股主体权益的赔偿和惩罚机制。

三　民族村寨旅游扶贫财产入股制度瓶颈的破解

如何破解民族村寨旅游吸引物入股制度瓶颈、民族村寨知识产权入股制度瓶颈及民族村寨土地权益制度瓶颈呢？这既涉及民族村寨旅游扶贫财产入股制度破解路径，又牵涉民族村寨旅游扶贫财产入股制度破解举措。民族村寨旅游扶贫财产入股制度破解路径是制度创新和制度变通实施，民族村寨旅游扶贫财产入股制度破解举措则是因不同的民族村寨

---

① 刘云生：《农村土地股权制改革：现实表达与法律应对》，中国法制出版社2016年版，第221页。

旅游扶贫财产入股制度瓶颈而异。民族村寨旅游吸引物入股制度瓶颈、民族村寨知识产权入股制度瓶颈及民族村寨土地权益制度瓶颈之破解举措略有不同。

（一）民族村寨旅游吸引物入股制度瓶颈的破解

1. 完善民族村寨旅游吸引物评估制度

应该从以下四个方面完善民族村寨旅游吸引物评估制度。一是加强民族村寨旅游吸引物评估制度理论研究。二是界定民族村寨旅游吸引物评估范畴。三是确定民族村寨旅游吸引物评估方法。四是明确民族村寨旅游吸引物的相关评估相关主体及其权责。

（1）加强民族村寨旅游吸引物评估制度理论研究

民族村寨旅游吸引物评估制度存在缺陷的原因极为复杂，其动因也是多方面的，但是民族村寨旅游吸引物评估制度理论研究不够也是其中的一个原因。一方面，加强民族村寨旅游吸引物评估制度理论研究具有必然性。民族村寨旅游吸引物评估制度理论是民族村寨旅游吸引物评估制度完善的基础性条件，是民族村寨旅游吸引物评估制度完善的依据，也是民族村寨旅游吸引物评估制度原则和制度规则的具体化。另一方面，民族村寨旅游吸引物评估制度理论研究成果寥寥无几。固然，有一些学者从经济学和管理学等视角探讨了资产评估的一些理论，但是鲜有学者从法学维度探讨资产评估问题，民族村寨旅游吸引物评估制度理论更是被忽视了。民族村寨旅游吸引物评估制度理论既涉及民族村寨旅游吸引物理论，又涉及评估范畴、程序和评估方法等方面的理论，因此民族村寨旅游吸引物评估制度理论是跨学科的理论，是财产法理论与资产评估理论的交叉理论，这为民族村寨旅游吸引物评估制度理论研究者储备了这两个方面的理论知识和研究素材，这就需要不同学科的学者对民族村寨旅游吸引物评估制度理论进行关注和探讨。

（2）界定民族村寨旅游吸引物评估范畴

民族村寨旅游吸引物是一个集合概念，已被旅游学界和旅游实务界认可和接受，而法学界和立法界并没有认知和移植"民族村寨旅游吸引物"这个概念。客观地说，一方面，受制于现有资产评估技术局限性；另一方面，有些民族村寨旅游吸引物的权利不明确①，并非所有民族村寨旅游吸引物都能够纳入民族村寨旅游吸引物评估范畴。从此意义上说，界定民族村寨旅游吸引物评估范畴具有必要性。如何界定民族村寨旅游吸引物评估范畴呢？界定民族村寨旅游吸引物评估范畴包括了两个重要问题。一是界定民族村寨旅游吸引物评估范畴的方法。可以在民族村寨旅游吸引物评估相关法规中界定民族旅游吸引物评估范畴，可以采取列举方法界定民族村寨旅游吸引物评估范畴。二是界定民族村寨旅游吸引物评估范畴的边际。界定民族村寨旅游吸引物评估范畴的边际是民族村寨旅游吸引物资本化的可能性和现实性，即在现有条件下，若某一类型的民族村寨旅游吸引物能够转化为货币，则此类民族村寨旅游吸引物可以纳入评估的范畴。

（3）确定民族村寨旅游吸引物评估方法

虽说有关资产评估法规规定了资产评估的方法，但是民族村寨旅游吸引物的特殊性决定了其评估方法的选择。基于此认识，应该确定民族村寨旅游吸引物评估方法。确定民族村寨旅游吸引物评估方法包含了两层含义。一是对现有法规所规定的衍生评估方法的界定。《资产评估法》没有规定评估方法的类型，没有界定衍生评估方法，只是《资产评估基本准则》对评估方法进行了规定，但并没有界定衍生评估方法②。市场法、收益法和成本法所衍生的评估方法有哪些呢？《资产评估基本准则》应该界定衍生评估方法，应该规定市场法、收益法和成本法及其衍生评估方法的关系。衍生评估方法不确定存在几个弊端。其一，资产评估专业人员不敢贸然采用衍生评估方法。《资产评估法》明确规定，资产评估专业人员应该依法确定资产评估方法，由于现行法规并没有明确衍生评估方法有哪些，所以一旦贸然采用衍生评估方法，则此行为并非依法确定评估方法，因此资产评估专业人员采用衍生评估方法评估资产的行为不具有合法性，并将给资产评估机构带来法律风险③。其二，增加委托人的资产评估费用。资产评估专业人员所采取的资产评估方法的多少与资产评估成本成正比例关系，即所采用的资产评估方法越多，则其资产评估成本越高，而评

---

① 不少民族村寨旅游景点的旅游吸引物权的内容、类型和主体不确定。

② 《资产评估基本准则》第16条规定："确定资产价值的评估方法包括市场法、收益法和成本法三种基本方法及其衍生方法。"

③ 资产评估专业人员是以资产评估机构代理人的身份从事资产评估活动。

估机构的资产评估成本会通过不同的方式转嫁给委托人。其三，影响资产评估报告的市场可信度。虽说《资产评估法》和《资产评估基本准则》规定资产评估人员必须选择两种以上的资产评估方法对资产进行评估，并通过综合分析形成资产评估报告，但是由于现行法规没有界定衍生评估方法，这为资产评估专业人员任意选择资产评估衍生方法提供了空间，而资产评估专业人员所采取的衍生评估方法并不一定是市场所认可的评估方法。二是资产评估方法的选择。按照《资产评估法》第26条的规定[①]，评估专业人员选择资产评估方法，委托方和相关当事人无权选择评估方法。固然，资产评估人员属于资产评估法定的专业人士，他们有权选择资产评估方法，但是资产评估委托人和相关当事人也应该有权选择资产评估方法，也应该有资产评估方法选择的建议权，也应该由资产评估人、资产评估委托人和相关当事人协商选择资产评估方法。资产评估方法选择的目的是确保资产评估报告的真实性和有效性，是让资产评估委托人和相关当事人认可资产评估报告。

（4）明确民族村寨旅游吸引物评估相关主体及其权责

固然，《资产评估法》和《资产评估基本准则》等法规明确了资产评估的主体，规定了资产评估主体的权责，但是民族村寨旅游吸引物颇具复杂性，也具有特殊性，因此，有关法规应该明确民族村寨旅游吸引物评估相关主体及其权责。例如，同一民族村寨旅游景点的一些民族村寨旅游吸引物属于国有，而另一些民族村寨旅游吸引物则属于民族村寨或民族村寨居民或民族村寨旅游扶贫开发企业。现行法规并没有对这些特殊的民族村寨旅游吸引物评估相关主体及其权责进行规定，其结果是不利于其民族村寨旅游吸引物评估活动的开展，不利于民族村寨旅游吸引物资本化。作出此判断的依据有二。一是资产评估委托人和相关当事人是民族村寨旅游吸引物评估活动开展的前提条件。没有资产评估委托人的委托，民族村寨旅游吸引物的资产评估机构对其民族村寨旅游吸引物评估没有法律依据。进而言之，没有资产评估委托人的授权，民族村寨旅游吸引物的资产评估机构和民族村寨旅游吸引物的资产评估专业人员没有权利评估其民族村寨旅

---

① 《资产评估法》第26条规定："评估专业人员应当恰当选择评估方法，除依据评估执业准则只能选择一种评估方法的外，应当选择两种以上评估方法，经综合分析，形成评估结论，编制评估报告。"

游吸引物。二是民族村寨旅游吸引物的评估相关当事人是民族村寨旅游吸引物评估委托人委托资产评估机构开展民族村寨旅游吸引物评估的内在动力。民族村寨旅游吸引物评估委托人委托资产评估机构对民族村寨旅游吸引物评估的动机是得到市场的认可，是深得民族村寨旅游吸引物评估相关当事人的认可，是民族村寨旅游吸引物评估相关当事人能够接受民族村寨旅游吸引物评估专业人员的资产评估报告。

2. 完善民族村寨旅游吸引物入股主体制度

完善民族村寨旅游吸引物入股主体制度包括以下几个方面的内容。一是明确民族村寨旅游吸引物入股主体范畴。按照《公司法》《农民专业合作社法》等法律的规定，民族村寨成年居民和民族村寨旅游扶贫开发公司等民事主体可以作为民族村寨旅游吸引物入股主体，但是民族村寨、民族村寨居民的家庭、参与民族村寨旅游扶贫开发的自然人、社会组织和法人等民事主体是否可以作为民族村寨旅游吸引物入股主体呢？从现有法规看，后者可以成为民族村寨旅游吸引物入股主体并没有依据。虽说民族村寨旅游吸引物入股契约是成为民族村寨旅游吸引物的重要依据，但是财产入股主体是采用登记主义，即在相关部门登记，则会成为法定入股主体，法定入股主体能够得到法律保护；反之，将很难得到法律的保护。因此，从此意义上说，成为法定入股主体尤为重要。参与民族村寨旅游扶贫开发的自然人、社会组织和法人等民事主体是否可以成为民族村寨吸引物入股的法定主体暂且不论，作为民族村寨旅游吸引物的权属主体，现有法规应该把其纳入入股主体范畴。考虑到民族村寨和民族村寨居民的家庭的法律人格的特殊性，可以在现有法规中作出例外规定，基于修改现有法规的成本过高的考虑，可以通过在地方法规中加以特别规定，或者通过法律政策加以规定。二是确定民族村寨旅游吸引物入股主体的权利和义务。固然，民族村寨旅游吸引物入股契约是民族村寨旅游吸引物入股主体的权利和义务的根据，但是相关法规很有必要规定民族村寨旅游吸引物入股主体的权利和义务。与民族村寨旅游扶贫开发企业和组织比较而言，民族村寨旅游吸引物入股主体处于弱势地位，是处于信息弱的点，因此在签订民族村寨旅游吸引物入股合同时，他们处于不利的地位，从而有可能导致民族村寨旅游吸引物入股主体的权利和义务不对等。确定民族村寨旅游吸引物入股主体的权利和义务有助于减少因协商民族村寨旅游吸引物入股问题的交易成本，有利于预防和解决因民族村寨旅游吸引物入股主体的权利和义务约定不明而产生的纠纷。三是构建民族村寨旅游吸引物入股主体的权益保护体系。构建民族村寨旅游吸引物入股主体的权益保护体系包括了两个方面的内容。其一，提高民族村寨旅游吸引物入股主体在民族村寨旅游扶贫开发企业治理中的地位。从理论上说，作为股东，民族村寨旅游吸引物入股主体在民族村寨旅游开发企业治理中一席之地，但是实际上，民族村寨居民、民族村寨居民的家庭和民族村寨等民族村寨旅游吸引物入股主体在民族村寨旅游开发企业治理中并没有多少地位。民族村寨旅游吸引物入股主体参与民族村寨旅游扶贫开发管理或监管民族村寨旅游扶贫开发运行，这是提高民族村寨旅游吸引物入股主体在民族村寨开发企业治理的最为有效的方法。其二，赋予民族村寨旅游吸引物入股主体权益自助权。民族村寨旅游吸引物入股主体自助保护其权益，这是属于民事自助行为，民事自助行为保护民事主体自身权益的成本低，如和解。为了降低民事权益保护成本，应该增大民族村寨旅游吸引物入股主体权益自助权，从而减少民族村寨旅游吸引物入股主体自助保护其权益的法律风险，激发民族村寨旅游吸引物入股主体自助保护其权益的积极性。

（二）民族村寨知识产权入股制度瓶颈的破解

1. 完善民族村寨知识产权评估制度

（1）健全民族村寨知识产权评估体系制度

与有形财产相比，无形财产的评估难度更大，按照财产性质分类，知识产权属于无形财产，而民族村寨知识产权属于特殊的知识产权，如有些民族村寨知识产权的主体具有集体性的特点[①]，有些民族村寨知识产权的客体具有文化性和传统性的特点[②]。因此，实际上，资产评估专业人员对民族村寨知识产权评估的难度大。为了推动资产评估专业人员自愿参与民族村寨知识产权评估项目，并提供科学合理的报告，应该健全民族村寨知识产权评估体系制度。健全民族村寨知识产权评估体系制度包括以下几方面的主要内容。一是民族村寨知识产权评估方法的确定，尤其是要确定民

[①] 民族村寨的地理标志、民族商标、民族文化作品、侗族大歌等知识产权主体为民族村寨或集体传承人等。

[②] 民族村寨的地理标志、民族商标、民族文化作品、侗族大歌等知识产权就具有文化性和传统性。

族村寨知识产权的市场法、收益法和成本法的衍生方法，根据不同类型的知识产权采用不同评估方法。郑成思认为，应该采用更有效的商标评估法。"更有效的商标有二：（1）自己与自己比——割差法；（2）自己与自己比——超额收入计算法。"① 运用马克思劳动价值论分析无形财产权价值的形成，从而为知识产权价值评估提供方法论。"笔者认为，这一学说明确地提出了知识产品有价值的观点，具有现实进步性。在价值构成分析中，承认无形劳动在价值形成中的核心作用。"② 二是扩大民族村寨知识产权评估方法确定的主体，即应该赋予民族村寨知识产权评估委托方和相关当事人为确定民族村寨知识产权评估方法的法定主体。三是民族村寨知识产权评估主体权责的界定。现有民族村寨知识产权评估主体权责的界定视角为民族村寨知识产权评估机构和民族村寨知识产权评估专业人员的实体法方面的权责，并没有明确民族村寨知识产权评估委托人和相关当事人的权责，这不利于民族村寨知识产权评估机构和民族村寨知识产权评估专业人员参与民族村寨知识产权评估项目，这也与"权利义务对等"原则相左。四是民族村寨知识产权评估的监管。现行民族村寨知识产权评估法规仅是规定了有关民族村寨知识产权评估事后监管，并没有赋予民族村寨知识产权评估委托人和相关当事人督促民族村寨知识产权评估机构和民族村寨知识产权评估专业人员从事民族村寨知识产权评估活动的权力，仅是由有关主管部门进行事后监管。

（2）制定民族村寨知识产权评估激励制度

作为"经济人"，资产评估机构和资产评估人员是理性的，追求经济利益最大化是他们参与资产评估的动力，而由于诸方面的原因③，参与民族村寨知识产权评估的经济利益不能达到预期，并还要承担评估风险，因此资产评估机构和资产评估人员不愿意参与民族村寨知识产权评估。就整体而言，民族村寨是精准扶贫的对象，民族村寨产业发展是解决民族村寨精准扶贫的根本之道，而民族村寨知识产权资本化则是民族村寨产业发展的重要物质基础，而民族村寨知识产权评估的市场化和社会认可度则是民

---

① 郑成思：《知识产权论》，法律出版社2003年版，第386页。
② 吴汉东、胡开忠：《无形财产权制度研究》，法律出版社2001年版，第258页。
③ 诸方面的原因包括以下四个方面。一是对知识产权评估的交易成本高。二是不少民族村寨知识产权的归属存在争议。三是评估民族村寨知识产权的市场价值的不确定性因素多。四是不少民族村寨知识产权主体不具有独立性。

族村寨知识产权资本化的关键要素，民族村寨知识产权评估专业人员和民族村寨知识产权评估机构参与民族村寨知识产权评估的积极性直接影响到民族村寨知识产权评估质量。为了激励民族村寨知识产权评估专业人员和民族村寨知识产权评估机构积极参与民族村寨知识产权评估项目，应该制定民族村寨知识产权评估激励制度。民族村寨知识产权评估激励制度包括以下几个方面的内容。一是民族村寨知识产权评估优惠政策。通过财政补贴和财产转移支付等经济杠杆手段鼓励民族村寨知识产权评估专业人员和民族村寨知识产权评估机构参与民族村寨知识产权评估活动。二是民族村寨知识产权评估税收减免制度。减免民族村寨知识产权评估机构的税收，实质上增加了民族村寨知识产权评估机构参与民族村寨知识产权评估活动的经济效益，作为理性人，追求经济效益最大化是其本性，不存在伦理上的善和恶的问题，因此，从此意义上说，民族村寨知识产权税收减免制度也是一种典型的民族村寨知识产权评估激励制度。三是民族村寨知识产权评估相关配套激励制度。一方面，为把民族村寨知识产权评估的激励落到实处，应该制定有关民族村寨知识产权评估激励范围、程序及方式等方面的制度；另一方面，为以防民族村寨知识产权评估奖励不到位，或以防一些评估机构骗取民族村寨知识产权评估奖励，应该制定有关民族村寨知识产权评估激励监管制度。

（3）完善民族村寨知识产权评估人员专门培训制度

民族村寨知识产权评估专业人员的技术水平和民族村寨知识产权评估专业人员供给则是民族村寨知识产权评估工作能否顺利开展的重要因素，而通过统一的考试获得的职业资格证书并不能满足资产评估多样性的要求。在这种情形下，很难保证评估专业人员有充足的经验和技巧从事专业性较强的资产评估工作。民族村寨地区的知识产品评估不仅是对知识产权的评估，而且涉及很多与民族村寨地区的发展模式、现实状况相结合的方面。因此，很有必要完善民族村寨知识产权评估人员专门培训制度。民族村寨知识产权评估人员专门培训制度完善包括以下几个方面的内容。一是民族村寨知识产权评估人员培训机构的确定。不管是从培训成本的维度看，还是从公共资源稀缺性的维度看，确定专门的民族村寨知识产权评估人员培训机构是不合理的，也是不现实的。因此没有必要确定专门的民族村寨知识产权评估人员培训机构。二是民族村寨知识产权评估人员培训的主要内容。民族村寨知识产权评估人员培训的主要内容应该包括与民族村寨知识产权评估相关的内容，尤其是民族村寨知识产权评估方法、范围、主体和程序等方面的内容。三是民族村寨知识产权评估的法律风险的预防和化解。由于民族村寨知识产权的权益主体和保护既存在制度的缺位或缺陷，又在实践中存在一些民族村寨知识产权的主体不清、权益范围不明确等方面的问题，因此民族村寨知识产权评估人员在对其评估时可能会有一些法律风险，这就需要民族村寨知识产权评估专业人员有很强的法律风险意识和法律风险防范意识。

2. 完善民族村寨知识产权入股主体制度

完善民族村寨知识产权入股主体制度包括以下三个方面的内容。一是健全民族村寨知识产权入股主体的法律人格。从理论上说，民事法律主体的独立性是从事市场交易的基础，民族村寨知识产权主体的独立性是其入股的必要条件，而法律人格则是民事主体独立从事民事活动的基础，因此应该健全民族村寨知识产权入股主体的法律人格。如何健全民族村寨知识产权入股主体的法律人格呢？笔者认为，健全民族村寨知识产权入股主体的法律人格的关键点是民族村寨、民族村寨居民的家庭等民族村寨知识产权入股主体资格的法定化，关键点是在《公司法》《农民专业合作社法》及有关民族村寨知识产权入股法规中规定民族村寨、民族村寨居民的家庭等民族村寨知识产权主体资格。二是完善民族村寨知识产权入股主体权益制度。刁胜先所提出的"知识产品分离说"为完善民族村寨知识产权入股主体权益制度提供了新的理论基础。"笔者正是受此启发而提出'知识产品权利分离说'。一则，加上'知识产品'，可限定权利穷竭产生的前提性条件，并突出'知识财产'与'事物财产'并存于知识产品的特殊事实。二则，'权利分离'一词意在表明知识产权与物权同等重要，不分轻重。"① 完善民族村寨知识产权入股主体权益制度主要包括以下几个方面的内容。其一，民族村寨入股知识产权的权益。有关民族村寨知识产权入股的法规中应该明确规定民族村寨在入股知识产权中应该享有以下一些权益：委托其知识产权评估的权益、变更入股知识产权登记的权益、享有其他股东和会员的权益、不被其他股东收购的权益、参与公司或企业管理

---

① 刁胜先：《论权利穷竭原则的本质——"知识产品权利分离说"之提出与解读》，《科技管理研究》2017 年第 1 期。

或监事权益、对公司或企业运行的知情权等。其二，民族村寨居民的家庭入股知识产权的权益。民族村寨居民的家庭入股知识产权的权益主要有：委托其知识产权评估的权益、变更入股知识产权登记的权益、享有其他股东和会员的权益、不被其他股东收购的权益、参与公司或企业管理或监事权益、对公司或企业运行的知情权等。其三，民族村寨居民入股知识产权的权益。民族村寨居民入股知识产权的权益有：委托其知识产权评估的权益、变更入股知识产权登记的权益、享有其他股东和会员的权益、不被其他股东收购的权益、参与公司或企业管理或监事权益、对公司或企业运行的知情权等。其四，民族村寨农民专业合作社会员入股知识产权的权益。民族村寨农民专业合作社会员入股知识产权的权益有：委托其知识产权评估的权益、变更入股知识产权登记的权益、享有其他股东和会员的权益、不被其他股东收购的权益、参与公司或企业管理或监事权益、对公司或企业运行的知情权等。三是完善民族村寨知识产权入股主体权益保护制度。民族村寨地区拥有众多享有知识产权的民族特色，但由于民族村寨地区认识不到其享有的民族商标或者地理标志的价值，并不够重视知识产品的评估，对知识产品的评估缺乏主动性，导致民族村寨的知识产品得不到充分利用。这从侧面说明民族村寨知识产权入股主体权益保护制度完善之必要性。完善民族村寨知识产权入股主体权益保护制度包括以下几个方面的内容。其一，民族村寨知识产权入股主体权益保护主体。民族村寨知识产权入股主体权益保护主体包含了两层含义。第一层含义是指哪些主体是民族村寨知识产权入股主体权益保护法定主体。第二层含义是指保护民族村寨知识产权入股主体权益保护主体具有哪些权责。其二，民族村寨知识产权入股主体权益保护方式。从法律性质不同，民族村寨知识产权入股主体权益保护方式可以分为民族村寨知识产权入股主体权益私法保护和民族村寨知识产权入股主体权益公法保护。其三，民族村寨知识产权入股主体权益保护程序。从权益救济本体论维度看，民族村寨知识产权入股主体权益保护程序理应是从"自助"到"外力救济"。

（三）民族村寨土地权益入股制度瓶颈的破解

1. 完善民族村寨土地权益评估制度

民族村寨土地权益是民族村寨、民族村寨居民、民族村寨居民的家庭、民族村寨农民专业合作社及民族村寨旅游合作社等民事主体的重要财产权，为他们参与民族村寨旅游扶贫开发提供了资本。为了充分发挥农村土地权益的功能和作用，我国正在推行农村土地"三权分置"试点改革和农村"三变"试点改革，而不管是农村土地"三权分置"试点改革，还是农村"三变"试点改革，都是为了充分发挥农村土地权益的功能和作用，都是释放农村土地权益的动能，而民族村寨土地权益评估则势必影响其动能的释放。由于受制于诸方面因素的影响，民族村寨土地权益评估存在一些瓶颈。一是现行法规并没有对有些民族村寨土地权益的主体、类型和内容等方面作明确的规定。二是没有根据民族村寨土地权益评估的特殊性制定民族村寨土地权益评估激励制度，鼓励资产评估机构参与民族村寨土地权益评估项目。三是民族村寨土地权益评估权责和监管制度缺位。四是没有建立土地权益评估案例数据库制度。针对民族村寨土地权益评估存在的一些瓶颈，从以下几个方面加以破解。

（1）专门规定民族村寨土地权益评估主体、类型和内容

作为特殊的资产，有关法规应该对民族村寨土地权益评估主体、类型和内容等方面作出专门规定，其理由有四。一是民族村寨土地权益评估具有特殊性，其表现在三个方面：一是民族村寨土地权益主体复杂。民族村寨土地权益主体为民族村寨或民族村寨居民或民族村寨居民的家庭或民族村寨农民专业合作社或民族村寨旅游合作社或其他民事主体等，有些民族村寨土地权益的权利主体不确定。二是民族村寨土地权益类型多而复杂。民族村寨土地权益包括以下一些类型：民族村寨的林权、民族村寨的农村土地承包经营权、民族村寨的宅基地权益、民族村寨的地役权、民族村寨的民俗建筑权益等，不同类型的民族村寨土地权益评估应该选取不同评估方法。"对市场比较法、收益法和成本法三种不同评估方法的综合运用，借鉴国外农地的生态价值测评。"① 三是民族村寨土地权益的内容极为复杂。不同类型的民族村寨土地权益，其内容应该不同，因民族村寨土地权益类型多，故民族村寨土地权益内容也复杂。四是物权法定原则的必然要求。根据物权法定原则，物权的类型和内容由法规规定，作为物权，民族村寨土地权益的类型和内容应该由法规规定。

---

① 吴越等：《土地承包经营权流转制度瓶颈与制度创新——以农地资本化和农业现代化为研究重心》，法律出版社 2014 年版，第 182—183 页。

（2）制定民族村寨土地权益评估激励制度

作为理性人，资产评估专业人员和资产评估机构进行资产的宗旨乃是追求经济利益最大化，而由于一方面，评估民族村寨土地权益评估的交易成本高；另一方面，民族村寨属于扶贫攻坚战的主战场，民族村寨居民属于精准扶贫的对象，难以支付较高的民族村寨土地权益评估费用，因此，从经济利益的维度看，资产专业评估人员和资产评估机构评估民族村寨土地权益的动力源贫瘠，因此应该制定民族村寨土地权益评估激励制度。民族村寨土地权益评估激励制度应该包括以下一些主要内容。一是民族村寨土地权益评估奖励范围。并不是所有的民族村寨土地权益评估都应该奖励，而是应该有针对性奖励民族村寨土地权益评估。按照最新《土地管理法》的有关规定，农村集体建设用地可以上市，而倘若上市的农村土地建设用地要入股某一公司，或要抵押贷款，这就需要资产评估，对于这些方面的土地权益评估就不应该奖励评估机构。因此，需要确定民族村寨土地权益评估奖励范围。二是民族村寨土地权益评估奖励方式。对于不同类型的民族村寨土地权益评估应该采用相应的奖励方式，如税费减免、现金补贴、计入评估业绩、参与其他民族村寨资产评估的优先权等。三是民族村寨土地权益评估奖励的监管。民族村寨土地权益评估奖励的监管的主要内容包括民族村寨土地权益评估奖励的监管程序、主体、职责等方面。

（3）完善民族村寨土地权益评估权责和监管制度

虽说现有法规和政策对有关民族村寨土地权益评估权责和监管进行了规定，但是现行民族村寨土地权益评估权责和监管制度存在一些缺陷，尤其是对有些民族村寨土地权益评估权责和监管职责等方面规定不明确。为督促民族村寨土地权益评估机构和评估专业人员公正评估民族村寨土地权益，从而推进民族村寨土地权益进入市场，让各相关市场主体认可民族村寨土地权益评估价值，从而提高民族村寨土地权益评估的信用度，民族村寨土地权益评估权责划分应该明确，应该完善民族村寨评估监管制度。民族村寨土地权益评估权责和监管制度完善包括以下几个方面的内容。一是民族村寨土地权益评估委托方、相关当事人等主体参与民族村寨土地权益评估的权责。二是民族村寨土地权益评估专业机构和评估专业人员评估的权责。三是监管民族村寨土地权益的评估专业机构、评估专业人员、委托方及相关当事人等主体参与评估的行为。

（4）建构民族村寨土地权益评估案例数据库制度

应该建构民族村寨土地权益评估案件数据库制度，其理由有三。一是有利于资产评估专业人员和资产评估委托方及相关当事人协商选择合理而科学的土地权益评估方法。市场是检验民族村寨土地权益评估方法是否合理而科学的标准，而一定数量的民族村寨土地权益评估案件则是民族村寨土地权益评估方法市场认可度的前提性条件。二是建构民族村寨土地权益评估案件数据库制度为资产评估专业人员评估民族村寨土地权益提供数据和材料。三是有助于资产评估专业人员完成社会认可度高的民族村寨土地权益评估报告。民族村寨土地权益评估案件数据库制度包括以下几个方面的内容。其一，民族村寨土地权益评估案件数据的范畴，即明确界定民族村寨土地权益评估案件数据的范畴。其二，构建民族村寨土地权益评估案件数据库的主体和程序，哪些主体可以建构民族村寨土地权益评估案件数据库，建构民族村寨土地权益评估案件数据库包括哪些程序。其三，民族村寨土地权益评估案件数据库建构主体的权责的规定，民族村寨土地权益评估案件数据库建构的监管主体和责任的规定。

2. 完善民族村寨土地权益入股主体制度

针对民族村寨土地权益入股主体制度的缺位，可以从以下几个方面完善民族村寨土地权益入股主体制度。一是界定民族村寨土地权益入股主体的范畴。二是明确民族村寨土地权益入股主体权利。三是完善民族村寨土地权益入股权益保护制度。

（1）界定民族村寨土地权益入股主体的范畴

民族村寨土地权益入股的主体为个人、法人或其他组织，而民族村寨土地权益的主体则为民族村寨、民族村寨居民和民族村寨居民的家庭，民族村寨居民的家庭则是民族村寨土地权益的重要主体，民族村寨居民的家庭作为民族村寨土地权益入股主体存在法律制度上的漏洞，即现行法规应该明确规定民族村寨居民的家庭作为民族村寨土地权益入股主体，应该明确规定民族村寨作为民族村寨土地权益入股主体，应该明确规定民族村寨农民专业合作社作为民族村寨土地权益入股主体，其理由有三。一是民族村寨居民的家庭、民族村寨和民族村寨农民专业合作社都是民事主体。二是民族村寨居民的家庭、民族村寨和民族村寨农民专业合作社等民事主体都有可能成为土地权益的主体，尤其是有可能成为土地的用益物权的继受取得主体。三是现行法规没有规定民族村寨居民的家庭、民族村寨和民族村寨农民专业合作社为土地权益入股主体，这不利于民族村寨居民的家庭、民族村寨和民族村寨农民专业合作社以土地权益作入股。根据刘云生的研究，民族村寨土地经营权人有权以土地经营权入股。"著者认为，经营权无论就其权利，还是就其未来可能的实体化权益，还是权利或利益之商品化转换后的货币均可进行入股。"①

（2）明确确定民族村寨土地权益入股主体权利

明确确定民族村寨土地权益入股主体权利包括三层含义。第一层含义是在有关法规中明确确定民族村寨土地权益入股主体的入股权利。入股权利是民族村寨土地权益入股主体的重要权利，是民族村寨土地权益入股主体享有参与管理的权利，或监管权利，或分红的权利，或优先受让股权的权利及其处分其股份的权利的基础。第二层含义是在有关法规中明确规定民族村寨土地权益入股主体参与管理的权利，或监管权利，或分红的权利，或优先受让股权的权利等。而这些权利则是民族村寨土地权益入股主体极为重要的权利，既是民族村寨土地权益入股主体入股权利的目的，又是民族村寨土地权益入股主体处分其股份的权利的前提条件。第三层含义是在有关法规中明确规定民族村寨土地权益入股主体处分其股份的权利。民族村寨土地权益入股主体处分其股份的权利是民族村寨土地权益入股主体对其入股财产的最终处分权。

（3）完善民族村寨土地权益入股主体权益保护制度

完善民族土地权益入股主体权益保护制度包括三层含义。第一层含义是在有关法规中明确规定民族村寨土地权益入股主体权益的范畴，即民族村寨土地权益入股主体的哪些权益应该得以保护。第二层含义是在有关法规中明确规定民族村寨土地权益入股主体权益保护的程序。一方面，民族村寨土地权益入股主体权益保护程序是否正当和合理是确保民族村寨土地权益入股主体实体权益能否实现的必要条件；另一方面，民族村寨土地权益入股主体权益保护程序是民族村寨土地权益入股主体权益保护的程序权利。第三层含义是在有关法规中明确规定民族村寨土地权益入股主体权益保护方式。由于民族村寨土地权益入股主体权益保护方式不同，其保护效

---

① 刘云生：《农村土地股权制改革：现实表达与法律应对》，中国法制出版社2016年版，第229页。

果不同，所以应该根据民族村寨土地权益入股主体权益保护的痛点，规定相应的保护方式。根据高海的研究，应该将有关农村土地权益设定为优先股，对其加以保护。"正因为优先股具有迎合普通股持有者各自偏好的优点，学界产生了农地入股中设置优先股的理论构想。把土地承包经营权股的'固定保底收入'直接视为优先股的固定股息红利，是将土地承包经营权股设想为优先股的主要诱因和基本前提。"①

---

① 高海：《农地入股中设置优先股的法律透视》，《现代法学》2012 年第 9 期。

第四章

民族村寨旅游扶贫的权益
保障制度瓶颈与破解

　　民族村寨旅游扶贫参与主体诸多，他们都是民族村寨旅游扶贫的利益联结主体，为推进民族村寨旅游扶贫开发，旅游扶贫参与主体的权益理应得到切实有效的保护，然而，由于诸方面因素的制约，旅游扶贫参与主体的权益并未得到应有的保护，尤其是参与民族村寨旅游扶贫的村民权益却未得到有效的保护。民族村寨旅游扶贫的根本目标是民族村寨村民脱贫，基于民族村寨旅游扶贫目标和研究篇幅的双重考虑，仅探讨参与民族村寨旅游扶贫的一些主体的权益保障，如何保护参与民族村寨旅游扶贫的主体权益呢？合理而完善的制度则是保护民族村寨扶贫权益的基础性条件，因此，从此意义上说，保护民族村寨旅游扶贫权益的关键点乃是构建合理而完善的参与民族村寨旅游扶贫的主体权益保护制度，而不管理论上，还是实践中，参与民族村寨旅游扶贫的主体权益保护制度都存在一些瓶颈。基于此认识，应该从理论层面和实践层面探讨参与民族村寨旅游扶贫的主体权益保障制度的瓶颈及其破解。参与民族村寨旅游扶贫的主体权益保障制度有哪些瓶颈呢？应该如何破解这些瓶颈呢？应该从哪些视角反思和检讨参与民族村寨旅游扶贫的村民权益保障制度呢？应该从哪些视角破解参与民族村寨旅游扶贫的主体权益保障制度瓶颈呢？下文从法社会学和规范学双重视角研究参与民族村寨旅游扶贫的主体权益保障制度的瓶颈与破解，从纠纷解决、资源分配和立法三个层面探讨参与民族村寨旅游扶贫的主体权益保障制度的瓶颈与破解。

第一节　基于法社会学视域下的民族村寨
　　　　旅游扶贫权益保障

一　民族村寨旅游扶贫纠纷的法社会学分析

由于民族村寨旅游扶贫的相关利益主体多，民族村寨旅游扶贫的利益链接制度存在一些瓶颈，民族村寨旅游扶贫开发趋势强，民族村寨旅游纠纷引发因素多，所以民族村寨旅游扶贫纠纷多而又复杂。各地民族地区都相应地出现一些民族村寨旅游景点门票纠纷，甚至有些地方因民族村寨旅游景点纠纷引发群体事件，客观地说，民族村寨旅游景点门票纠纷仅是民族村寨旅游扶贫纠纷的一角而已，民族村寨旅游扶贫纠纷极为复杂。归纳起来，民族村寨旅游扶贫纠纷复杂性呈现以下六个方面的特点。第一，民族村寨旅游扶贫纠纷的群体性。如门票纠纷、旅游合同、旅游观赏纠纷等旅游纠纷所涉及人数较多，纠纷的一方或双方是民族村寨全体村民，或成百上千的游客或参与民族村寨旅游扶贫开发的个体工商户或其他个人等。第二，民族村寨旅游扶贫纠纷的民族性。民族村寨旅游扶贫纠纷的民族性表现在两个方面：一方面，民族村寨旅游扶贫纠纷发生地主要在民族村寨旅游景点，而民族村寨旅游点属于民族地区；另一方面，民族村寨旅游景点具有少数民族文化特质，很多旅游纠纷当事人是少数民族。第三，民族村寨旅游扶贫纠纷标的小。就整体而言，民族村寨旅游扶贫纠纷标的小，标的大的民族村寨旅游扶贫纠纷只是毛领一角。第四，民族村寨旅游扶贫纠纷涉及面广。旅游纠纷的类型多，很多民族村寨旅游扶贫纠纷的法律关系具有多重性，既有民事纠纷，也有行政纠纷。第五，民族村寨旅游扶贫纠纷涉外性。由于来旅游的境外游客逐年增多，所以涉外的民族村寨旅游扶贫旅游纠纷也增多。第六，民族村寨旅游扶贫纠纷辐射作用大。民族村寨旅游扶贫纠纷辐射作用大表现在以下几个方面。其一，由于旅游纠纷具有群体性，所以一旦旅游纠纷处理不当，由此而引发的负面影响大。如一些民族村寨旅游景点因门票纠纷而引发群体事件，有一些民族村寨旅游纠纷处理不当而导致民族村寨旅游扶贫开发项目暂停。其二，民族村寨旅游扶贫纠纷既影响民族村寨景点本身的开发和升级，也有可能影响周边的旅游景点的开发和升级，因为全域旅游开发已成为新常态，所以不同民族村寨旅游景点之间，民族村寨旅游景点与其他旅游景点的关系更为紧密，民族村寨旅游扶贫纠纷可能会引发全域旅游景点开发的"蝴蝶效应"。其三，民族村寨旅游扶贫纠纷与民族村寨旅游扶贫开发的一些宗旨相左。民族村寨旅游扶贫开发的重要宗旨则是促使民族村寨和谐稳定，推进民族村寨社会和经济的发展，而民族村寨旅游扶贫纠纷则不利于民族村寨和谐稳定，不利于民族村寨社会和经济的发展。民族村寨旅游扶贫纠纷产生的原因多，从法社会学的维度看，民族村寨旅游扶贫纠纷的主要原因就是民族村寨旅游扶贫的社会调控系统存在问题，就是民族村寨旅游扶贫的联合机制不健全，就是民族村寨旅游扶贫的利益平衡制度存在缺位或缺陷，就是民族村寨旅游扶贫纠纷的社会资本整合和充分利用不足。

固然，民族村寨的基层政府对民族村寨旅游扶贫纠纷的解决和预防起到非常重要的作用，民族村寨的基层是调解民族村寨旅游扶贫纠纷的重要主体，尤其是乡镇司法所是民族村寨旅游扶贫纠纷的重要调解方，对民族村寨旅游扶贫纠纷具有很好的社会效果。然而，也存在一些负面作用。其一，为了解决民族村寨旅游扶贫纠纷，基层政府要投入较多的行政资源，基层政府的行政资源是稀缺资源，基层政府所需要投入行政资源的事务多，基层政府投入较多行政资源解决民族村寨旅游扶贫纠纷，从经济学角度看，它不值得。其二，行政村干部是民族村寨旅游扶贫参与者，作为当事人，他们参与民族村寨旅游扶贫纠纷调解不合理，在调解纠纷程序上不正当。其三，在民族村寨旅游扶贫纠纷调解中，基层政府扮演主角，有可能会增加基层政府的调解风险，甚至有可能把矛盾转移到基层政府这一方。一些地方为了招商引资，基层政府承诺了一些民族村寨旅游扶贫开发的优惠政策，而很多民族村寨旅游扶贫纠纷产生的根源则是民族村寨居民与民族旅游扶贫开发企业之间的权益分配。在民族村寨旅游扶贫纠纷调解中，作为当事人，民族村寨干部和民族村寨旅游开发企业以调解人的角色参与民族村寨旅游扶贫纠纷调解，这不但不能妥当解决民族村寨旅游扶贫纠纷，反而容易激化民族村寨旅游扶贫纠纷，甚至引发群体事件。

针对民族村寨旅游扶贫存在一些问题，应该从以下几个方面入手解决和预防民族村寨旅游扶贫纠纷。其一，健全民族村寨旅游扶贫权益分配制度，真正把民族村寨旅游扶贫的法律价值目标"以公平为主，兼顾效率"贯穿到民族村寨旅游扶贫权益分配制度之中。民族村寨旅游扶贫权益分配制度既是民族村寨旅游扶贫的相关利益主体获取权益的渊源，又是预防和解决民族村寨旅游扶贫纠纷的依据。其二，在民族村寨旅游扶贫纠纷解决中变通实施"大调解"制度，充分发挥"大调解"解决民族村寨旅游扶贫纠纷的内在功能，强化"大调解"化解民族村寨旅游扶贫纠纷的法律效力，即通过法院授权或立法确认民族村寨旅游扶贫纠纷的调解书的法律效果，使民族村寨旅游扶贫纠纷的调解书与法院在法庭主持调解的调解书具有一样的法律效力。其三，运用现代信息技术手段整合司法资源、社会资源和行政资源，把民族村寨旅游扶贫纠纷内卷化，促使民族村寨旅游扶贫纠纷双方化解纠纷，从而更好地合作开发民族村寨旅游景点，达到双赢的局面。例如，充分发挥民族地区旅游法庭的调解民族村寨旅游扶贫纠纷的功能，充分发挥"乡贤""寨老"、民族村寨旅游合作社联社及旅游协会等权威人士和民间组织调解民族村寨旅游扶贫纠纷的作用。

二　民族地区旅游法庭的法社会学透视

（一）问题之提出

秉承"司法服务经济和社会发展"的理念，为了更好地推进旅游发展，旅游法庭先后在全国各地设立，如海南省三亚于 2002 年设立了旅游法庭，广东省、湖南省、四川省、江西省、安徽省、江苏省、北京市、上海市等省（直辖市）都先后设置了旅游法庭。对于民族省份而言，民族地区旅游业是其旅游业的重头戏，特别是民族村寨文化旅游发展的势头猛，而民族村寨旅游开发则是民族村寨文化旅游发展的缩影。不过，随着民族地区旅游业的发展，因旅游开发而引发的纠纷呈增多趋势，并也极为复杂。作为民族省份，贵州也不例外。近年来，贵州省旅游业呈现"飞跃式发展"的态势，其衍生物便是旅游纠纷增多，民族地区的有些旅游景区甚至出现群体突发事件。为了服务于贵州旅游大发展战略，提升贵州旅游服务质量，尤其促使贵州民族文化旅游升级和增效，贵州省于 2016

年 4 月 28 日在 12 个旅游景区分别设置了旅游法庭①，而其中旅游景区所设置的旅游法庭绝大部分是在贵州的民族地区，有些旅游法庭就设置在民族村寨旅游景点，并制定了《贵州省高级人民法院关于全省法院第一批"旅游法庭"设置工作方案》，此方案不但规定了旅游法庭设置的意义和工作职能，而且规定了旅游法庭设置的具体安排和机制保障。从《贵州省高级人民法院关于全省法院第一批"旅游法庭"设置工作方案》可以得知旅游法庭具有以下几个方面的功能。一是审判旅游案件。二是调解旅游纠纷。三是提供司法建议。四是服务贵州旅游业的发展。旅游法庭的前三者的功能与后者的功能之间的关系是手段与目的的关系。

固然，《贵州省高级人民法院关于全省法院第一批"旅游法庭"设置工作方案》为贵州民族地区旅游法庭功能的实现提供了一些必要条件，但是仅依靠 12 个旅游景区的旅游法庭的人力、物力和财力，这是远远不够的。如何才能充分实现贵州民族地区旅游法庭的功能呢？这既是一个司法实践问题，又是一个司法理论问题。对其仁者见仁，智者见智，不过，从笔者所掌握的现有文献资料看，对民族地区的旅游法庭的功能问题的研究成果寥寥无几，更不用说民族旅游法庭的功能问题的研究成果了。从社会资本的角度看，民族地区旅游法庭的社会资本的多少和转化率高低是旅游法庭功能是否能够充分实现的关键点，进而言之，只有整合和扩展社会资本，才能充分实现民族地区旅游法庭的功能。下面，以贵州为例，沿着从"认识论"到"方法论"的路径探讨如何充分实现民族地区旅游法庭的功能问题。实际上，此问题涉及两个深层次问题。一是为什么说只有整合和扩展社会资本，才能充分实现民族地区旅游法庭的功能。二是如何通过整合和扩展社会资本以至于充分发挥民族地区旅游法庭的功能。

（二）民族地区旅游法庭的特点

民族地区旅游法庭具有以下三个方面的特点。其一，民族地区旅游法庭所承担的职能较多。纠纷的特点与法庭的职能具有内在关联性，若纠纷多而复杂，则法庭所承担的职能就多。由于民族地区旅游纠纷多而复杂

---

① 12 个旅游景区法庭分别是青岩古镇景区旅游法庭、遵义市红花岗区人民法院旅游审判庭、赤水景区旅游法庭、野玉海景区旅游法庭、镇宁县人民法院旅游审判庭、织金县人民法院旅游审判庭、百里杜鹃景区旅游法庭、梵净山景区旅游法庭、九龙洞景区旅游法庭、万峰林景区旅游法庭、西江千户苗寨景区旅游法庭及荔波县人民法院旅游审判庭。

性，民族村寨旅游法庭所承担的职能多。《贵州省高级人民法院关于全省法院第一批"旅游法庭"设置工作方案》中规定，"旅游法庭的主要职能：依法审理和化解游客维权案件以及旅游有关的各类纠纷，涉及旅游过程中的游客人身、财产损害纠纷。主要涉及旅游、交通、住宿、餐饮、导服、景点观赏或其他相关服务的旅游合同纠纷；涉及旅游经营活动中发生的旅游产品纠纷；涉及旅游者与旅游经营者在旅游过程中发生的其他纠纷"。其二，民族地区旅游法庭人员少。例如，《贵州省高级人民法院关于全省法院第一批"旅游法庭"设置工作方案》中规定，青岩古镇景区旅游法庭配备法官2人，书记员1人；野玉海景区旅游法庭配备审判员3人，书记员1人。其三，民族地区旅游法庭管辖案件的界定存在一些障碍。案件的法律性质是确定案件管辖的一个重要因素，而一方面，民族地区旅游纠纷案件的法律性质非常复杂，它具有很强大交叉性，既可能是旅游纠纷案件，又可能属于其他类型的纠纷案件，在实践中究竟把它视为旅游纠纷案件，还是把它作为其他类型的纠纷案件，这是一个极为棘手的问题；另一方面，法学理论界对旅游案件的法律性质关注和研究不够，具有哪些法律性质的民族地区的旅游纠纷可以归属民族地区的旅游法庭管辖，其标准是什么呢？另外，很多民族地区的基层法院已实现信息化分流案件，即根据案件的不同法律性质把案件分流到法庭及审判团队，而由于对民族地区的旅游案件的法律性质确定标准悬而未决，因此这势必影响到信息化分流案件。

（三）整合和扩展社会资本，充分发挥民族地区旅游法庭功能

为什么说只有整合和扩展社会资本，才能充分发挥民族地区旅游法庭功能呢？其依据何在呢？一方面，按照社会资本理论，民族地区旅游法庭解决民族村寨旅游扶贫纠纷和提供司法建议是一种社会活动，而完成社会活动的过程就是社会资本的积累和转化为社会效果的过程，而社会资本是由社会主体的信任、制度和网络等因子构成。因此，民族地区旅游法庭解决纠纷和提供司法建议的社会资本包括了民族地区旅游法庭与相关主体的信任、民族地区旅游法庭解决民族村寨旅游扶贫纠纷制度和提供司法建议的制度、民族地区旅游法庭解决民族村寨旅游扶贫纠纷和提供司法建议的制度所建构的网络。民族地区旅游法庭解决民族村寨旅游扶贫纠纷和提供司法建议的社会资本既是民族地区旅游法庭解决民族村寨旅游扶贫纠纷和

提供司法建议的必要条件，又是民族地区旅游法庭解决旅游纠纷和提供司法建议的充分条件。另一方面，旅游法庭解决民族村寨旅游扶贫纠纷和提供司法建议并未达到预期效果，其重要原因是整合旅游法庭社会资本不力，是旅游法庭的社会资本量不够。另外，民族地区旅游扶贫纠纷特点、民族地区旅游法庭的特点、民族地区旅游法庭功能的实现等因素决定了整合和扩展社会，充分发挥民族地区旅游法庭功能的必然性。下面，重点阐述民族地区旅游扶贫纠纷特点、民族地区旅游法庭的特点及其与民族地区旅游法庭功能的关系。

从社会资本论角度看，解决民族地区旅游扶贫纠纷需要大量社会资本，而民族地区旅游法庭所需要的社会资本并不能满足民族地区旅游扶贫纠纷解决所需要的社会资本，因此并不能充分发挥其功能，这就要求旅游法庭要扩展解决民族村寨旅游扶贫纠纷方面的社会资本；另外，在旅游法庭之外，有些组织和个人拥有丰富的解决民族村寨旅游扶贫纠纷方面的社会资本，如陪审团、旅游协会、大调解及纠纷解决联动组织等，然而旅游法庭并没有很好地整合这些社会资本。通过以上分析得知，民族地区旅游扶贫纠纷的特点和民族地区旅游法庭的特点与民族地区旅游法庭功能的关系为互动关系。

上文粗线条地阐述了为什么说只有整合和扩展社会资本，才能充分发挥民族地区旅游法庭功能呢？即整合和扩展社会资本，充分发挥民族地区旅游法庭功能的必然性。如何整合和扩展社会资本，充分发挥民族地区旅游法庭功能呢？可以采取以下一些方法和措施。

1. 整合民族村寨旅游扶贫纠纷调解资源，充分发挥民族地区旅游法庭主体性作用

"和为贵"是传统中国法治精神，是现代中国法治理念，也是调解纠纷的宗旨和目的。旅游协会、旅游景区的行政资源和本土资源、大调解资源、陪审员等组织和个人所拥有的资源，而这些资源就是调解旅游纠纷的社会资本。一方面，民族地区旅游法庭在民族村寨旅游扶贫纠纷调解过程中具有司法权威性。在民族地区旅游法庭法官主持下，民族村寨旅游扶贫纠纷双方当事人所签订的调解书具有法律效力，对双方都具有法律约束力。另一方面，民族地区旅游法庭所拥有的调解社会资本不足，因此很有必要整合民族村寨旅游扶贫纠纷大调解资源，如发挥民族地区旅游法庭主

体性作用，旅游协会、旅游景区的行政人员、民族地区的乡贤协会、民族村寨旅游景区辖区内的权威人士、陪审员参与旅游法庭主持的民族村寨旅游扶贫纠纷调解，这是整合民族村寨旅游扶贫纠纷调解资源，充分发挥民族地区旅游法庭主体性作用的具体方法。另外，民族地区旅游法庭可以按照"大调解"司法改革机制，变通授权旅游协会、旅游景区的行政人员、民族地区的乡贤协会、民族村寨旅游景区辖区内的权威人士等组织和个人主持一些简单的民族村寨旅游扶贫纠纷调解，并认可这些调解书具有与民族地区旅游法庭法官签发的民族村寨旅游扶贫纠纷调解书同等的法律效力。

2. 扩展民族地区旅游法庭的审判资源，简化民族村寨旅游扶贫纠纷审判程序

从社会资本与民族地区旅游法庭审判旅游纠纷的关系的角度看，扩展社会资本和减少审判成本是提高民族村寨旅游扶贫纠纷审判效率的重要方法和路径，因此，从此意义上说，应该扩展民族地区旅游法庭的审判资源，简化民族村寨旅游扶贫审判程序。扩展民族地区旅游法庭的审判资源，简化民族村寨旅游扶贫纠纷审判程序的具体措施有三。一是逐步增加民族地区旅游法庭的数量，逐步增加民族地区旅游法庭的人力、物力和财力。一方面，就整体而言，民族地区旅游景点距离民族地区基层法院的路程较远，基于"便民司法"理念，逐步增加民族地区旅游法庭的数量可以便于民族地区旅游纠纷双方当事人寻求司法救济；另一方面，随着民族文化旅游飞速发展，民族村寨旅游景点的纠纷逐年增多，这客观上亟须解决民族地区旅游法庭供给需求，亟须逐步增加民族地区旅游法庭的人力、物力和财力。二是完善民族地区旅游法庭审判员陪审制度。陪审员是民族地区旅游法庭解决纠纷的重要社会资源和司法资源，应该结合民族地区旅游扶贫机制，鼓励和支持有实践司法经验的人员担任民族地区旅游法庭的陪审员，又可以运用互联网技术，民族地区旅游法庭聘请远程陪审员，从而增加民族地区旅游法庭的陪审员的数量，提高民族地区旅游法庭陪审员的质量。三是制定民族村寨旅游扶贫纠纷简易审判程序制度。一方面，根据民族村寨旅游扶贫纠纷的法律关系的简易程度、标的数额及社会影响等诸因素确定民族村寨旅游纠纷可以进入简易程序；另一方面，明确民族村寨旅游扶贫纠纷简易审判流程、简易程序审判人员审判权责、激励机制及

纠正机制等。

3. 充分运用互联网和大数据解决民族村寨旅游扶贫纠纷

很有必要利用互联互通解决民族村寨旅游扶贫纠纷，其理由有三。一是由于民族村寨旅游扶贫纠纷具有涉外性、民族性和复杂性等特点，所以在实践中必然存在不少旅游疑难案件，而旅游法庭审判人员受制于法律理论知识、法律政策认知能力及时间和精力等因素。充分运用互联网和大数据等技术手段和生态条件可以减弱制约因素对解决民族村寨旅游扶贫纠纷不利影响，提高民族村寨旅游扶贫纠纷解决的效率。二是民族村寨旅游扶贫纠纷审判和调解的法律效果与社会效果都好的客观要求。从理论上说，纠纷解决的法律效果与社会效果之间的关系是矛盾统一关系，如何达到纠纷解决的法律效果与社会效果都好，这是衡量纠纷解决是否达到最佳的标准。把大数据和互联网运用民族村寨旅游扶贫纠纷审判和调解的功能和作用有三。其一，解决民族村寨旅游扶贫纠纷审判和调解中的审判者、调解人、当事人之间信息不对称问题，这有利于当事人对审判和调解民族村寨旅游扶贫纠纷的认知，从而让当事人提高对审判和调解民族村寨旅游扶贫的认同感。其二，提高司法资源和社会资源整合度，这有利于提高审判和调解民族村寨旅游扶贫纠纷的质量，从而让当事人真真切切地感受到法律正义。其三，发挥大数据和互联网对新媒体传播的支撑功能和作用，破解案件解决成果宣传不力的瓶颈，这有利于扩大审判和调解民族村寨旅游扶贫纠纷的社会影响力。大数据和互联网运用民族村寨旅游扶贫纠纷审判和调解的功能和作用乃是可以促使民族村寨旅游扶贫纠纷审判和调解达到法律效果和社会效果都好的目标。三是各地司法系统都在因地制宜地推行"大数据和互联网+司法"的司法审判和大调解的试点改革，并总结了一些成功经验[①]。

三　民族村寨旅游扶贫的权益保障不力的法社会分析

固然，民族村寨旅游扶贫开发对民族村寨脱贫致富起到极为重要的作用，但是由于诸方面因素的制约，民族村寨旅游扶贫权益保障不力，民族村寨旅游扶贫权益保障任重而道远。民族村寨旅游扶贫权益保障不力表现

---

① 例如，贵州省毕节市织金县法院、贵州省安顺市镇宁县法院等民族地区的基层法院在把大数据和互联网运用到司法审判和大调解中的民族村寨旅游扶贫纠纷等方面取得了一定的成效。

在以下几个方面。其一，参与民族村寨旅游扶贫的村民权益受到侵害的现象屡见不鲜，在民族村寨旅游扶贫开发中，因侵害村民权益而引发的纠纷不少。例如，有些民族村寨的村民所享有的旅游吸引物权被旅游开发公司变相无偿使用，或无偿转化为旅游开发企业的旅游吸引物。有些地方的民族村寨村民的传统建筑或民族村寨村民的文化遗产被旅游开发企业免费使用。民族村寨村民在民族村寨旅游扶贫开发中表决权和话语权被变相地剥夺。在民族村寨旅游扶贫开发中，有些民族村寨村民的经济收入不但没有提高，反而相对下降①。其二，在民族村寨旅游扶贫开发中，有些地方的民族村寨社区的地位被边缘化，民族村寨社区的财产资本和社会资本不但没有增多，反而减少。有些民族村寨社区主导的民族村寨旅游扶贫开发被变相地转化为基层政府主导的民族旅游扶贫开发或旅游开发企业，在这变相转化过程中，民族村寨社区的旅游吸引物低于市场价或无偿地使用。在民族村寨旅游扶贫开发中，有些民族村寨的人文环境和自然资源受到不同程度的破坏，即他们的环境资源权益受到侵害。而有些民族村寨社区的权益受到侵害并未得到应有的保障，此方面的一些纠纷仍未得到有效解决。其三，在民族村寨旅游扶贫开发中，旅游开发企业的权益受到民族村寨或民族村寨居民或民族村寨旅游合作社或农民专业合作社等主体侵害。而有些旅游开发企业的权益受到侵害并未得到应有的保障，此方面的一些纠纷仍未得到有效解决。

针对民族村寨旅游扶贫权益保障不力的情况，应该在分析民族村寨旅游扶贫权益保障不力的原因之基础上，提出解决民族村寨旅游权益保障不力的对策。从法社会的维度看，民族村寨旅游扶贫权益保障不力的原因有二。一是民族村寨、民族旅游合作社和民族村寨的农民专业合作社的社会资本稀缺。一方面，社会资本与象征资本、经济资本的关系是互动关系，相互之间可以转化，社会资本稀缺就意味着象征资本和经济资本也稀缺，而象征资本和经济资本是权益保障的基础性条件；另一方面，民族村寨社区是一个半自治的熟人社会，社会网络、社会信用对于他们通过民事自助方式保护权益极为重要，而民事自助保护权益具有自身特有的优势，如成

---

① 一般来说，民族村寨旅游扶贫开发后的物价水平比民族村寨旅游扶贫开发之前的物价水平高，在同一民族地区，已经旅游扶贫开发的民族村寨的物价水平要高于未旅游扶贫开发的民族村寨的物价水平。

本低和社会效果好等。二是民族村寨旅游扶贫权益保障制度对民族村寨社区的社会系统和经济系统的回应不及时或回应不到位。根据法社会学家的观点，民族村寨是一个半自治社会，他们理应变通制定有关民族村寨旅游扶贫权益保障制度，实施有关民族村寨旅游扶贫权益保障制度。但是由于诸方面的原因，民族村寨社区并未及时变通制定有关民族村寨旅游扶贫权益保障制度，并未及时变通实施有关民族村寨旅游扶贫权益保障制度。基于以上的原因分析，应该采用两个方面的对策。其一，想方设法增加民族村寨社区的社会资本，尤其是要增加民族村寨居民的社会资本，因为民族村寨居民社会资本增加势必会增加民族村寨社区社会资本的总量。其二，应该根据各民族村寨旅游扶贫开发的实际情况，变通制定有关民族村寨旅游扶贫权益保障制度，变通实施有关民族村寨旅游扶贫权益保障制度。民族村寨旅游扶贫纠纷的"大调解"制度的建构，民族地区旅游法庭的建构，民族村寨旅游扶贫权益保障的链接制度的健全，这实际上就是其中的一些对策，上文或下文已对其进行阐述，在此不再重述。

第二节 民族村寨旅游扶贫权益保障的链接制度瓶颈与破解

民族村寨旅游扶贫是一个复杂的系统工程，参与民族村寨旅游扶贫的主体多，与民族村寨旅游扶贫相关的主管部门多。不管哪一种类型的民族村寨旅游扶贫开发模式，有关民族村寨旅游扶贫相关主管部门对其人力、财力和资源整合和支持都起到非常重要的作用，尤其是对民族村寨社区主导型的民族村寨旅游扶贫开发模式和政府主导型的民族村寨旅游扶贫开发模式的作用更为突出。民族村寨旅游扶贫权益保障需要有关民族村寨旅游扶贫相关主管部门通力合作，需要整合资源推进民族村寨旅游扶贫开发的纵深发展，需要民族村寨旅游扶贫权益保障链接制度的构建和健全，需要检讨民族村寨旅游扶贫权益保障链接制度瓶颈，探讨民族村寨旅游扶贫权益保障链接制度瓶颈之破解。

一 民族村寨旅游扶贫的权益保障链接现行制度

为了更好地保障民族村寨旅游扶贫权益，尤其是保障民族村寨和民族村寨居民共享国家和各地政府赋予他们的生存与发展权，激励和支持他们把民族村寨旅游资源转化经济资本，从而实现民族村寨旅游扶贫之目标，秉持"协同创新"的发展理念，建构一些参与民族村寨旅游的村民权益保障链接现行制度。客观地说，有关民族村寨旅游扶贫的村民权益保障链接现行制度较多，下文仅是述评了与民族村寨旅游扶贫的村民权益保障相关性强的链接现行制度。

（一）整合了民族村寨旅游扶贫开发资源

民族村寨旅游扶贫开发所需要的资源多，所制约的因素也多，只有整合不同类型的资源，才能顺利推进民族村寨旅游扶贫开发项目如期完成。有关部门整合了民族村寨旅游扶贫开发资源，尤其是整合了民族村寨旅游扶贫开发的基础性资源和专项资源。不过，不同民族贫困省份（自治区）的民族村寨旅游扶贫主管部门在整合民族村寨旅游扶贫开发资源中的地位不同，牵头整合民族村寨旅游扶贫开发资源的主管部门也有所不同。

1. 整合了民族村寨旅游扶贫开发的基础性资源

贵州、云南、广西等民族省份（自治区）的省财政厅、省民委、省扶贫办、省住建厅、省文化厅、省旅游委员会等部门通力合作，整合有关民族特色村寨保护和发展方面的资源，把其整合的资源投入民族特色村寨的保护与发展中，尤其是各有关部门通力合作，整合了一些基础性资源以推进深度贫困民族村寨旅游扶贫开发，归纳起来，各地普遍整合了四个方面的基础性资源①。其一，衔接整合相关政策。民族村寨旅游扶贫是一种极为重要的产业精准扶贫的路径和方法，国家有关部门先后出台了有关民族村寨旅游扶贫方面的政策。民族省份（自治区）有关民族村寨旅游扶贫部门通力合作，衔接整合相关政策，变通实施有关民族村寨旅游扶贫开发方面的国家政策，充分利用民族村寨旅游扶贫的基础性资源。其二，是多个部门整合有关民族村寨旅游扶贫开发项目。民族村寨旅游扶贫开发所涉及的有关项目多，如民族村寨精准产业扶贫项目、民族特色村寨保护项目、美丽乡村旅游项目、传统村落保护与建设项目、民族村寨非物质文化遗产保护项目等。为了推动民族村寨旅游扶贫开发项目顺利进行，有关部门和民族村寨所管辖的基层政府变通整合有关民族村寨旅游扶贫开发项

---

① 民族村寨旅游扶贫开发基础性资源包括基础建设、民族村寨非物质文化遗产保护、民族村寨旅游扶贫开发基础性投资、有关民族村寨旅游扶贫开发方面的政策和机制等。

目，整合有关民族村寨旅游扶贫开发的人力、物力和财力。其三，整合几个民族村寨的旅游资源，或整合民族村寨周边的旅游资源。为满足境内外游客的需求，各地都提出"全域旅游"和"大旅游"战略，整合几个民族村寨的旅游资源，整合民族村寨周边的旅游资源，因地制宜地推行大民族村寨旅游扶贫开发项目。其四，建构民族村寨旅游扶贫开发联合制度，推动民族村寨旅游扶贫开发基础性资源有机整合。贵州、云南、广西等民族省份（自治区）的省民委、省住房与建设厅、省旅游发展委牵头，省发展与改革委员会、省财政厅、省交通运输厅、省农业厅、省水利厅、省林业厅、省环保厅、省扶贫办等部门组成的民族特色旅游村寨建设链接制度。为了推进不同省份（自治区）相邻民族村寨旅游扶贫开发，不同民族省份（自治区）之间的有关民族村寨旅游扶贫部门都构建了有关民族村寨旅游扶贫开发方面的联席会议制度。

2. 整合了有关民族村寨旅游扶贫的专项资源

国家文化与旅游部、各地文化与旅游部门从以下几个方面整合了有关民族村寨旅游扶贫的专项资源。其一，集中力量大力推动"集中连片民族地区旅游扶贫开发"项目。如"乌蒙山连片旅游扶贫开发项目""武陵山区连片旅游扶贫开发项目"等。由于这些项目涉及数个省（自治区、直辖市）的民族村寨旅游扶贫开发，所以这些省（自治区、直辖市）成立了有关民族村寨旅游扶贫开发联动机制，整合有关民族村寨旅游扶贫的专项资源。其二，以"易地扶贫搬迁"为契机，整合民族文化旅游扶贫资源和生态休闲旅游扶贫资源，打造民族村寨旅游品牌。如"黄果树"旅游景区、楚雄的紫溪山景区等景区已成为民族村寨旅游品牌。这些景区把原有的民族村寨整体搬迁，扩大景区旅游产品类型和规模，既有民族文化旅游产品，又有生态休闲旅游产品。全域旅游已是旅游产业发展的一种策略，这也是民族村寨旅游扶贫开发与"易地扶贫搬迁"相结合进行整合旅游扶贫开发资源的必然要求，也是整合不同民族村寨之间的旅游扶贫开发资源、民族村寨旅游扶贫开发资源与其相近的旅游景点资源开发的内在动力。其三，以"美丽乡村"工程为中心，加快民族村寨旅游扶贫开发。变通实施"美丽乡村"工程政策，多方联动，加强引导，进一步加大旅游与城乡统筹发展的工作力度，积极与省委农办、省民委、省农业厅、省"农民工"办等相关部门协调配合，积极开展了乡村旅游检查验收、工作调研和相关材料上报工作，加快推进民族村寨旅游扶贫开发。

（二）建构了民族村寨旅游扶贫链接监管制度

不管是民族村寨社区主导型的民族村寨旅游扶贫开发模式，还是政府主导型的民族村寨旅游扶贫开发模式和企业主导型的民族村寨旅游扶贫开发模式，都是应该追求"以公平为主，兼顾效率"的法律价值目标，都是通过旅游产业方式实现"真扶贫"和"扶真贫"的重要手段，都有国家或各地政府有关主管部门投入的款项，国家或各地政府都可能有自然资源或自然资源资产在民族村寨旅游扶贫开发景区。由于民族村寨旅游扶贫开发资源构成的复杂性和多元性，所以就需要不同的民族村寨旅游扶贫开发主管部门共同监管。为了更有效监管民族村寨旅游扶贫开发，以防民族村寨旅游扶贫开发主体侵害对方的合法权益，以防基层政府或基层有关人员滥用职权侵害民族村寨旅游扶贫开发相关主体的权益，或以防干预民族村寨旅游扶贫开发活动，建构了民族村寨旅游扶贫链接监管制度。对民族村寨旅游扶贫链接监管的方法则是采用项目全程链接监管制。其主要包括以下几个方面的内容。其一，民族村寨旅游扶贫开发项目联动拨款链接监管制度。民族村寨旅游扶贫开发项目的拨款来源于不同的主管部门，各地政府授权第三方对民族村寨旅游扶贫开发项目的款项进行审计，以便全面了解民族村寨旅游扶贫开发项目的款项到位情况和规范使用情况，从而提高民族村寨旅游扶贫项目的款项利用效率。其二，民族村寨旅游扶贫开发项目运行链接监管制度。为了督促民族村寨旅游扶贫开发项目运行效果，各地政府要求其中一个主管牵头，其他主管部门配合，共同监管民族村寨旅游扶贫开发项目运行情况，或者委托第三方对民族村寨旅游扶贫开发项目运行情况进行监管，尤其是监管民族村寨旅游扶贫开发项目是否违法或违规运行。其三，民族村寨旅游扶贫开发项目验收链接监管制度。为了联合检查民族村寨旅游扶贫项目是否如期保质完成，是否达到预期社会效果和经济效果，各地政府要求某一主管部门牵头，其他主管部门共同协助对民族村寨旅游扶贫开发项目进行验收，或者委托第三方对民族村寨旅游扶贫开发项目进行验收。其四，民族村寨旅游扶贫开发项目权益分配链接监管制度。民族村寨旅游扶贫开发项目权益分配不公平是引发民族村寨旅游扶贫开发纠纷的主要原因，对于民族村寨和民族村寨居民反应比较强烈的民族村寨旅游扶贫开发项目，各地政府整合行政资源、司法资源和社会资源调研民族村寨旅游扶贫开发项目权益分配问题，通过"大调解"解决因民族村寨旅游扶贫开发项目权益分配不公平而引发的纠纷。

二　民族村寨旅游扶贫权益保障链接制度的瓶颈

为了解决民族村寨旅游扶贫开发中所存在的突出问题，促使民族村寨和民族村寨居民自愿地参与民族村寨旅游扶贫开发项目，从而更好地推进民族村寨旅游扶贫开发项目达到"旅游真扶贫"和民族村寨居民脱贫致富的目的，国家和各地政府建构了参与民族村寨旅游扶贫的村民权益保障链接制度，但是现行民族村寨旅游扶贫的村民权益保障链接制度存在一些瓶颈：民族村寨旅游扶贫开发的利益链接的保障制度不健全、扶贫部门在民族村寨旅游扶贫战略中的地位并未凸显及民族村寨旅游扶贫资源的链接点还未嫁接。

（一）民族村寨旅游扶贫开发的利益链接的保障制度不健全

不同民事主体参与民族村寨旅游扶贫开发项目的内在动力则是期望从中获取可观的经济利益，他们是民族村寨旅游扶贫开发项目的命运共同体，他们之间存在着利益链接问题，民族村寨旅游扶贫开发的利益链接的保障问题就是不同民事主体参与民族村寨旅游扶贫开发中的利益分配问题，而民族村寨村民是参与民族村寨旅游扶贫开发的利益链接的重要主体。合理的民族村寨旅游扶贫开发的利益链接的保障制度是确保公平分配利益给参与民族村寨旅游扶贫开发主体的根本保障，是促使不同民事主体参与民族村寨旅游扶贫开发的动力源。因此，从此意义上说，建构合理的民族村寨旅游扶贫开发的利益链接的保障制度对推动民族村寨旅游扶贫开发非常重要。虽说国家和各地政府都建构有关民族村寨旅游扶贫开发利益链接的保障制度，但是现行有关民族村寨旅游扶贫开发利益链接的保障制度不健全，其表现在以下几个方面。其一，民族村寨旅游扶贫开发的利益链接的主体制度不健全。民族村寨旅游扶贫开发的利益链接的主体制度不健全势必影响到民族村寨旅游扶贫的参与主体的利益，势必影响到民族村寨旅游扶贫开发的目标的实现，因为一方面，民族村寨居民是参与民族村寨旅游扶贫开发的重要人力资源，民族村寨居民共同所有或使用的民族村寨自然资源是民族村寨旅游扶贫开发生态旅游产品的原材料，民族村寨居民是民族村寨旅游扶贫开发文化旅游产品的内在要素；另一方面，民族村寨居民脱贫致富是推行民族村寨旅游扶贫开发项目的重要目标之一。这些制度不健全也势必制约民族村寨旅游扶贫主管部门、民族村寨干部、民族村寨居民及旅游开发企业参与民族村寨旅游扶贫开发的积极性。其二，并没有变通制定和实施有关民族村寨旅游扶贫开发的利益分配链接制度。税收制度和财政制度是调控民族村寨旅游扶贫开发的重要利益分配链接制度，因此民族村寨旅游扶贫主管部门和民族村寨旅游扶贫所在地政府应该根据民族村寨大旅游扶贫和民族村寨旅游精准扶贫的不同情况制定不同的税收制度和财政制度，从而增加民族村寨旅游扶贫开发的利益链接总量，激发民族村寨旅游扶贫开发的利益链接主体主动融入民族村寨旅游扶贫开发之中。其三，链接民族村寨旅游扶贫开发的产业制度不健全。民族村寨旅游扶贫所涉及的产业多，如生态农业、民族文化产业、民族传统体育产业及民族传统手工业等，如何建构民族村寨旅游扶贫开发的产业链接制度，如何确定和分配民族村寨旅游扶贫开发所衍生的分散在交叉产业中的利益，这既是制约民族村寨旅游扶贫开发参与主体内在动力的重要因素，又是民族村寨旅游扶贫开发的利益链接的保障制度中的难点。

（二）并未凸显扶贫部门在民族村寨旅游扶贫战略中的地位

从民族村寨旅游扶贫战略的本体论维度看，应该要凸显扶贫部门在民族村寨旅游扶贫战略中的地位。一方面，发展民族村寨旅游是民族村寨扶贫的手段，民族村寨扶贫是民族村寨旅游开发的目的，扶贫部门是推动民族村寨旅游扶贫的重要部门，国家和各地民族省份（自治区）制定了有关扶贫开发的法规，这些扶贫开发法规确立了扶贫部门在扶贫开发中的地位，而民族村寨旅游扶贫是旅游开发的一种方式；另一方面，民族村寨旅游扶贫开发的目标是让民族村寨居民"真脱贫"，尤其是深度贫困民族村寨居民尽快"真脱贫"，是让民族村寨居民不返贫，作为民族村寨扶贫的主管部门，扶贫部门应该在民族村寨旅游扶贫开发项目中扮演主要角色，在民族村寨旅游扶贫开发中应该凸显扶贫部门的地位。另外，深度贫困民族村寨是打赢脱贫攻坚的堡垒，而深度贫困民族村寨旅游扶贫是破解其发展与生态之瓶颈的较佳方法，这客观上需要扶贫部门扮演深度贫困民族村寨旅游扶贫的主角，需要凸显扶贫部门在深度贫困民族村寨旅游扶贫战略中的地位。虽说扶贫部门在民族村寨旅游扶贫战略中的作用重要，但是实际上，并未凸显扶贫部门在民族村寨旅游扶贫战略中的地位，其表现在以下几个方面。一是并没有在扶贫部门设立专门的民族村寨旅游扶贫项目。扶贫部门对民族村寨旅游扶贫资金资助并不是通过专门的民族村寨旅游扶贫项目，而是通过有关民族村寨旅游扶贫项目进行资金资助。二是扶贫部门并未参与到民族村寨旅游扶贫开发的全过程。民族村寨旅游扶贫开发是一个系统工程，从民族村寨的认定到民族村寨旅游开发的立项，再到民族村寨旅游开发的规划和民族村寨旅游产品的生产和推销，最后到民族村寨旅游开发利益分配。这整个过程都应该体现"民族村寨旅游扶贫"的价值理念，都应该贯彻"公平为主，效率为辅"的民族村寨旅游扶贫制度价值目标。这些价值理念和价值目标的实现都离不开扶贫部门的参与。三是扶贫部门在民族村寨旅游扶贫开发中的监管作用并不突出。按照现有项目制，谁立项，谁监管，而扶贫部门并没有设立专门的民族村寨旅游扶贫开发项目，民族村寨旅游扶贫项目分割了若干项目，所以扶贫部门只是对民族村寨旅游扶贫开发所分立的项目进行监管。

（三）民族村寨旅游扶贫资源的链接点还需嫁接

民族村寨旅游扶贫资源的整合和链接既是提高民族村寨旅游扶贫效果的方法，是民族村寨主要参与人权益保障的基础性条件，也是民族村寨旅游扶贫权益的行政保障方式[①]。民族村寨旅游扶贫资源极为丰富，也分散在不同法律主体之中，如何把这些分散的民族村寨旅游扶贫资源整合为一体，尤其是如何把分散在有关民族村寨旅游扶贫主管部门的资源更有效地整合呢？有机嫁接民族村寨旅游扶贫资源的链接点是解决以上问题的关键点。固然，为了推动民族村寨旅游扶贫开发，一方面，参与民族村寨旅游扶贫开发的主体也通过不同方法嫁接民族村寨旅游扶贫资源。例如，不管是民族村寨社区主导型的民族村寨旅游扶贫开发模式，还是政府主导型的民族村寨旅游扶贫开发模式和旅游开发企业主导型的民族村寨旅游扶贫开发模式，都融合民族村寨资源，尤其是融合了民族村寨文化资源和自然资源，都融合了民族村寨旅游扶贫开发参与人的人力、物力和财力；另一方

---

①　民族村寨旅游扶贫的主管部门在民族村寨旅游扶贫资源整合、链接和利用等方面起到了非常关键的作用，尤其在民族村寨旅游扶贫资源权益的确认和分配中扮演了重要角色，对因民族村寨旅游扶贫参与人融合各自的旅游资源及其联合利益分配也起到一定的作用，因此，从此意义上说，民族村寨旅游扶贫资源的整合和链接也是民族村寨旅游扶贫权益的行政保障方式。

面，有关民族村寨旅游扶贫主管部门也通过不同形式整合民族村寨旅游扶贫的人力、物力和财力。例如，有关民族村寨旅游扶贫开发的主管部门通过项目制的方式投入人力、物力和财力，国家和各地政府委派的帮扶单位也通过不同方式给民族村寨旅游扶贫开发投入了人力、物力和财力。然而，就民族村寨旅游扶贫开发升级和增效的高标准要求而言，民族村寨旅游扶贫资源的链接点的嫁接还是不够，还需要加大民族村寨旅游扶贫资源的链接点的嫁接力度。民族村寨旅游扶贫资源的链接点的嫁接不够体现在以下几个方面。一是同一行政管辖区的民族村寨旅游扶贫资源整合度不高，还是民族村寨各自单独开发，从而导致旅游资源浪费，也出现民族村寨旅游扶贫开发同质化。例如，现有的不少民族村寨旅游扶贫开发主要是以某一个民族村寨为中心进行开发，不同民族村寨旅游景点所生产的旅游产品大同小异。二是不同的民族村寨旅游扶贫主管部门对民族村寨旅游扶贫所投入的旅游资源并未形成有机的嫁接点，尤其是未形成民族村寨的人力资源、社会资本象征资本与经济资本的嫁接点。例如，民族村寨旅游扶贫开发需要多少人力资源、社会资本、象征资本和经济资本，这需要不同的民族村寨旅游扶贫主管部门协同统计和分析，需要不同的民族村寨旅游扶贫主管部门协同规划和投入。三是不同民族村寨旅游扶贫主管部门对民族村寨旅游扶贫联合监管制度不健全。固然，各地都建构了有关民族村寨旅游扶贫监管制度，也建立了有关民族村寨旅游扶贫开发的联席会议制度，对民族村寨旅游扶贫开发进行监管，但是现行有关民族村寨旅游扶贫监管制度并没有对民族村寨旅游扶贫资源链接的监管主体、监管职责和监管方法等方面作出具体的规定。

三 民族村寨旅游扶贫权益保障的链接制度瓶颈的破解

参与民族村寨旅游扶贫的村民权益保障的链接制度瓶颈的破解之关键点有三。一是有关行政部门协同公平分配资源给参与民族村寨旅游扶贫的参与主体。二是突出某一行政部门在统筹分配资源和监管资源使用的核心地位。三是坚持利益协调的基本原则。如公平原则、利益共享原则、保护合法权益原则等。"在协调利益时，遵循一些基本协调原则，包括公平原则、利益共享原则、保护合法权益原则。"① 归纳起来，民族村寨旅游扶贫权益保障的链接制度的破解主要包括以下三个方面的内容：健全民族村寨旅游扶贫开发的利益链接的保障制度，突出扶贫部门在民族村寨旅游扶贫战略中的核心地位，健全民族村寨旅游扶贫资源的链接点嫁接制度。

（一）健全民族村寨旅游扶贫开发的利益链接的保障制度

针对民族村寨旅游扶贫开发的利益链接的保障制度的缺陷，理应从以下几个方面健全民族村寨旅游扶贫开发的利益链接的保障制度。其一，健全民族村寨旅游扶贫开发的利益分配链接制度。一方面，健全民族村寨旅游扶贫参与主体的法律人格，尤其是健全民族村寨、民族村寨旅游合作社法律人格，健全他们的权利能力，健全财产制度，提高他们的财产信用度，这有助于他们在签订有关民族村寨旅游扶贫开发中不至于处于不利地位，促使民族村寨旅游扶贫参与主体通过法律行为或民事自助行为实现利益分配均衡。另一方面，由于税收制度和财政制度是调控利益分配的重要制度，所以国家和地方政府理应制定有关民族村寨旅游扶贫方面的财政专项政策和优惠税收政策。其二，各地要变通制定和实施民族村寨旅游扶贫开发的利益链接主体制度。一方面，运用大数据构建民族村寨旅游扶贫开发的利益链接主体信息平台，让民族村寨旅游扶贫开发的利益链接主体信息对称，这有利于民族村寨旅游扶贫开发参与主体之间公平确定各自的权益，从而公正分配各自的经济利益。另一方面，各地要变通制定有关民族村寨旅游扶贫开发的利益链接总量，从而增加民族村寨旅游扶贫开发的利益链接总量，激发民族村寨旅游扶贫开发的利益链接主体主动融入民族村寨旅游扶贫开发之中。其三，建构民族村寨旅游扶贫产业链接利益制度。一方面，建构民族村寨旅游扶贫产业链接利益信息平台。由于民族村寨旅游扶贫所涉及的交叉产业多，如生态农业、民族文化产业、民族传统体育产业及民族传统手工业等，所以民族村寨旅游扶贫开发的利益有可能分布到以上这些相关的产业之中，而各相关产业利益主体从民族村寨旅游扶贫开发获取多少利益，如何确定和分配民族村寨旅游扶贫开发所衍生的分散在交叉产业中的利益，这就存在信息上不对称，因此很有必要建构民族村寨旅游扶贫产业链接利益信息平台。另一方面，建构民族村寨旅游扶贫产

---

① 张仲涛：《利益协调与社会阶层合作研究》，法律出版社 2016 年版，第 83—93 页。

业链接利益再分配制度。毋庸置疑，建构民族村寨旅游扶贫产业链接利益再分配制度，关键是如何构建民族村寨旅游扶贫产业链接利益再分配制度。笔者认为，既要借鉴"林权碳汇交易"制度建构原则和理念对民族村寨旅游扶贫产业链接利益再分配制度进行构建，又要借鉴国外旅游扶贫的利益联合分配机制建构的原则和理念。"林权碳汇交易"根据的就是森林资源效益的衍生性和交叉性，而民族村寨旅游扶贫开发的利益也具有衍生性和交叉性，所以民族村寨旅游扶贫开发的利益分配与"林权碳汇交易"的效益分配具有本质上的同属性，这就决定了民族村寨旅游扶贫开发的利益链接的保障制度与"林权碳汇交易"制度建构原则和理念具有同质性或趋同性。国外一些学者对旅游扶贫的利益联合分配机制的理论进行了深入而系统研究，也出了一些高质量的研究成果，他们的研究成果是在对旅游扶贫的利益联合机制实践探索的基础上形成的，同时，这些高质量的研究成果也为他们的旅游扶贫的利益联合机制建构和完善提供了理论基础，而民族村寨旅游扶贫是旅游扶贫的一种特有方式，因此，从此意义上说，借鉴国外旅游扶贫的利益联合分配机制建构的原则和理念。

（二）突出扶贫部门在民族村寨旅游扶贫战略中的核心地位

应该从以下几个方面突出扶贫部门在民族村寨旅游扶贫战略中的核心地位。一是制定规章加以确定扶贫部门在民族村寨大旅游扶贫战略中的责权和义务，授权扶贫部门根据民族村寨大旅游扶贫的实际情况确立民族村寨旅游扶贫项目。扶贫部门的专门的民族村寨旅游扶贫项目的内容广泛，而在民族村寨旅游扶贫实践中，忽视了扶贫部门民族村寨旅游扶贫人力资源建设的重要作用，应该加强这方面的制度制定和实施。通过充分利用民族村寨的人力资源，尤其是对民族村寨居民以其技艺和劳务入股民族村寨旅游合作社或旅游开发企业或民族村寨农民专业合作社，而民族村寨的人力资源需要扶贫部门进一步扩展，尤其是需要对民族村寨旅游扶贫人才的培训和在教育方面进行扶贫资金资助，需要扶贫项目给予大力支持。进而言之，需要突出扶贫部门在民族村寨旅游扶贫人力资源建设中扮演重要角色。根据高海的研究，法国和美国等国家的法律对其都有相关规定。"《法国民法典》和《美国示范公司法》等法律对以其技艺出资和以未来提供的劳务出资等方面作出了明确规定。"① 为了突出扶贫部门在民族村寨大旅游扶贫战略中的中心地位之合法性，可以通过制定规章加以确定扶贫部门在民族村寨大旅游扶贫战略中的责权和义务，授权扶贫部门根据民族村寨大旅游扶贫的实际情况确立民族村寨旅游扶贫项目。二是充分发挥扶贫部门在民族村寨旅游扶贫的识别功能和作用。识别和确定特色民族村寨是推行民族村寨旅游扶贫开发的基础性工作，并非所有的民族村寨都适合进行旅游扶贫开发，只有有特色的民族村寨，才能通过旅游开发的方式进行脱贫。三是由旅游部门会同民宗部门、扶贫部门及相关部门规划民族村寨旅游扶贫开发项目。按照现有的民族村寨旅游扶贫项目规划的政策，所有入库和立项的民族村寨旅游扶贫项目是由旅游部门委托第三方进行规划设计。固然，由旅游部门委托第三方进行规划设计可以提高民族村寨旅游扶贫开发项目推进效率，但是一方面，作为第三方，旅游规划公司对民族村寨旅游扶贫开发规划设计时的考量因素则是短期内的经济效益，而民族村寨旅游扶贫开发是一个系统工程，不仅要考量经济因素，还要考量文化和民族村寨村民生活及其相关产业发展等综合因素；另一方面，民族村寨旅游扶贫开发的款项是由扶贫部门、民宗部门及相关部门拨付，这些部门所拨付的款项用途也是特定的，若这些款项用于民族村寨旅游扶贫开发项目之中，则需要规划和设计，需要严格审批和验收，而民族村寨旅游扶贫项目规划设计没有经过这些部门委托和授权。四是以"扶贫部门、民宗部门和旅游部门"为轴心的民族村寨旅游扶贫联动考核。这是由政府与职能部门的关系所决定的。"政府与其职能部门之间是一种复代理关系。所谓复代理，又称转代理，指代理人为处理其权限内的全部或部分事务，而以代理人自己的名义为被代理人选任代理人的行为。"②

（三）健全民族村寨旅游扶贫资源的链接点嫁接制度

针对民族村寨旅游扶贫资源的链接点的嫁接制度不健全，应该从以下三个方面健全民族村寨旅游扶贫资源的链接点嫁接制度。一是健全同一行政管辖区的民族村寨旅游扶贫资源链接点的嫁接制度。同一行政管辖区的民族村寨旅游扶贫资源链接点的嫁接制度健全所涉及的内容诸多，既涉及

① 高海：《土地承包经营权入股合作社法律制度研究》，法律出版社 2014 年版，第 87 页。
② 张治宇：《合作论——从政治哲学、法哲学到行政哲学》，法律出版社 2017 年版，第 105 页。

同一行政管辖区的民族村寨旅游扶贫资源链接点的嫁接权责利问题，又涉及同一行政管辖区的民族村寨旅游扶贫资源链接点的嫁接优惠政策，也涉及同一行政管辖区的民族村寨旅游扶贫资源链接点的联动监管制度。例如，制定有关同一行政管辖区的民族村寨旅游扶贫资源链接点的嫁接优惠制度。可以通过全区域民族村寨旅游扶贫开发规划政策促使同一行政区域民族村寨旅游扶贫资源链接点的嫁接，同时，通过税收、财政拨款等方式引导同一行政区域的民族村寨旅游扶贫资源的链接点的嫁接。二是健全不同民族村寨旅游扶贫主管部门对民族村寨旅游扶贫所投入的旅游资源的链接点的嫁接制度。一方面，充分发挥旅游部门、民宗部门和文化与旅游部门三个有关民族村寨旅游扶贫开发主管部门的功能和作用，尤其是要凸显扶贫部门在民族村寨旅游扶贫资源链接点的嫁接地位，尤其是要从国家层面制定相关制度；另一方面，各地要结合行政机构改革体制和机制，不断完善不同民族村寨旅游扶贫主管部门对民族村寨旅游扶贫所投入的旅游资源链接监管制度，尤其是要完善不同民族村寨旅游扶贫主管部门对民族村寨旅游扶贫所投入的旅游资源的联动监管制度。三是健全不同民族村寨旅游扶贫主管部门对民族村寨旅游扶贫联合监管制度。健全不同民族村寨旅游扶贫主管部门对民族村寨旅游扶贫联合监管制度包括了两层含义。第一层含义是健全同一民族省份（自治区）不同民族村寨旅游扶贫主管部门对民族村寨旅游扶贫联合监管制度。第二层含义是健全相邻的民族省份（自治区）不同民族村寨旅游扶贫主管部门对民族村寨旅游扶贫联合监管制度。

第三节　民族村寨旅游扶贫劳动与社会保障制度的瓶颈与破解

一　问题之提出

阿马蒂亚·森和浦鲁东认为，劳动能力和权利分配与贫困存在内在关联性。阿马蒂亚·森对权利方法与贫困的内在关联性作了深入研究。浦鲁东探讨了劳动与贫困的关系。"第一时期的目标是通过划分生产部门在地球上开始劳动，结束自然的吝惜状态，使人类摆脱它原始的贫困，把人类原来沉睡着的能力转变为积极活动的能力，变为为人类争取幸福的工具。"① 权利缺失和现代劳动能力低等因素是导致民族村寨旅游精准扶贫存在突出问题的重要动因。不管是到村到户扶贫基础建设项目和产业扶贫项目的资金不足，产业扶贫融资动力不足，还是民族文化旅游开发不够，专业人才缺乏，都是权利缺失，或现代劳动能力低的具体表现。

民族村寨旅游扶贫劳动用工存在以下三个方面的问题。一是民族村寨旅游扶贫人才市场良莠不齐，民族村寨旅游扶贫劳动力不足，尤其是缺乏青壮年劳动力。其原因有二。其一，民族村寨旅游淡季和旅游旺季明显。不同民族地区的民族村寨旅游淡季和旅游旺季的时限不同。贵州省民族村寨旅游的淡季是深秋、冬季和初春，海南省民族村寨旅游的淡季则是夏天。由于民族村寨旅游淡季和旅游旺季明显，所以民族村寨旅游扶贫用人单位或家庭或个人聘用劳动者也具有明显的季节性，其结果则是：在民族村寨旅游旺季，民族村寨旅游扶贫用人单位或家庭或个人对劳动者的需求量大；而在民族村寨旅游淡季，民族村寨旅游扶贫用人单位或家庭或个人对劳动者的需求量少。这势必使民族村寨旅游绝大部分劳动者沦为非就业群体，从而严重影响民族村寨的青壮年参与民族村寨旅游扶贫活动的积极性。其二，由于劳动报酬、社会保障、地理位置、子女教育等诸方面的因素，旅游管理和服务的专门人才不愿意长期到民族村寨旅游扶贫开发用人单位就业。

二是参与民族村寨旅游的劳动者较为特殊，老人和未成年人是民族村寨旅游扶贫开发的重要劳动者，他们成为典型的非正式就业人群。老人和未成年人成为民族村寨旅游扶贫开发的重要劳动者之主要原因有三。其一，老人和未成年人是传承和推广民族村寨文化旅游活动的特殊主体。比如在民间传统手工艺的领域，除了要聘请一部分当地技艺娴熟的师傅和艺人进行制作与加工之外，有些即将式微后继无人的民间手工艺品的制作不得不聘请高龄的手工艺人才能得以重新展现。其二，民族村寨旅游扶贫开发者可以节约成本。如果不聘请这部分有工作能力的老人和小孩，则会使开发者需要花费更多的时间与金钱成本去培养人才和挖掘人才，成本回收的周期相对较长；同时，把当地大量劳动力闲置，不为他们提供就业岗

---

① ［法］浦鲁东：《贫困的哲学》，余叔通、王雪华译，商务印书馆 2015 年版，第 663 页。

位，很难短期内提高村民的经济水平，也就是说，会间接导致村民利益的提高不能在短时间见效。其三，民族村寨旅游扶贫的需要。旅游开发者拒绝雇佣这些具有意愿参与管理与服务的贫困人口，这与旅游扶贫宗旨相背离。因此，少数民族地区旅游扶贫的过程中雇用当地老人和小孩也不是个别现象。

三是民族村寨旅游扶贫的劳动者的权益难以得到保护。不管是从人权理论的维度看①，还是从我国劳动保障法规看，民族村寨旅游扶贫的劳动者的权益应该得到保护②，但是在实践中，民族村寨旅游扶贫的劳动者的一些权益，或民族村寨旅游扶贫的一些劳动者的权益并未得到应有的保护。从民族村寨旅游扶贫开发用人单位或家庭或个人的本体论维度看，民族村寨旅游扶贫开发的旅游产品是民族村寨旅游扶贫的劳动者的权益难以得到保护的动因之一。民族村寨都有"农家乐"的旅游产品，而"农家乐"这旅游产品经营管理者则是家庭或个人，而家庭和个人雇佣劳动者的关系并未纳入劳动保障法规调整的范畴，从而使得这些劳动者的权益难以得到保护。

民族村寨旅游扶贫劳动用人存在的问题不利于民族村寨旅游扶贫开发，其表现在以下三个方面。其一，制约了民族村寨旅游扶贫可持续性开发。社会资本和人力资源是民族村寨旅游扶贫可持续性开发的要素，而民族村寨旅游扶贫劳动者就是社会资本和人力资源。民族村寨旅游扶贫劳动者的劳动保障权益难以得到保护，这势必制约了民族村寨旅游扶贫劳动者参与民族村寨旅游扶贫服务活动的积极性，从而人为地浪费了民族村寨旅游扶贫开发的社会资本和人力资源。其二，严重影响民族村寨文化旅游升级增效。民族村寨文化旅游升级增效的根本乃是提高民族村寨文化旅游产品质量，而提升民族村寨文化旅游服务水平则是提高民族村寨文化旅游产品质量的关键点，而民族村寨旅游扶贫劳动者的专业服务水平和参与民族村寨旅游扶贫内在动力却是提升民族村寨文化旅游服务水平的关键所在。民族村寨旅游扶贫人才市场良莠不齐，民族村寨旅游扶贫劳动力不足，尤

---

① 劳动者的劳动权益就是劳动者的生存权和身体健康权，而劳动者的生存权和身体健康权就是一个重要的人权问题。

② 《宪法》《劳动法》《劳动合同法》《劳动仲裁法》等劳动与保障法规对劳动者的权益保护作了相应的规定。

其是缺乏青壮年劳动力，这已成为民族村寨文化旅游服务水平提高的制约因素。其三，与民族村寨旅游扶贫的目标相左。民族村寨旅游扶贫的目标是让民族村寨的贫困户脱贫致富，且民族村寨居民的就业也是脱贫致富的重要方式，而民族村寨居民，尤其是民族村寨的老人和未成年人在参与一些民族村寨旅游扶贫活动中，他们的劳动报酬难以得到保障。由于民族村寨的青壮年参与民族村寨旅游扶贫活动的收入太低，基本福利也没有，劳动保险也没有，所以他们不愿意参加民族村寨旅游扶贫活动，只能到外地打工勉强维持生计，只能把其老人和未成年子女留到家乡，造成不少留守老人和儿童，而一些民族村寨的留守老人和儿童的基本生活并未得到应有的保障。

从法学层面看，民族村寨旅游扶贫劳动用人存在问题的根本原因是什么呢？民族村寨旅游扶贫劳动用人存在问题的根本原因是民族村寨居民的劳动与保障权益得不到保障，而民族村寨居民的劳动与保障权益得不到保障的根本原因则是民族村寨旅游扶贫劳动与保障制度存在瓶颈，因此，只有想方设法破解民族村寨旅游扶贫劳动与保障制度瓶颈，才能解决民族村寨居民的劳动保障权益问题。

二　民族村寨旅游扶贫的劳动与社会保障制度的瓶颈

虽说劳动与社会保障制度颇健全，但是受制于制度规范制定的时空的局限性，劳动与社会保障制度已滞后于经济与社会发展，劳动与社会保障的一些制度存在缺陷，或劳动与社会保障的一些制度缺位，而民族村寨旅游扶贫的劳动与社会保障制度归属于劳动与社会保障制度的范畴，作为劳动与社会保障的特殊制度，民族村寨旅游扶贫的劳动与社会保障制度也存在一些瓶颈，归纳起来，民族村寨旅游扶贫的劳动与社会保障制度存在三个方面的瓶颈。一是民族村寨旅游扶贫非正式就业群体劳动与社会保障制度缺位。二是民族村寨旅游扶贫的老年人劳动与社会保障制度存在缺陷。三是民族村寨旅游扶贫的"童工"劳动与社会保障制度缺位。

（一）民族村寨旅游扶贫非正式就业群体劳动与社会保障制度缺位

民族村寨旅游扶贫非正式就业群体已是民族村寨旅游扶贫雇佣劳动者中一分子，他们对提升民族村寨旅游扶贫升级和增效具有不可忽视的作用。由于民族村寨旅游业的淡季和旺季明显的缘故，民族村寨的"农家乐"和"民俗风情"等旅游产品的原因①，在民族村寨旅游扶贫开发中被雇佣的一些劳动者已成为民族村寨旅游扶贫非正式就业群体。从劳动与社会保障理论和民族村寨旅游扶贫的目标看，民族村寨旅游扶贫非正式就业群体应该具有正式就业群体的劳动与社会保障权益，他们的劳动与社会保障权益应该得到保护。根据丁建定先生的研究，就业是我国社会保障制度的重要理念，劳动与社会保障的法规制定和修改应该融入此理念，劳动与社会保障的法规和司法应该保护就业者的劳动与社会保障权益。"在社会保障制度理念方面，中国共产党提出了就业是民生之本，促进社会公平正义，共享发展等系统的社会保障制度发展理念。"②然而，现行法规和司法实践对民族村寨旅游扶贫非正式就业群体的劳动与社会保障权益保驾护航不够到位。进而言之，民族村寨旅游扶贫非正式就业群体劳动与社会保障制度缺位，劳动与社会保障方面的法律没有对其作出特别规定，也没有制定有关民族村寨旅游扶贫非正式就业群体劳动与社会保障方面的特别制度。民族村寨旅游扶贫非正式就业群体劳动与社会保障制度缺位的弊端有三。一是与我国劳动与社会保障制度的重要理念——充分保护就业者的劳动与社会保障的权益不相吻合。就业者的劳动与社会保障的权益是就业者的生存权益，是公民的一项基本的人权，是宪法赋予公民的基本权利。民族村寨旅游扶贫非正式就业群体是属于特殊的就业群体，作为特殊就业群体，民族村寨旅游扶贫非正式就业群体的劳动与社会保障权益理应得到保护，而民族村寨旅游扶贫非正式就业群体劳动与社会保障制度缺位使民族村寨旅游非正式就业群体的劳动与社会保障权益的保护成了"空中楼阁"。二是与民族村寨旅游精准扶贫的理念相左。就民族村寨而言，通过发展旅游业让民族村寨居民脱贫，让他们尽早摘下贫困帽子。民族村寨居民以劳动方式参与民族村寨旅游扶贫开发，这是他们增加收入的渠道，也是脱贫的一种方式。同时，他们当中的不少人却属于民族村寨旅游扶贫非正式就业群体，民族村寨旅游扶贫非正式就业群体的劳动与社会保障制度缺位，这势必使参与民族村寨旅游扶贫的非正式就业群体——民族村寨居

---

① 不少"农家乐"和"民俗风情"等旅游产品的供给方是家庭或个人，而现行有关劳动与社会保障法规并没有对家庭与个人雇佣劳动者的劳务合同关系进行调整。

② 丁建定：《改革开放以来党对社会保障制度重大理论认识的发展》，《社会保障评论》2018 年第 10 期。

民的劳动与社会保障权益难以得到切实有效的保护。三是不利于民族村寨旅游扶贫的"农家乐"和"民俗风情"等旅游产品质量的提高和可持续性开发。不少的民族村寨旅游扶贫的"农家乐"和"民俗风情"等旅游产品供给方是家庭和个人，他们与所雇佣劳动者的法律关系仅是劳动合同，有些甚至并没有签订劳动合同，其劳动时间是暂时的，或是间断的，由于民族村寨旅游扶贫非正式就业群体的劳动与社会保障制度缺位，因此被雇佣者的劳动与社会保障权益得不到应有的保护，从而影响被雇佣者的积极性。

（二）民族村寨旅游扶贫的老年人劳动与社会保障制度存在缺陷

民族村寨旅游扶贫的老年人劳动与社会保障制度存在缺陷既不利于民族村寨旅游扶贫开发升级和增效，又不利于参与民族村寨旅游扶贫的老年人劳动与社会保障权益的有效保护。由于民族村寨旅游扶贫的老年人劳动与社会保障制度存在缺陷，所以民族村寨旅游扶贫的老年人参与民族村寨旅游扶贫的劳动报酬和相关权益的根据则是雇用人与其签订的劳务合同。一方面，参与民族村寨旅游扶贫活动的有些老年人是民族村寨非物质文化遗产的传承人，有些老年人是民族村寨文化旅游活动的领头人或极为重要的成员，从经济学的维度看，这些老年人是民族村寨文化旅游活动中的稀缺资源，应该得到应有劳动报酬，但是在签订民族村寨旅游扶贫劳务合同时，实际上他们没有选择权，是处于弱势一方，只能按照雇用方的格式合同签字，结果制约了他们参与民族村寨文化旅游活动的内在动力，也缺乏对民族村寨文化非物质文化遗产传承和创新的动力源；另一方面，基于节约劳动成本的考虑，雇用方会在格式合同约定，他们承担参与民族村寨文化旅游活动的老年人的医疗和社会保障方面的费用，结果是参与民族村寨文化旅游活动的老年人的医疗和社会保障方面的权益保护不能得到切实有效的保护，这势必影响民族村寨旅游扶贫开发的升级和增效。另外，参与民族村寨文化旅游活动的老年人一旦发生工伤和意外事故，而与参与民族村寨文化旅游活动的老年人所签订的合同为格式合同，由此而引发的纠纷一旦通过司法救济，对于双方都可能存在法律风险，都可能使其纠纷难以解决，从而引发群体事件。

民族村寨旅游扶贫的老年人劳动与社会保障制度的缺陷有三。一是民族村寨旅游扶贫的老年人的工资标准难以界定。根据《中华人民共和国劳动法》第 48 条规定：国家实行最低工资保障制度。最低工资的具体标准由省、自治区、直辖市人民政府规定，报国务院备案。用人单位支付劳动者的工资不得低于当地最低工资标准。人力资源和社会保障部同样下发《关于进一步做好最低工资标准调整工作的通知》，要求全国各地要建立完善最低工资标准评估机制，保障劳动者基本生活。我国各个地区的经济发展状况有所差别，因此在最低工资的界定标准上也有所不同。各个省份根据该省的经济发展情况制定最低标准。而最低工资标准一般适用于还没有达到退休年龄的工人的工资，对于老年人是否适用这一标准还存在较大的争议。如果对老年人也适用最低工资标准，确实是对老年人权益的保障的有效措施。但由于老年人的体力、反应速度等各方面确实是不如青壮年人，这就会导致一般的公司、企业不愿意雇用老年人，或者是利用老年人需要经济收入、不善于保护自己等缺陷，给予低于最低工资标准的待遇。就一般而言，参与民族村寨旅游扶贫的老年人都有一技之长，老年人是民族村寨旅游文化活动的主力军，甚至有一些老年人是民族村寨非物质文化遗产的传承人，他们对民族村寨文化旅游扶贫开发者来说作用较大。从市场理论层面说，作为稀缺资源，民族村寨文化旅游扶贫开发者应该会给予参与民族村寨文化旅游扶贫的老人不菲的报酬，而实际不然。二是参与民族村寨旅游扶贫活动的老年人的医疗制度不健全。《中华人民共和国老年人权益保障法》第 29 条规定：国家通过基本医疗保险制度，保障老年人的基本医疗需要。享受最低生活保障的老年人和符合条件的低收入家庭中的老年人参加新型农村合作医疗和城镇居民基本医疗保险所需个人缴费部分，由政府给予补贴。有关部门制定医疗保险办法，应当对老年人给予照顾。民族村寨地区本身医疗卫生水平有限，对于村寨的老年人来说，在医疗保障体系方面同样会受到影响。三是参与民族村寨旅游扶贫活动的老年人养老保障体系欠缺。《中华人民共和国劳动法》《社会保险法》明文规定："用人单位为劳动者缴纳社会保险是用人单位的法定义务。"《劳动法》第 70 条规定："国家发展社会保险事业，建立社会保险制度，设立社会保险基金，使劳动者在年老、患病、工伤、失业、生育等情况下获得帮助和补偿。"《社会保险法》第 2 条规定："国家建立基本养老保险、基本医疗保险、工伤保险、失业保险、生育保险等社会保险制度，保障公民在年老、疾病、工伤、失业、生育等情况下依法从国家和社会获得物质帮助的权利。"《新型农村社会养老保险》中规定："年满60周岁、未享受城镇职工基本养老保险待遇的农村有户籍的老年人，可以按月领取养老金。"老年人由于其年龄逐渐增大，身体健康程度也远远不如青年人，因此在老年人就业方面还面临医疗保障这一难题。确保老年人的身体健康需要配备完善的医疗保障体系，这样就会势必增加企业的投入，而在民族村寨地区，旅游开发的模式基本是靠旅游开发公司的投入。如果增加这一项额外的开支，旅游开发公司是否会继续投资还存在不确定性。因此，平衡好老年人的医疗保障与保证旅游开发公司的经济效益也是一重大难题。老年人在退休之后，甚至在农村老年人达到一定的年龄后，都会按时领取养老保险。而在民族村寨地区，一般劳动工人都会缴纳"五险一金"，而"五险一金"缴纳的对象并不包括已经达到退休年龄的劳动者。但是，如果雇用老年人继续工作，那么老年人的保险问题就是我们不得不面对的保障老年人生活的问题。

（三）民族村寨旅游扶贫"童工"① 的劳动与社会保障制度瓶颈

应该更有效而切实地保护未满16周岁的未成年人的劳务权益。未满16周岁的未成年人，身心发育正处于一个由不成熟向成熟的过渡时期，他们的人生观、价值观、世界观等思想体系也正处在形成之中。这个时期非常需要家庭、学校、社会等方面给予特别的关心、爱护、引导与帮助。为保护未成年人的身心健康，促进义务教育制度的实施，维护未成年人的合法权益，我国法律明文禁止使用童工。《民法总则》第18条第二款规定及相关规定，年满16周岁以上的，以自己的劳动收入为主要生活来源的，可以视为完全能力人，可以独立享有民事权利，独立承担民事责任。按照《劳动法》第15条规定，文艺、体育和特种工艺单位可以聘用未满16周岁的未成年人，其他单位禁止招聘未满16周岁的未成年人，这样就意味着我国以是否年满16周岁作为划分童工的标准。民族村寨文化旅游活动具有几个方面的特殊性。一是不少民族村寨是"空壳村"，留守村寨的人主要为老人、妇女和未成年人，而这些民族村寨的未成年人已是民族村寨文化旅游活动的主力军，他们既是民族村寨文艺表演者，又是民族村

---

① 此处的"童工"不是法律意义上所指的童工，而是参与民族村寨旅游活动的未满16周岁的未成年人，而这些未满16周岁的未成年人具有一技之长，如能歌善舞，或表演或精通民族传统的文艺节目和体育节目，或能够制作民族传统工艺品或特别工艺品。

寨传统体育活动参与者，也可能是民族传统工艺生产者和传播者。二是不管是民族村寨社区主导型的民族村寨旅游扶贫开发模式，还是政府主导型的民族村寨旅游扶贫开发模式，或企业主导型的民族村寨旅游扶贫开发模式，他们都需要到民族村寨招聘一些具有一技之长的未成年人，这些未成年人是开展民族村寨文化旅游活动不可缺少的人力资源。三是不少民族村寨旅游景点的淡季和旺季分明，民族村寨旅游扶贫开发方聘请正式的员工存在一些现实的困难。一方面，文化层次高的旅游管理人才和文体人才不愿意应聘；另一方面，聘请正式的员工势必增加人力成本。因此，民族村寨旅游扶贫开发方只好聘请民族村寨的老年人、妇女和未成年人。

民族村寨旅游扶贫中的"童工"劳动与社会保障制度主要存在以下几个方面的瓶颈。其一，对参与民族村寨旅游扶贫开发中的民族村寨文化旅游活动"童工"工资权益保障的瓶颈，尤其是对参与民族村寨旅游扶贫开发中的民族村寨文化旅游活动的界定存在瓶颈。按照现有有关法律规定，除文艺、体育和特别工艺单位聘用的未满 16 周岁的之外，其他单位聘用未满 16 周岁的未成年人为员工都被视为"童工"。参与民族村寨旅游扶贫开发中的民族村寨文化旅游活动的未满 16 周岁的未成年人是否属于"童工"呢？按照现有法律的规定看，难以确定其是否属于"童工"。如果民族村寨旅游扶贫开发方属于文艺、体育和特别工艺单位，则参与民族村寨旅游扶贫开发中的民族村寨文化旅游活动的未满 16 周岁的未成年人不属于"童工"；反之，则属于"童工"。民族村寨旅游扶贫开发是否属于文艺、体育和特别工艺单位，这既存在理论上的障碍，又存在制度上的瓶颈。为解决此问题，既需要从理论上对其诠释，又要从制度上对其规范。其二，民族村寨旅游扶贫中的"童工"可从事职业范围受到很大限制。根据我国《未成年人保护法》和《劳动法》，除文艺、体育和特别工艺单位聘用的未满 16 周岁的之外，禁止任何企业以任何形式雇用未满 16 周岁的未成年人从事工作，这是值得商榷的。一方面，信息技术、互联网、大数据及智能化等新时代产物的发展；另一方面，新时代下的未满 16 周岁的未成年的智力和体质超越发展，他们不但能胜任一些行业的工作，而且能生产知识产品。另外，在乡村社会，未成年人协助父母或单独完成一些农业、旅游业、手工业及服务业的工作，这是一种常态。我们不能否定"禁止童工"保障未成年各项权益在全国范围内的积极效应，但是具有特别乡土和民族文化气息的民族村寨，绝对禁止未满 16 周岁的未成年从事民族村寨旅游活动是否合理，值得讨论。民族村寨旅游活动范围很广，如民族传统文化表演、民族传统体育表演、制定民族文化工艺产品等，而民族村寨旅游活动的雇用方不一定是文艺、体育和特别工艺单位，难道就不允许民族村寨旅游活动的雇用方聘用民族村寨的未满 16 周岁的有一技之长的未成年人吗？其三，参与民族村寨旅游活动的"童工"的工作时间和工资保障存在不足。按照我国劳动法的有关规定，现行工时制度有三种，即标准工时制、综合工时制和不定时工时制。目前实行劳动者每日工作 8 小时，每周工作 40 小时这一标准工时制。但对于参与民族村寨旅游活动的"童工"而言，一方面，他们大多还是学生，其受教育权应受到优先的保护；另一方面，他们一般属于非正式的就业群体。另外，参与民族村寨旅游活动的"童工"可选择的职业范围窄，往往所获得的经济效益与其付出的劳动不成正比。参与民族村寨旅游活动的"童工"毕竟还处于一个生长发育的阶段，他们的体能、心智等各项基本素质与成年人还存在差别，完全比照成年人的工资保障制度是对用人单位的不公正，甚至导致参与民族村寨旅游活动的"童工"就业机会降低。如何合理地利用这项制度保障童工的权益，仍然需要进一步的探索。

三　民族村寨旅游扶贫劳动与社会保障制度瓶颈的破解

（一）健全民族村寨旅游扶贫非正式就业劳动与社会保障制度

健全民族村寨旅游扶贫非正式就业劳动与社会保障制度具有必然性，其理由有三。一是适应新时代背景下的新行业多元化用工所形成的劳动关系的需要。一方面，民族村寨旅游扶贫开发所需要的工种较多，也具有季节性，又具有服务性，对民族村寨旅游扶贫非正式就业群体需求量大；另一方面，民族村寨旅游扶贫非正式就业群体和民族村寨旅游扶贫非就业群体的雇用方都有健全民族村寨旅游扶贫非正式就业劳动与社会保障制度的内在需求，因为制定民族村寨旅游扶贫非正式就业劳动与社会保障制度既可以减少双方因民族村寨非正式就业劳动与社会保障方面的纠纷所潜在的法律风险，又可以减少双方因签订和实施民族村寨非正式就业劳动与社会保障方面的合同所发生的交易成本。二是民族村寨旅游扶贫非正式就业具有自身的特质。民族村寨旅游扶贫非正式就业群体特质表现在两个方面。

一方面，民族村寨旅游扶贫非正式就业者具有特殊性。绝大多数民族村寨旅游扶贫非正式就业者是本民族村寨的青壮年、妇女、老人、未成年人，其中一部分民族村寨旅游扶贫非正式就业者具有双重身份或三重身份①。另一方面，民族村寨旅游扶贫非正式就业者与雇用方并没有签订书面劳务合同。三是建构民族村寨旅游扶贫非正式就业劳动与社会保障制度具有法律依据。《宪法》第14条规定："国家通过提高劳动者的积极性和技术水平，推广先进的科学技术，完善经济管理体制和企业经营管理制度，实行各种形式的社会主义责任制，改进劳动组织，以不断提高劳动生产率和经济效益，发展社会生产力。"第42条规定："中华人民共和国公民有劳动的权利和义务。国家通过各种途径，创造劳动就业条件，加强劳动保护，改善劳动条件，并在发展生产的基础上，提高劳动报酬和福利待遇。国家对就业前的公民进行必要的劳动就业训练。"如何健全民族村寨旅游扶贫非正式就业群体劳动与社会保障制度呢？下面，对健全民族村寨旅游扶贫非正式就业群体劳动与社会保障制度提几点建议。

1. 扩大劳动雇佣关系的范围

作为劳动雇佣关系的特别法，《劳动法》和《劳动合同法》对劳动雇佣人的范围作了界定。《劳动法》第2条规定："在中华人民共和国境内的企业、个体经济组织（以下统称用人单位）和与之形成劳动关系的劳动者，适用本法。国家机关、事业组织、社会团体和与之建立劳动合同关系的劳动者，依照本法执行。"《劳动合同法》第2条规定："中华人民共和国境内的企业、个体经济组织、民办非企业单位等组织（以下称用人单位）与劳动者建立劳动关系，订立、履行、变更、解除或者终止劳动合同，适用本法。国家机关、事业单位、社会团体和与其建立劳动关系的劳动者，订立、履行、变更、解除或者终止劳动合同，依照本法执行。"从《劳动法》第2条和《劳动合同法》第2条的规定看，家庭和个人与劳动者的雇佣关系被排除在外，这是不合理的，应该扩大劳动雇佣关系，把家庭和个人与劳动者的雇佣关系补充规定到《劳动法》第2条和《劳动合同法》第2条中。从法律关系层面说，与企业、机关事业单位与劳

---

① 被民族村寨旅游合作社雇用的一些民族村寨旅游扶贫非正式就业者既是民族村寨旅游合作社的成员，又是劳动者和本民族村寨居民；有一些民族村寨旅游扶贫非正式就业者既是民族村寨旅游扶贫雇用单位的股东，又是劳动者和本民族村寨村民。

动者的法律关系一样，家庭和个人与劳动的法律关系都是属于劳务雇佣关系，他们所签订的合同属于劳务合同。根据"法律关系与法律对应"的原理，家庭和个人与劳动者的雇佣关系应该也由劳务法规加以调整，劳务法规应该对家庭和个人与劳动者的劳动雇佣关系进行规定，因为企业、机关事业单位与劳动者的劳动雇佣关系是由劳务法规调整，劳务法规对企业、机关事业单位与劳动者的劳动雇佣关系进行了规定。从比较法维度看，台湾地区和澳门特别行政区的劳动法规对家庭和个人与劳动者的雇佣关系进行了规定，劳动雇佣关系都包含了家庭和个人与劳动者的雇佣关系。只是根据劳动者与家庭和个人与劳动者雇佣关系性质不同，对其分别在不同劳动法规中加以规定而已。

2. 在地方法规和规章中对民族村寨旅游扶贫非正式就业者劳动与社会保障权益作出明确规定

民族村寨旅游扶贫非正式就业群体的劳动与社会保障权益具有自身的特殊性，其表现在三个方面：一是民族村寨旅游扶贫非正式就业群体的劳动与社会保障权益的意定性。民族村寨旅游扶贫非正式就业群体的劳动与社会保障权益的主要根据是雇用方与被雇用方所签订的劳务合同，而不是由劳动法规所确定。例如，民族村寨的老人和未成年人的劳动与社会保障权益的根据是他们与民族村寨旅游扶贫开发的企业、民族村寨旅游合作社签订的劳务合同，民族村寨的居民与参与民族村寨旅游扶贫开发的家庭和个人签订的劳动雇佣合同。二是民族村寨旅游扶贫非正式就业群体的劳动与社会保障权益的差异性。民族村寨旅游扶贫非正式就业群体的劳动与社会保障权益的差异性是指不同的民族村寨旅游扶贫非正式就业者的劳动与社会保障权益类型和内容存在差异。民族村寨的未成年人的劳动与社会保障权益类型和内容与青壮年人的劳动与社会保障权益类型和内容就不同。三是民族村寨旅游扶贫非正式就业群体的劳动与社会保障权益保护的复杂性。民族村寨旅游扶贫非正式就业群体的劳动与社会保障权益保护的复杂性是指民族村寨旅游扶贫非正式就业群体的劳动与社会保障权益保护模式的多元化，不同的民族村寨旅游扶贫非正式就业者的劳动与社会保障权益保护模式不同。例如，参与民族村寨旅游扶贫的老人的劳动与社会保障权益保护模式与其未成年和青壮年的劳动与社会保障权益保护模式就不同。民族村寨旅游扶贫非正式就业群体的劳动与社会保障权益具有自身的特殊性，这就内在要求民族村寨旅游扶贫非正式就业的劳动与社会保障权益应该由其特别法进行规定，并加以保护。有什么特别法对其规定呢？由于民族村寨旅游扶贫非正式就业的劳动与社会保障权益保护具有地域性和民族性，所以应在地方法规和规章中对民族村寨旅游扶贫非正式就业者劳动与社会保障权益进行明确规定。

3. 对民族村寨旅游扶贫非正式就业者与其雇用人的劳务合同的主要条款作了明确规定

一方面，对劳务合同的主要条款作出明确的规定有利于保护民族村寨旅游扶贫非正式就业者的劳动权益。虽说契约自由是签订合同和约定合同条款的基本原则，但是由于民族村寨旅游扶贫非正式就业者和民族村寨旅游扶贫开发雇用方之间的地位不平等，这种不平等是由双方的信息不对称、社会资本、法律风险防范能力及象征资本等诸多因素造成，双方所签订的合同属于格式合同。通过有关法规对其劳务合同的主要条款作出明确规定，这实际上以防因自由签订劳务合同对民族村寨旅游扶贫非正式就业者不公平。另一方面，为了规范民族村寨旅游扶贫非正式就业者与其雇用人的劳务合同，减少交易成本，维护民族村寨旅游扶贫非正式就业者与其雇用人的权益，更好促使双方合作，预防和减少双方的纠纷，应该参照《劳动合同法》的第 17 条规定，在地方法规和规章中对民族村寨旅游扶贫非正式就业者与其雇用人的劳务合同的必备条款进行了规定，或者可以适用《劳动合同法》的规定。《劳动合同法》对劳动合同的必备条款作了明确规定，《劳动合同法》第 17 条对劳动合同应当具备条款作了具体的规定。

（二）民族村寨旅游扶贫中老年人劳动与社会保障制度瓶颈的破解

针对民族村寨旅游扶贫中老年人劳动与社会保障制度存在的三个主要缺陷，相应地提出三条破解民族村寨旅游扶贫中老年人劳动与社会保障制度瓶颈的具体建议。其一，对参与民族村寨旅游扶贫的老年人的工资最低标准作出明确规定。依据《劳动法》《老年人权益保障法》和各地区最低工资标准等法规，并结合民族村寨具体实际情况确定参与民族村寨旅游活动的老年人最低工资。如果参与民族村寨旅游扶贫活动的老年人属于"低龄老人"范畴，且有意愿再从事力所能及的劳动，各地应该因地制宜地制定健全有关老年人工资保障制度，从而保障参与民族村寨旅游扶贫活动的老年人的合法权益。《老年人权益保障法》第 1 条规定，应保障老年人的合法权益，发展老年事业，弘扬中华民族爱老、敬老的传统美德。保障老年人的合法权益是履行我国法律规定的应有之义。国家和社会应当采取措施，健全对老年人的社会保障措施。同时，《老年人社会权益保障法》第 41 条规定：国家应当为老年人参与社会主义物质文明和精神文明建设创造条件。根据社会需要和可能，鼓励老年人在自愿和量力的情况下，从事相关活动。据此，鼓励老年人积极从事能力范围之内的活动与保障老年人的合法权益不受侵害，应是民族村寨旅游扶贫中劳动与社会保障制度的重要内容。其二，健全参与民族村寨旅游扶贫活动的老年人的医疗制度。固然，参与民族村寨旅游扶贫活动的老年人可以从农村合作医疗报销一部分住院费用和生病治疗费用，但是一方面，参与民族村寨旅游活动的老年人的农村合作医疗报销对疾病种类和报销比例等方面有严格的规定，也需要按照严格程序审批；另一方面，老年人参与民族村寨旅游活动而引发的疾病是否属于农村合作医疗的报销范畴呢？实际上，对其存在不确定性。若是参与民族村寨社区主导型的民族村寨旅游扶贫活动和政府主导型的民族村寨旅游扶贫活动，老年人参与民族村寨旅游活动而引发的疾病则有可能属于农村合作医疗报销范畴；若是参与企业主导型的民族村寨旅游扶贫活动，老年人参与民族村寨旅游活动而引发的疾病则有可能不属于农村合作医疗报销的范畴。老年人因参与民族村寨旅游活动而伤残，则就不属于农村合作医疗报销的范畴。另外，保险公司对老年人参与民族村寨旅游活动而引发的工伤不受理，进而言之，保险公司不会办理老年人参与民族村寨旅游活动的伤残保险，即使办理此类业务，对保险费收取的费用也较高，或通过特别条款规避支付保险费的责任。因此，很有必要通过制定有关老年人参与民族村寨旅游扶贫活动的医疗保障制度，有必要规范民族村寨旅游扶贫旅游活动雇用方与参与民族村寨旅游扶贫活动所签订的有关医疗保障的条款。其三，健全参与民族村寨旅游扶贫活动的老年人的社会保障制度。"创新民族村寨地区老年人养老保障体系，建立家庭养老与社会养老相结合的农村养老模式。"① 各地应该根据实际情况制定参与民族村寨旅游扶贫活动的老年人社会保障制度，督促民族村寨旅游扶贫活

---

① 许鹿、樊晓娇：《当前贵州少数民族村寨老年人的社会保障问题研究——以六枝某乡、黔东南某乡为例》，《生态经济评论》2010 年第 1 期。

动雇用方交纳一部分有关社会保障费用，促使参与民族村寨旅游扶贫活动的老年人自己交纳一部分有关社会保障费用，从而从根本上解决参与民族村寨旅游扶贫活动的老年人的社会保障问题。

（三）民族村寨旅游扶贫中的"童工"制度瓶颈破解

归纳起来，可以从以下几个方面破解民族村寨旅游扶贫中的"童工"制度瓶颈：健全参与民族村寨旅游扶贫活动的"童工"的工资保障制度，扩展参与民族村寨旅游扶贫活动的"童工"从事民族村寨旅游活动的范围，合理确定参与民族村寨旅游活动"童工"的工作时间。

1. 健全参与民族村寨旅游扶贫活动的"童工"的工资保障制度

可以从以下几个方面健全参与民族村寨旅游扶贫活动的"童工"的工资保障制度。先明确界定参与民族村寨旅游扶贫活动的"童工"标准，然后界定民族村寨旅游扶贫活动的"童工"标准时，应该注意以下几个方面的因素。第一，参照国际童工划分标准，比较国际劳工标准，结合民族村寨旅游活动的实际情况，分几种不同情况界定参与民族村寨旅游扶贫活动的"童工"工资标准。日本宪法明确规定不准使用童工，虽未对年龄进行界定，但从其法案而言有明确的相关规定，指达到 15 岁之后的第一个 3 月 31 日之后（中学毕业或者业务教学结束）被认为是合法的劳动者。第二，依据《劳动法》《未成年人保护法》等相关法律，结合民族村寨旅游扶贫活动实际情况，确定民族村寨未满 16 周岁的未成年人参与民族村寨旅游活动的最低工资。第三，应该尊重参与民族村寨旅游扶贫活动"童工"最低工资的习惯。参与民族村寨旅游活动的"童工"属于非正式就业，对于此类群体参与民族村寨旅游扶贫活动的工资水平因不同民族地区而不同，因不同民族村寨而不同，雇用方与参与民族村寨旅游扶贫活动"童工"的法定监护人所约定的最低工资已得到当地人认可，并约定俗成为习惯。第四，对参与民族村寨旅游活动"童工"的工资权益保障不能按照完全行为能力的工资权益进行保障。一方面，由于残疾人和参与民族村寨旅游活动"童工"都是限制民事行为能力人，所以参与民族村寨旅游活动"童工"的工资权益保障可以类比残疾人的工资权益保障。另一方面，参与民族村寨旅游活动"童工"属于非正式就业群体。第五，根据参与民族村寨旅游扶贫活动"童工"本身的实际情况对其工资权益进行保障。民族村寨旅游扶贫活动范围广泛，参与民族村寨旅游扶贫活动的不同"童工"参与民族村寨旅游活动类型不同，有些"童工"参与民族村寨文艺活动，或民族传统体育活动，或民族工艺制作，有些"童工"参加民族村寨"农家乐"兼职服务员，或民族村寨其他旅游活动，而不同的民族村寨旅游扶贫活动所创造的经济价值不同，所衍生的风险也不同。第六，可以制定有关参与民族村寨旅游扶贫活动的"童工"优惠制度，采取减税或者直接免税的方式保护参与民族村寨旅游扶贫活动的"童工"工资权益。一方面，可以激励民族村寨旅游扶贫活动雇用方聘用参与民族村寨旅游扶贫活动的"童工"的积极性；另一方面，民族村寨未满16周岁的未成年人是民族村寨旅游扶贫开发的重要人力资源。另外，民族村寨旅游扶贫开发项目普遍存在招工难的问题，充分调动民族村寨未满16周岁的未成年人为民族村寨旅游扶贫活动贡献智力和体力，从而推动民族村寨旅游扶贫开发升级和增效。

2. 扩展民族村寨未满16周岁未成年人参与民族旅游活动的范围

可以在推进有关民族村寨旅游扶贫深度开发的制度中扩展民族村寨未满16周岁的未成年人参与民族村寨旅游活动的范围。扩展民族村寨未满16周岁未成年人参与民族旅游活动的范围应该考虑以下一些因素。其一，民族村寨未满16周岁未成年人的年龄和自身综合素能。现行法规之所以对未满16周岁未成年人从事劳动的范围进行限制，是因为保护未满16周岁未成年人的身心健康之需要，也是贯彻和落实义务教育法规的组合拳；之所以文艺、体育和特别工艺单位可以聘用未满16周岁的未成年人，是因为有天赋和才华的未满16周岁的未成年人能够胜任文艺、体育和特别工艺等领域的工作，是因为他们参与此类工作，不但不会对他们的身心健康造成负面影响，而且会促进他们的身心健康，这也是贯彻和落实提高国民综合素质的举措。近年来，义务教育非常重视"德、智、体、美、劳"综合素质的培养，民族村寨拥有民族传统文艺、传统体育和民族传统工艺的未满16周岁未成年人越来越多；随着脱贫攻坚深入推进，民族村寨未满16周岁的未成年人的身心发育呈现"早熟"特征，能够胜任参加相关民族村寨旅游扶贫活动。其二，对民族村寨留守儿童作例外规定。一方面，民族村寨留守儿童与一般的儿童不同，他们不仅能够自食其力，还需要照顾弟妹或爷爷奶奶。为了补贴家用，他们已经参加一些民族村寨旅游活动。另一方面，民族村寨旅游扶贫开发雇用方也非常乐意招聘他们作为兼职员工，也被视为非正式就业群体。其三，民族村寨旅游活动类型的不断扩大的趋势。一方面，为了满足游客对旅游产品增量和质量提升的需求，民族村寨旅游扶贫开发主体逐渐生产和推销新的民族村寨旅游产品，不断扩大民族村寨旅游扶贫活动的类型，尤其增加"民族传统文化体验型旅游产品""智能化旅游产品"和"互联网+旅游产品"，而民族村寨的一些未满16周岁的未成年人既对这些新型旅游产品的生产或推销颇有兴趣，又能胜任这方面的工作。另一方面，民族村寨旅游扶贫开发方对"民族传统文化体验型旅游产品""智能化旅游产品"和"互联网+旅游产品"等新型旅游产品生产和推销方面的人才有需求，而如果全面招聘正式的年薪制的员工，既增加人力成本，又难以招聘到所需的员工，因此，民族村寨旅游扶贫开发方很乐意招聘一部分非正式年薪制的员工。

3. 合理确定参与民族村寨旅游活动"童工"的工时制

现行有关劳动与社会保障方面的法规规定了三种不同的工时制度，即标准工时制、综合工时制和不定时工时制。参与民族村寨旅游扶贫活动的"童工"所采用的工时制应该走多元化模式，即以"不定时制为常态，标准工时制和综合工时制为例外"①，其理由有三。其一，参与民族村寨旅游扶贫活动的"童工"属于民族村寨旅游扶贫开发单位的兼职人员，属于非正式就业群体。就一般情况而言，他们的工种性质就决定了对他们工作计时标准更适合采用不定时制，更适合类比不定时工作制的非全日制用工员工工作的计时标准，而非全日制用工员工工作的计时标准则为不定时制为主，标准计时制和综合计时制为辅的模式。其二，从参与民族村寨旅游扶贫活动的"童工"权益保障的视角看，参与民族村寨旅游扶贫活动的"童工"所采用的工时制应该走多元化模式，即以"不定时制为常态，标准工时制和综合工时制为例外"。根据《民法总则》的法律的规定，成文法和习惯法是民事主体从事民事活动的效力渊源，而参与民族村寨旅游扶贫活动的"童工"从事民族村寨旅游扶贫活动的用工计时就是属于民事活动，在民族村寨旅游扶贫开发的实践运行中，对参与民族村寨旅游扶贫活动的"童工"工作的计时模式则是采用不定时制，这已成为习惯了。

---

①　以"不定时制为常态，标准工时制和综合工时制为例外"是指民族村寨旅游扶贫开发方与参与民族村寨旅游扶贫活动的"童工"签订劳务合同时，其合同条款特别约定除采用标准工时制和综合工时制之外，应该采用不定时制。

其三，从企业管理效率的维度看，参与民族村寨旅游扶贫活动的"童工"所采用的工时制应该走多元化模式，即以"不定时制为常态，标准工时制和综合工时制为例外"。企业成本节约和企业员工的工作效率是衡量企业管理效率的重要指标，因人而异，原则性与灵活性相结合的管理方法则是企业成本节约和提高企业员工的工作效率的极为重要的方法。一方面，参与民族村寨旅游扶贫活动的"童工"的综合素质和所掌握技能与特长不同，他们在民族村寨旅游扶贫活动的作用不同，而一般参与民族村寨旅游扶贫活动的"童工"属于兼职人员，在校学习是他们的主业，属于非正式就业群体，在民族村寨旅游扶贫活动中起到辅助作用。极少数参与民族村寨旅游扶贫的"童工"已完成义务教育，已在民族村寨旅游扶贫活动中起到主要作用。另一方面，民族村寨旅游扶贫开发方有权利与参与民族村寨旅游扶贫活动的"童工"或其代理人约定工作计时模式，有权利根据工作需要和用工人员确定用工标准，当然其前提是被雇用方的工资权益应受到公平保障。

结　　语

民族村寨旅游扶贫是一个长时空的民生系统工程，是助推民族地区经济和社会发展的策略，是推动民族地区农村振兴和全面奔小康的举措。为深入推进民族村寨旅游扶贫，国家和民族省份（自治区）都制定了有关民族村寨旅游扶贫政策，尤其是制定了深度贫困民族村寨旅游扶贫方面的政策，全国也打造了一批民族村寨旅游品牌，民族村寨旅游产业升级和增效已在路上，民族村寨旅游产业为民族村寨脱贫攻坚战取得一些明显的成效，然而，民族村寨旅游扶贫中仍存在一些突出问题。民族村寨旅游扶贫中存在的突出问题的原因是多方面的。不过，从制度层面看，民族村寨旅游扶贫的制度瓶颈则是其根本原因。一方面，民族村寨旅游扶贫既是一个民族经济问题，又是一个民族社会问题，主体行为的动机和规范是民族经济和民族社会中的重要因素，是民族村寨旅游扶贫运行的必要要素；另一方面，民族村寨旅游扶贫的利益联合机制是民族村寨旅游扶贫能否实现其预期目标的关键所在，这已被国内外的旅游扶贫理论和实践证实。由于民族村寨旅游扶贫制度与主体行为动机和规范存在耦合结构关系，与民族村寨旅游扶贫的利益联合机制也存在耦合结构关系，所以民族村寨旅游扶贫的制度瓶颈势必影响它们之间的耦合结构关系。归纳起来，民族村寨旅游扶贫制度瓶颈主要有四：民族村寨旅游扶贫的民事主体制度瓶颈、民族村寨旅游扶贫财产制度瓶颈、民族村寨旅游扶贫金融制度瓶颈及民族村寨旅游扶贫权益保障制度瓶颈。

民族村寨旅游扶贫的制度瓶颈包含两层含义。第一层含义是民族村寨旅游扶贫的制度理论瓶颈，即对民族村寨旅游扶贫的制度认知不够深入，对民族村寨旅游扶贫的制度理论反思、检讨和重构也欠缺。第二层含义是民族村寨旅游扶贫的制度规范的瓶颈，即民族村寨旅游扶贫的制度规范存在缺陷或缺位。民族村寨旅游扶贫的制度瓶颈包括以下两个方面：一方面，民族村寨旅游扶贫的制度理论瓶颈体现为民族村寨旅游扶贫的法律理论回应不及时或回应不到位；另一方面，民族村寨旅游扶贫的制度规范瓶颈表现为现有制度对民族村寨旅游扶贫的自省不及时，对民族村寨旅游扶贫的变通立法和变通司法不到位。

从法律系统与经济系统和社会系统互动关系的维度看，民族村寨旅游的资源和资本的增量和公平分配如何通过法律加以正当实施，如何构建或完善民族村寨旅游扶贫的民事主体制度、民族村寨旅游扶贫财产制度、民族村寨旅游扶贫金融制度及民族村寨旅游扶贫权益保障制度，如何合理分配民族村寨旅游扶贫参与主体的权利和义务或权责利，从而激发各有关主体参与民族村寨旅游扶贫的内在动力，如何提高民族村寨和民族村寨居民的社会资本、象征资本和经济资本，如何扩展民族村寨和民族村寨居民财产，如何完善民族村寨旅游合作社治理结构，进而言之，如何完善民族村寨旅游扶贫制度系统，从而促成民族村寨旅游扶贫经济系统和民族村寨旅游扶贫社会系统良性运行，推动民族村寨旅游产业升级和增效，实现民族村寨旅游产业精准扶贫，让民族村寨居民真正地脱贫致富，同奔小康。

固然，本研究对民族村寨旅游扶贫的一些制度瓶颈与破解进行理论反思，也提出了一些观点和建议，但是客观地说，对其研究还是不够，其表现在以下几个方面。一是对有些民族村寨旅游扶贫法律理论并未研究，或研究不够深入和系统。例如，民族村寨旅游扶贫开发融资路径和方式之法律理论、民族村寨旅游扶贫利益联合法律理论。二是对民族村寨旅游扶贫制度系统与民族村寨旅游扶贫经济系统和民族村寨旅游扶贫社会系统的互动关系之研究不够。三是对有些民族村寨旅游扶贫制度瓶颈之破解之道略显粗略。对其研究只是起到抛砖引玉之作用，以后还需要对民族村寨旅游扶贫制度理论进行更深入和系统的研究，这是笔者以后努力的方向。

参 考 文 献

一 专著

［澳］斯蒂分·巴克勒：《自然法与财产权理论——从格劳秀斯到休谟》，法律出版社 2014 年版。

［澳大利亚］马克·杰布森：《文化与权力——文化研究史》，王加为译，北京大学出版社 2012 年版。

［德］曼弗雷德·沃尔夫：《物权法》，吴越、李大雪译，法律出版社 2002 年版。

［德］托马斯·来塞尔：《法社会学基本问题》，王亚飞译，法律出版社 2014 年版。

［德］尤尔根·哈贝马斯：《合法化危机》，刘北成、曹卫东译，上海人民出版社 2000 年版。

［俄］克鲁泡特金：《互助论：进化的一个因素》，李平沤译，商务印书馆 2010 年版。

［法］蒲鲁东：《贫困的哲学》（上卷、下卷），商务印书馆 2015 年版。

［美］罗斯科·庞德：《法理学》（第一卷），余履雪译，法律出版社 2007 年版。

［美］E. 博登海默：《法理学——法律哲学与法律方法》，邓正来译，中国政法大学出版社 2004 年版。

［美］杜赞奇：《文化、权力与国家——1900—1942 年的华北农村》，王福阴译，江苏人民出版社 1996 年版。

［美］黄宗智、尤陈俊：《历史社会学——中国的实践法史与法理》，

法律出版社 2014 年版。

［日］加藤雅信：《所有权的诞生》，法律出版社 2012 年版。

［印度］阿马蒂亚·森：《贫困与饥荒》，商务印书馆 2016 年版。

［英］A. R. 拉德克利夫-布朗：《原始社会的结构与功能》，潘蛟、王贤海、刘文远等译，中央民族大学出版社 1999 年版。

［英］约翰·穆勒：《政治经济学原理及其在社会哲学上的若干应用》，赵荣潜、桑炳彦、朱泱等译，商务印书馆 1991 年版。

本书编写组：《治国理政新实践新经验——2015 年度马克思主义理论研究和建设工程重大实践经验总结课题组成果选编》，学习出版社 2017 年版。

常鹏翱：《物权程序的建构与效应》，中国人民大学出版社 2005 年版。

刁胜先：《论权利穷竭原则》，法律出版社 2018 年版。

高飞：《集体土地所有权主体制度研究》，法律出版社 2012 年版。

高海：《土地承包经营权入股合作社法律制度研究》，法律出版社 2014 年版。

顾祝轩：《民法系统论思维——从法律体系转向法律系统》，法律出版社 2012 年版。

胡亮：《产权的文化视野——雨山村的集体、社群与土地》，社会科学文献出版社 2012 年版。

胡兴东、周本贞、蒋鸣湄等：《西南少数民族地区纠纷解决机制史》，中国社会科学出版社 2014 年版。

黄茂荣：《现代法学与现代民法》，中国政法大学出版社 2001 年版。

靳婷：《文化财产所有权问题研究》，中国政法大学出版社 2013 年版。

冷传莉：《论民法中的人格物》，法律出版社 2011 年版。

李佳：《旅游扶贫理论与实践》，首都经济贸易大学出版社 2010 年版。

李裴：《走向生态文明新时代的理论与制度创新》，贵州出版集团、贵州人民出版社 2015 年版。

梁慧星：《物权法》，法律出版社 1997 年版。

梁慧星:《中国物权法研究》(上、下),法律出版社 1998 年版。

林聚任等:《社会信任和社会资本重建——当前乡村社会关系研究》,山东人民出版社 2007 年版。

刘敏:《社会资本与多元贫困治理——来自逢街的研究》,社会科学文献出版社 2013 年版。

刘伟:《中国水制度研究》,上海人民出版社 2005 年版。

刘云生:《民法与人性》,中国检察出版社 2005 年版。

刘云生:《农村土地股权制改革:现实表达与法律应对》,中国法制出版社 2016 年版。

刘召成:《准人格研究》,法律出版社 2012 年版。

陆小华:《信息财产权——民法视角中的新财富保护模式》,法律出版社 2009 年版。

吕忠梅:《环境法新视野》,中国政法大学出版社 2000 年版。

单平基:《水资源危机的私法应对——以水资源取得及转让制度研究为中心》,法律出版社 2012 年版。

史尚宽:《物权法论》,中国政法大学出版社 2000 年版。

司马俊莲:《少数民族文化权利研究》,民族出版社 2009 年版。

孙九霞:《旅游人类学的社区旅游与社区参与》,商务印书馆 2009 年版。

孙宪忠:《论物权法》,法律出版社 2001 年版。

汤唯:《当代中国法律文化本土资源的法理透视》,人民出版社 2010 年版。

王闯:《让与担保法律制度》,法律出版社 2000 年版。

王春光、孙兆霞、曾芸等:《社会建设与扶贫开发新模式的探求》,社会科学文献出版社 2014 年版。

王利明:《物权法论》,中国政法大学出版社 1998 年版。

王伦刚:《中国农民专业合作社运行的民间规则研究——基于四川省的法律社会学调查》,法律出版社 2015 年版。

王卫国:《中国土地权利研究》,中国政法大学出版社 2003 年版。

王泽鉴:《民法物权》(第一册),台湾三民书局 1992 年版。

王兆峰:《民族地区旅游扶贫》,中国社会科学出版社 2011 年版。

韦璞:《农村老年人社会资本对生活质量的影响》,经济科学出版社 2008 年版。

沃耘:《民事自助行为研究》,法律出版社 2012 年版。

吴大华:《法律人类学论丛》(第 3 辑),社会科学文献出版社 2015 年版。

向延平:《旅游生态位理论、方法与应用研究——以湖南省张家界市为例》,经济管理出版社 2012 年版。

谢在全:《民法物权论》,中国政法大学出版社 1999 年版。

徐洁:《担保物权功能论》,法律出版社 2006 年版。

严永和:《论传统知识的知识产权保护》,法律出版社 2006 年版。

严永和:《民间文学艺术的知识产权保护论》,法律出版社 2009 年版。

杨春学:《经济人与社会秩序分析》,上海三联书店、上海人民出版社 1998 年版。

杨立新:《民法物格制度研究》,法律出版社 2008 年版。

杨仁寿:《法学方法论》,中国政法大学出版社 1999 年版。

叶国文:《土地政策的政治逻辑——农民、政权与中国现代化》,天津人民出版社 2008 年版。

张德峰:《合作社社员权论》,法律出版社 2016 年版。

张琦、王建民:《产业扶贫模式与少数民族社区发展》,民族出版社 2013 年版。

张维迎:《信息、信任与法律》,生活·读书·新知三联书店 2003 年版。

张岩松:《发展与中国农村反贫困》,中国财政经济出版社 2004 年版。

张治宇:《合作论——从政治哲学、法哲学到行政哲学》,法律出版社 2017 年版。

张仲涛:《利益协调与社会阶层合作研究》,法律出版社 2016 年版。

赵旭东:《法律与文化:法律人类学研究与中国经验》,北京大学出版社 2011 年版。

郑成思:《知识产权论》,法律出版社 2003 年版。

周彬彬：《物权法新论——一种法律经济分析的观点》，北京大学出版社 2002 年版。

周珂：《生态环境法论》，法律出版社 2000 年版。

朱晓阳、侯猛：《法律与人类学：中国读本》，北京大学出版社 2008年版。

Lew A. A. and Yu L. eds. , *Tourism in China： Geographic， Political and Economic Perspectives*， Boulder：Westview Press， 1995.

Scott Hipsher ed. ， *Poverty Reduction， the Private Sector and Tourism in Mainland Southeast Asia*， Singapore：Palgrave Macmillan， 2017.

二 论文

白晓明：《论我国农合社法人治理结构的发展与完善——基于外部力量主导合作社的视角》，《宁夏社会科学》2010 年第 2 期。

保继刚、左冰：《为旅游吸引物权立法》，《旅游学刊》2012 年第7 期。

曹端波：《民族村寨旅游产品的开发研究：以贵州黔东南为例》，《安徽农业科学》2008 年第 24 期。

陈志永、梁玉华：《民族村寨旅游地衰落研究：以贵阳市镇山村为例》，《云南社会科学》2007 年第 1 期。

陈志永：《少数民族村寨旅游开发的主体选择及利益制衡机制》，《兴义民族师范学院学报》2011 年第 2 期。

陈志永、李乐京、李天冀：《郎德苗寨社区旅游：组织演进、制度建构及其增权意义》，《旅游学刊》2013 年第 6 期。

崔建远：《再论界定准物权客体的思维模式及方法》，《法学研究》2011 年第 5 期。

戴宏伟：《对我国贫困地区"旅游脱贫"的思考——兼析美国的相关经验及启示》，《西北师大学报》（社会科学版）2017 年第 3 期。

邓辉：《生态家园：文化遗产型特色民族村寨发展的有效模式——基于武陵山区彭家寨的调查》，《中南民族大学学报》（人文社会科学版）2014 年第 9 期。

丁德煌：《云南旅游扶贫问题的思考》，《云南师范大学学报》（哲学社会科学版）2000 年第 6 期。

范莉娜：《从构建和谐旅游社区解析民族村寨旅游开发中的产权困境及其改善》，《商场现代化》2008 年第 8 期。

高飞：《农村土地的"三权分置"的法律阐释与制度意蕴》，《法学研究》2016 年第 3 期。

高海、刘红：《劳务出资对土地承包经营权入股合作社的启迪——基于重庆、浙江等地方性文件的样本分析》，《农业经济问题》2010 年第 11 期。

高小茹：《扶贫背景下农村旅游产业链存在的问题和优化措施》，《农业经济》2019 年第 5 期。

龚娜：《贵州民族地区乡村旅游可持续发展探析》，《贵州民族研究》2010 年第 2 期。

龚鹏程、臧公庆：《美国众筹监管立法研究及其对我国的启示》，《金融监管研究》2014 年第 11 期。

郭凌、王志章、朱天助：《社会资本与民族旅游社区治理——基于对泸沽湖旅游社区的实证研究》，《四川师范大学学报》（社会科学版）2015 年第 1 期。

郭舒：《基于产业链视角的旅游扶贫效应研究方法》，《旅游学刊》2015 年第 11 期。

何静、汪侠、刘丹丽等：《国家级贫困县旅游发展与多维贫困的脱钩关系研究——以西南地区为例》，《地理研究》2019 年第 5 期。

何莽、陈惠怡、李靖雯：《民族旅游扶贫中的旅游吸引物建设——基于四川兴文县苗族旅游扶贫案例的分析》，《广西民族大学学报》（哲学社会科学版）2017 年第 11 期。

何星：《乡村振兴背景下民族地区旅游扶贫中的生态化建设——以阿坝州为例》，《云南民族大学学报》（哲学社会科学版）2019 年第 3 期。

纪益成：《论资产评估的基本功能》，《中国资产评估》2016 年第 1 期。

蒋焕洲：《贵州民族地区旅游扶贫实践：成效、问题与对策》，《广西财经学院学报》2014 年第 1 期。

焦世泰：《边远少数民族贫困地区民族村寨旅游开发研究——以贵州

黔东南西江苗寨为例》,《资源开发与市场》2012 年第 10 期。

卡茜燕:《精准扶贫视野下的社区参与旅游扶贫研究——基于大理双廊村的调查》,《旅游研究》2017 年第 9 期。

雷世敏:《少数民族村寨旅游开发面临的困境及治理措施——以四川阿坝州理县桃坪羌族为例》,《大连民族学院学报》2013 年第 2 期。

李广宏:《社区居民参与旅游开发的探讨》,《黑龙江民族丛刊》2007 年第 4 期。

李乐京、陈志永:《民族村镇旅游地农民组织化的特征及实现机制——以贵州、云南典型民族村镇旅游地的考察为基础》,《黑龙江民族丛刊》2014 年第 5 期。

李然:《民族村寨保护和发展的实践及其理论反思——基于武陵山区的调查》,《中南民族大学学报》(人文社会科学版) 2014 年第 5 期。

李瑞、殷红梅:《近 10 年中国民族村寨旅游研究进展与展望》,《地理科学进展》2010 年第 4 期。

李湮:《少数民族村寨旅游社区内部和外部利益冲突类型及根源分析》,《江苏商论》2011 年第 11 期。

李永文、陈玉英:《旅游扶贫及其对策研究》,《北京第二外国语学院学报》2002 年第 4 期。

李云、王荣红、邱正英:《少数民族贫困地区旅游扶贫研究——以丽江市玉龙县黎明乡为例》,《商场现代化》2010 年第 27 期。

李治兵、肖怡然、毕思能等:《深度贫困地区旅游精准扶贫的多维约束与化解策略——以四川藏区为例》,《湖北民族学院学报》(哲学社会科学版) 2019 年第 3 期。

梁爱文、周灿:《非物质文化遗产保护与传承下的民族村寨旅游发展探究——以云南三台山德昂族乡出冬瓜村为例》,《黑龙江民族丛刊》2014 年第 2 期。

林红、王湘:《旅游吸引物的系统论再分析》,《旅游学刊》1998 年第 2 期。

刘继红、金文成:《建立维护农民土地权益的长效机制》,《农业经济问题》2006 年第 10 期。

刘珂、张三南:《两岸经济合作机制的概念分析》,《台湾研究》2010

年第 3 期。

刘小珉：《民族视角下的农村居民贫困问题比较研究——以广西、贵州、湖南为例》，《民族研究》2013 年第 4 期。

刘志云：《国际机制理论与国际法学的互动：从概念辨析到跨学科合作》，《法学论坛》2010 年第 3 期。

卢冲、耿宝江、庄天慧等：《藏区贫困农牧民参与旅游扶贫的意愿及行为研究——基于四川藏区 23 县（市）1320 户的调查》，《旅游学刊》（第 32 卷）2017 年第 1 期。

罗永常：《民族村寨旅游发展问题与对策研究》，《贵州民族研究》2003 年第 2 期。

马东艳：《民族村寨居民抵制社区旅游的内在机理及对策研究》，《云南社会科学》2014 年第 2 期。

马俊驹、宋刚：《合作制与集体所有权》，《法学研究》2001 年第 6 期。

马凌：《社会学视角下的旅游吸引物及其建构》，《旅游学刊》2009 年第 3 期。

马跃进：《合作社的法律属性法学研究》，《法学研究》2007 年第 6 期。

孟光辉：《农村产权资产融资担保方式研究》，《农业经济问题》2013 年第 8 期。

秦愚：《农业合作社的资本问题——基于相关理论与实践的思考》，《农业经济问题》2015 年第 7 期。

渠敬东：《项目制：一种新的国家治理体制》，《中国社会科学》2012 年第 5 期。

任大欣：《少数民族地区乡村旅游的发展及其影响——以郎德上寨为例》，《中国农学通报》2015 年第 23 期。

单平基：《自然资源国家所有权性质界定》，《求索》2010 年第 12 期。

沈涛、朱勇生、吴建国：《基于包容性绿色发展视域的云南边疆民族地区旅游扶贫路径转向研究》，《云南民族大学学报》（哲学社会科学版）2016 年第 9 期。

宋刚、马俊驹：《农业专业合作社若干问题研究——兼评我国〈农民专业合作社法〉》，《浙江社会科学》2007 年第 5 期。

孙九霞、刘相军：《生计方式变迁对民族旅游村寨自然环境的影响——以雨崩村为例》，《广西民族大学学报》（哲学社会科学版）2015 年第 5 期。

孙宪忠：《推进农地三权分置经营模式的立法研究》，《中国社会科学》2016 年第 7 期。

田艳：《民族村寨旅游开发中的利益补偿制度研究》，《广西民族研究》2010 年第 4 期。

汪锦：《贵州省西江千户苗寨旅游扶贫研究》，《衡水学院学报》2015 年第 2 期。

王丛丛、王仕佐：《论旅游在民族地区的扶贫功能——以西江千户苗寨为例》，《中国市场》2010 年第 28 期。

王基能、谢开等：《边境特色民族村寨旅游资源的开发利用研究——以云南腾冲某边境民族村为例》，《中国市场》2011 年第 41 期。

王建民：《扶贫开发与少数民族文化——以少数民族主体性讨论为核心》，《民族研究》2012 年第 3 期。

王凯、朱芳书、甘畅等：《旅游扶贫效率与资源优势度的空间耦合关系——以武陵山湖南片区 32 个贫困县为例》，《中南林业科技大学学报》（社会科学版）2019 年第 2 期。

王歆：《知识产权评估制度》，《文史博览》2016 年第 2 期。

温铁军：《农民专业合作社发展的困境与出路》，《湖南农业大学学报》（社会科学版）2013 年第 4 期。

吴学成、李江凤等：《民族村寨旅游发展的动力机制系统研究》，《生态经济》2014 年第 1 期。

向从武、冯伟林：《西南民族地区旅游扶贫成效与益贫机制构建》，《贵州社会科学》2019 年第 3 期。

谢会强：《贵州民族村寨旅游扶贫开发的效应分析及优化研究——以黔东南西江苗寨为例》，《经济研究导刊》2013 年第 4 期。

徐海燕：《复代理》，《当代法学》2002 年第 8 期。

徐秀美、胡淑卉、旦珍：《旅游扶贫背景下农牧民生计资本可持续性评价——以巴松措景区为例》，《旅游研究》2019 年第 3 期。

鄢慧丽、余军、熊浩等：《少数民族村寨旅游扶贫利益相关者网络关系研究》，《软科学》2019 年第 3 期。

杨建、韩宗伟、张翊红：《旅游精准扶贫的作用机理和推进策略》，《云南社会科学》2016 年第 6 期。

殷华、周明勇：《美国 JOBS 法案内容解析及对中国众筹融资法制的影响探析》，《现代管理科学》2014 年第 10 期。

张良：《项目治国的成效与限度——以国家公共文化服务体系示范区（项目）为分析对象》，《人文杂志》2013 年第 1 期。

张琼、张德淼：《旅游吸引物权不可统一立法之辨析》，《旅游学刊》2013 年第 12 期。

张琼、张德淼：《再论旅游吸引物的法律属性》，《旅游学刊》2016 年第 7 期。

张晓明、张辉、魏伟新：《基于旅游扶贫战略的效应分析及创新对策研究——以星子县为例》，《生态经济》2010 年第 5 期。

张序、张霞：《机制：一个亟待厘清的概念》，《理论与改革》2015 年第 2 期。

郑志龙：《社会资本与政府反贫困治理策略》，《中国人民大学学报》2007 年第 6 期。

周兵、黄显敏、任政亮：《民族地区旅游产业精准扶贫研究——以重庆市酉阳县为例》，《中南民族大学学报》（人文社会科学版）2018 年第 1 期。

周灿：《我国股权众筹运行风险的法律规制》，《财经科学》2015 年第 3 期。

周常春、王玉娟、徐国麒：《民族村寨旅游利益分配机制的影响研究——以可邑村为例》，《中南林业科技大学学报》（社会科学版）2013 年第 1 期。

庄晓平、朱竑：《权利视角下的旅游权利主体探究——兼与国内若干学者商榷》，《旅游学刊》2013 年第 5 期。

左冰：《共容利益：社区参与旅游发展之利益协调》，《旅游科学》2013 年第 1 期。

左晓斯：《乡村旅游批判——基于社会学的视角》，《广东社会科学》2013 年第 3 期。

Amy Reggers, Simone Grabowski, Stephen L. Wearing, Paul Chatterto and Stephen Schweinsberg, "Exploring Outcomes of Community-based Tourism on the Kokoda Track, Papua New Guinea: A Longitudinal Study of Participatory Rural Appraisal Techniques", *Journal of Sustainable Tourism*, Vol. 24, No. 8-9, 2016.

Benxiang Zeng and Chris Ryan, "Assisting the Poor in China through Tourism Development: A Review of Research", *Tourism Management*, No. 33, 2012.

Denis Tolkach, Michael Pearlman and Brian King, "Key Implementation Factors in Pro - poor Tourism", *Tourism Recreation Research*, Vol. 37, No. 1, 2012.

Diego R. Medina-Muñoz, Rita D. Medina-Muñoz and Francisco J. Gutiérrez-Pérez, "A Sustainable Development Approach to Assessing the Engagement of Tourism Enterprises in Poverty Alleviation", *Sustainable Development*, Vol. 24, No. 4, 2016.

Fabian Frenzel, "Slum Tourism in the Context of the Tourism and Poverty (relief) Debate Fabian Frenzel", *DIE ERDE*, Vol. 144, No. 2, 2013.

Fortanier F. and Wijk J. V., "Sustainable Tourism Industry Development in Sub Saharan Africa: Consequences of Foreign Hotels for Local Employment", *International Business Review*, Vol. 19, No. 2, 2010.

H. Ramakrishna, "Karnataka Tourism Policy 2009 - 2014: A Pro - Poor Tourism?", *International Journal of Multidisciplinary Research*, Vol. 2, No. 7, 2012.

Jennifer Briedenhann, "The Potential of Small Tourism Operators in the Promotion of Pro-Poor Tourism", *Journal of Hospitality Marketing & Management*, Vol. 20, No. 3-4, 2011.

Jordi Gascón, "Pro-Poor Tourism as a Strategy to Fight Rural Poverty: A Critique", *Journal of Agrarian Change*, Vol. 15, No. 4, 2015.

José M., Hall M., Lindo P., et al., "Can Community-based Tourism

Contribute to Development and Poverty Alleviation? Lessons from Nicaragua", *Current Issues in Tourism*, Vol. 14, No. 8, 2011.

Polladach Theerapappisit, "Pro－poor Ethnic Tourism in the Mekong: A Study of Three Approaches in Northern Thailand", *Asia Pacific Journal of Tourism Research*, Vol. 14, No. 2, 2009.

Rebecca Maria Torres, Paul Skillicorn and Velvet Nelson, "Community Corporate Joint Ventures: An Alternative Model for Pro－Poor Tourism Development", *Tourism Planning & Development*, Vol. 8, No. 3, 2011.

Rebecca Torres and Janet Henshall Momsen, "Challenges and Potential for Linking Tourism and Agriculture to Achieve Pro－poor Tourism Objectives", *Progress in Development Studies*, Vol. 4, No. 4, 2004.

Richard Butler, Ross Curran and Kevin D. O'Gorman, "Pro－Poor Tourism in a First World Urban Setting: Case Study of Glasgow Govan", *International Journal of Tourism Research*, No. 3, 2012.

Saithong Phommavong and Erika Sörensson, "Ethnic Tourism in Lao PDR: Gendered Divisions of Labour in Community－based Tourism for Poverty Reduction", *Current Issues in Tourism*, Vol. 17, No. 4, 2014.

Sarudzai Mutana, "Rural Tourism for Pro－Poor Development in Zimbabwean Rural Communities: Prospects in Binga Rural District along Lake Lariba", *International Journal of Advanced Research in Management and Social Sciences*, Vol. 2, No. 4, 2013.

Schilcher D., "Growth Versus Equity: The Continuum of Pro－poor Tourism and Neoliberal Governance", *Current Issues in Tourism*, Vol. 10, No. 23, 2007.

Stephen Espiner, Emma J. Stewart and Lhakpa Tenji Lama, "Assessing the Effectiveness of 'Appreciative Inquiry' (AI) in Nepali Pro－Poor Tourism (PPT) Development Processes", *Tourism Planning & Development*, Vol. 14, No. 3, 2017.

Torres R., "Toward a Better Understanding of Tourism and Agriculture Linkages in the Yucatan: Tourist Food Consumption and Preferences", *Tourism Geographies*, Vol. 4, No. 3, 2002.

Torres R., "Linkages between Tourism and Agriculture in Mexico", *Annals of Tourism Research*, Vol. 30, No. 3, 2003.

Trevor Hill, Etienne Nel and Dayle Trotter, "Small Scale, Nature-based Tourism as a Pro-poor Development Intervention: Two Examples in Kwazulu Natal, South Africa", *Singapore Journal of Tropical Geography*, No. 27, 2006.

Wang H., Yang Z., Chen L., et al., "Minority Community Participation in Tourism: A Case of Kanas Tuva Villages in Xinjiang, China", *Tourism Management*, Vol. 31, No. 6, 2010.

Wolfgang Rid, Ikechukwu O. Ezeuduji, Ulrike Pröbstl Haider, "Segmentation by Motivation for Rural Tourism Activities in The Gambia", *Tourism Management*, No. 40, 2014.

Zuhal ÖNEZ ÇETİN and Hüseyin ÖZGÜR, "A Critical Theoretical Evaluation on Pro-Poor Tourism and Poverty Alleviation", *Mustafa Kemal University Journal of Social Sciences Institute*, Vol. 9, No. 17, 2012.

三　其他

北京大学贫困地区发展研究院:《第五届中国贫困地区可持续性发展战略论坛论文集》, 经济科学出版社 2015 年版。

杜小书、罗剑:《贵州民族发展研究报告 (2015) 》, 河海大学出版社 2015 年版。

贵州省民族研究院、贵州省民族研究学会:《蚩尤文化与旅游产业发展论文集》, 云南民族出版社 2015 年版。